동북아 주요국의 디지털 통화 정책과 경제 · 금융 협력 방향

Digital Currency Policy and Direction of Economic-Financial Cooperation in Major Northeast Asian Countries

김익수 · 곽도원 편저

아연출판부
고려대학교 아세아문제연구원

ARI Interdisciplinary Research Series 4

Digital Currency Policy and Direction of Economic-Financial Cooperation in Major Northeast Asian Countries
Edited by Ick-Soo Kim & Do Won Kwak

Published by the Asiatic Research Institute (ARI) Press, Korea University
145, Anam-ro, Seongbuk-gu, Seoul, 02841, Korea
www.asiaticresearch.org

목차 Contents

표목차

그림목차

〈아연 협동연구 시리즈〉 발간에 부쳐

아연은 늘 시대와 함께 호흡하면서 새로운 시대의 요구에 화답해왔다. 한국에서 가장 오래된 대학 부설 연구기관인 아세아문제연구소가 2019년 아세아문제연구원으로 거듭나면서 추진한 야심 찬 연구 프로젝트가 이번에 발행되는 〈아연 협동연구 시리즈〉이다. 아연의 연구 전통을 살린 인문학과 사회과학을 아우르는 협동연구는 21세기의 도전에 직면해 있는 세계질서 속에서 아연의 역량을 최대로 발휘할 수 있는 주제를 선정하고 파급력 있는 메시지를 한국 사회와 국제 사회에 던지기 위해 준비되었다.

〈협동연구 시리즈〉는 연구자 1인의 단독 저술이 아닌 같은 학문 분야에 속하는 원내외 연구자 간의 '공동연구' 및 학제간 '협동연구'를 포괄해 dual track 방식의 공저 출간물 발간을 목표로 한다. 이것은 아연 내부 연구인력의 역량을 극대화하면서 필요한 외부 연구인력을 아웃소싱하는 최적의 연구전략이라고 할 수 있다.

연구주제에서도 아연 설립 이후 강점을 보인 북한 및 동북아지역 관련 연구에 중점을 두되, 아연의 '브랜드 아이덴티티(brand identity)'를 살리고 아연의 인지도와 위상을 높이기 위해 연구주제의 시의성과 활용 가능성을 중시했다. 우선, '디지털 전환(digital transformation)'이라는 글로벌 메가 트렌드에 부응하기 위해 "동북아 3국의 디지털 전환 프로세스와 정치·경제 역학구도 변환"을 핵심 사업으로 추진했다. 아연이 전통적으로 강점을 보인 북한 연구에 있어서도 "주변 4강의 독자적 '국가이익'의 관점에서 보는 북한"이라는 주제로 한반도를 둘러싼 동맹관계의 이완, 미·중 대립의 향방, 북핵 문제를 중심으로 미·북 관계 및 주변 4강과의 양자관계의 변화 등을 살펴볼 것이다. 신춘추오패(新春秋五霸)라는 제목을 가진 또 다른 협동연구는 미국의 세기라는 20세기가 끝나고 미국과는 정체성이 다른 패자(霸者)들의 시대, 즉 다패(多霸)의 시대가 21세기에 시작되었다고 상정한다. 이 협동연구는 미국과 중국 간 패권 경쟁이 진행 중인 상황에서 강대국 간에 조성된 새로운 국제질서뿐만 아니라 한국의 미래전략 구상에도 많은 시사점을 던진다.

올해 말 발간을 목표로 추진되는 2차연도 사업은 "현재와 미래의 시각으로 본 중국공산당 100년: 위험한 제국이 될 것인가?"라는 주제 아래 중국의 부상에 따르는 동아시아 질서의 재구성 과정에 초점을 맞출 것이다. 특히 2021년이 중국 공산당 창당 100주년인 점을 감안해 "100년 역사를 통해서 본 중국공산당"이라는 공동연구를 수행해 올해 발간할 예정이다.

집필진은 한국 전문가는 물론 미국, 중국, 일본, 러시아, 인도, EU

등 세계 여러 나라의 학자들이 포함되어 있어, 아연이 추진해 온 연구 네트워크의 국제화와도 궤를 같이한다. 코로나19로 인해 공동연구가 진행되기 어려운 환경에도 불구하고 각국의 연구자들은 온라인을 통한 연구 논의와 중간발표를 겸한 세미나를 통해 연구내용의 공유와 연구 결과물의 방향에 대해서도 조율과정을 거쳤다.

이런 과정을 통해 출간되는 본 〈협동연구 시리즈〉가 코로나19라는 미증유의 위기 속에서 빠르게 변하고 있는 세계질서와 한국이라는 국가가 처한 국제환경을 냉철하게 분석함으로써, 각 분야의 학문적 성과를 제고시키는 동시에 한국 외교의 방향과 국가정책에 작게나마 기여할 수 있기를 기대한다.

코로나19로 인한 어려운 상황과 바쁜 일정에도 불구하고 연구에 동참해 준 국내외 저자들과 출판 실무를 맡은 아연의 편집진에게도 감사의 말씀을 드린다. 끝으로 본 〈협동연구 시리즈〉가 발간될 수 있게 지원을 아끼지 않은 고려대학교 총장님과 대학 본부에도 다시 한번 감사의 인사를 드린다.

2021년 2월

아세아문제연구원 원장 김익수

1

서론

1장
서론

곽도원

코로나 19 팬데믹은 전 세계 여러 곳의 기업과 개인 그리고 정부 등 모든 부분에 걸쳐 큰 변화를 가져왔다. 코로나 19 팬데믹 이후 비대면 상황에서의 언택트 비즈니스가 확산하고 원격/재택근무가 일상화되었고 친환경 기반 생산이 강조되는 등 기존 비즈니스 환경과는 근본적으로 다른 새로운 경제 환경이 도래한 것으로 보인다. 따라서, 중요한 전환 시점인 현재에 코로나 19 팬데믹 이후 앞으로의 새로운 환경에 성공적으로 번영하기 위해서 어떤 대응 방식이 필요할지에 대해 고찰이 필요하다. 특히, 경제 주체인 개인과 기업의 대응 뿐 아니라 기업과 개인의 성공을 리드하고 보조하는 정부의 역할도 새로운 환경에서 경쟁적 우위를 점하기 위해 아주 중요한 시점이다. 따라서, 본서에서는 한국, 중국, 일본의 동아시아 국가를 중심으로 코로나 19 팬데믹 이후 대내외적 실물 경제와 금융 부분의 국가 별 현황 및 변화 추이를 살펴본다. 특히, 코로나 19 팬데믹 이후 급격한 경기 침체로 급속히 증가한 공공 부문의 부채와 관련한 외환시장의 위험 요인을 살펴보고 중국과 함께 세계 경제를 주도하고 있는 미국의 국제 사회 리더로써의 역할 및 현황을 살펴본다. 또한 코로나 19 팬데믹 이후 달성한 역사상 최대치의 상품 교역과 금융 부문의 교역의 증가가 금융 위기 확산 및 경기변동 동조성에의 미치는 영향을 살펴본다. 끝으로, 최근 금융 부문에서 금융 관련 정보기술(핀테크, Fintech)의 발전에 따라 새로운 형태의 화폐인 '디지털 화폐'가 주목받고 있는데 이와 관련하여 전 세계에 중앙은행이 발행하는 법정 통화인 디지털 통화(digital currency)의 발전 현황을 한국, 중국, 일본의 동아시아 국가와 미국을 중심으로 살펴본다.

좀 더 구체적으로 2장에서는 코로나 19 팬데믹 기간 중 금융시장 중요변수인 환율이 기업 활동에 미치는 영향에 대해 살펴보았다. 특히, 동북아 3국에서 외환시장을 통해서 3국의 글로벌 기업 및 국내 기업이 수출 및 생산에서 어떤 영향을 받았는지 분석하여 동북아 3국에서 환율이 기업의 활동이라는 실물 경제에 미치는 영향에 대하여 논의하고 정책적 시사점을 제시하였다. **코로나19 이후**의 극심한 경기 침체로 인해 선진국을 중심으로 각 국 정부는 공공 부분 지출을 크게 증가 시켰다. 따라서, 전 세계적인 규모의 정부 재정 지출의 확대가 동아시아 주요국의 경제 및 세계 경제에 미치는 영향을 분석 예측하는 것이 그 어느 때 보다 중요한 시점이 되었다. 이에 3장에서는 한국,

중국, 일본의 동아시아 3개국의 국가 채무의 현황을 파악하고, 앞으로 국가채무 추이를 전망하여 국가채무가 국가 경제에 미칠 영향을 평가하였다. 분석 결과 중국은 최근 국가채무가 급격히 상승하여 비교대상인 개발도상국들에 비해서도 아주 높은 수준이 되었으며 그 증가 속도는 매우 빠르게 나타났다. 중국의 경우 통제 되지 않는 지방정부의 부채나 민간 부문의 그림자 금융 같은 금융규제의 사각지대에서의 부채 성장까지 고려하면 현재의 부채 증가 정도는 아주 큰 위험요인이다. 또한, 중국 정부가 금융 거버넌스 시스템을 효율화와 선진화를 달성에 실패할 경우 많은 개발도상국이 경험했던 금융위기, 국가채무위기, 외환위기 등을 경험할 가능성이 있는 것으로 나타났다. 둘째, 일본은 이미 세계 최고 수준의 국가채무를 갖고 있으며, 기존 문헌은 일본 경제가 위축된 민간 부분 등의 거시 경제적 비효율성을 갖고 있을 가능성이 큰 것으로 나타났다. 일본에서 현재의 저성장 기조가 지속될 경우 앞으로도 채무 수준을 줄여나가기 어려울 것으로 전망되었다. 그러나, 일본 국채에 대한 국제금융시장의 신뢰가 높은 편 인 것으로 나타났다. 다만, 일본 정부가 앞으로 효율적인 거시경제 정책의 수행에 실패한다면 일본 발 금융시장 위기의 가능성도 배제할 수 없는 것으로 전망되었다. 끝으로, 한국은 최근의 급격한 국가 채무 증가에도 불구하고 다른 두 동아시아 국가들뿐만 아니라 비교 대상인 선진국들에 비해 여전히 낮은 국가채무 수준을 갖고 있는 것으로 나타났다. 하지만, 출산율 저하와 그로 인한 인구고령화, 잠재성장률 저하, 북한 리스크와 향후 통일비용 등이 향후에 국가채무 상승 압박

요인으로 작용할 수 있어 향후 채무가 구조적으로 상승할 가능성이 또한 높은 것으로 나타났다.

최근의 신보호주의의 확산과 미중 무역 전쟁이 확대되는 상황에서도 2021년 전 세계 상품 교역량은 역대 최대치를 달성하였다. 중국은 여전히 세계 생산 공장으로의 성장을 지속하였고 이와함께 중국은 세계 경제 2대 강국으로 부상한 후 그 지위를 더욱 공고히 하였다. 최근 중국의 부상과 미중 대결 양상이 심화되면서 수반된 일련의 정치·경제·사회적 변화는 동아시아 주요국의 통상 환경과 각 국의 국가 주요 정책에 큰 영향을 미쳤다. 4장에서는 이러한 새로운 국제 통상 환경의 특이점과 이러한 환경변화가 통상 정책에 미칠 영향을 알아보았다. 세계무역기구(WTO: WorldTrade Organization)가 출범된 1995년에서 2000년대 말까지는 자유무역협정(FTA: Free Trade Agreement)을 중심으로 자유무역주의의 확산이 중점적으로 진행된 시기라면, 2010년대부터 최근까지는 미국을 중심으로 보호주의의 부활 또는 신보호주의의 등장이 적극적으로 진행된 시기로 볼 수 있다. 4장의 분석결과에 의하면 자국의 산업을 보호하는 한·중·일과 미국 간 비관세 조치 현안이 최근 들어 증가하는 추세를 갖는 것으로 나타났다. 글로벌 가치 사슬 재편과 관련해서도 미국과 중국 간의 패권 경쟁이 더욱 심화된 것으로 나타났다. 또한, 최근 바이든 정부의 국가 간 협력 정책을 살펴보면 국가 대 국가의 협력보다는 동맹국을 중심으로 다자간 협력체계를 구축하는 것을 더 활발히 활용하고 있으며 복수 간의 국제규제협력(IRC: International Regulatory Cooperation)을 중심으로의 활동이 더 활발해진 것으로 나타나고 있다. 바이든 행정부는 최근의 일련의 정책들은 궁극적으로 동맹국과의 협력을 통해 공통적 규범을 우선 정립하고 이를 점차 확산하여 WTO 개혁을 주도하고 중국의 패권 부상에 맞서려는 전략을 추구한 것으로 나타났다.

코로나19 팬데믹 이후 또 하나의 커다란 특징은 디지털화의 심화이다. 대면접촉을 최소로 하는 거래의 확산으로 전자상거래 및 비대면 형태의 거래가 급속한 속도록 성장하였다. 이에 힘입어 2021년 세계 상품 무역량은 역대 최고치를 기록했으며, 주식 및 채권을 통한 금융 부분의 국경을 넘는 거래도 전례 없는 성장률을 기록하는 등 전 세계 국가 간 무역과 금융 부분의 거래는 크게 성장하였다. 이에 동아시아의 핵심국가인 한국, 중국, 일본도 예외는 아니어서 한국과 중국은 코로나19 이후 무역부문과 금융부문 거래에 있어 기록적인 성장을 기록하였다. 따라서, 5장에서는 국가 간 무역과 금융 부분에서의 거래의 증가가 동아시아 주요국의 국가 간 경제의 동조성 및 의존성 미친 영향을 살펴보았다. 분석 결과 디지털화의 심화와 함께 전자상거래의 성장은 기업에게 더 다양한 수출시장에 대한 접근성을 높여주는 역할을 하면서 한 국가와 지역의 위기가 여러 나라로 확산되는 위험을 감소는 역할을 한 것으로 나타났다. 그러나, 전 세계 전체 무역 자료를 사용한 분석에서 무역의 성장은 경기 변동의 동조성을 심화시키는 것으로 나타났다. 코로나19 위기 상황 이후에 중국과 일본의 경우 정부 부문의 부채 또한 아주 크게 상승하여, 한중일의 부채시장은 크게 성장 하였는데, 분석결과 부채 부문의 성장은 동아시아 국가의 경기 변동 동조성을 더욱 심화된 것으로 나타났다. 동아시아 지역 이외에도 전 세계 국제 채권시장의 규모가 코로나 19 이후 크게 커지면서 앞으로 채권시장을 통해 동아시아 및 전 세계 국가 간 경기 변동의 동조성은 더욱 강화될 것으로 예상되었다. 1997년 아시아 외환위기나 2008년 글로벌 금융위기 그리고 2010년 남유럽 국가채무위기에서 한 국가의 위기가 시작되면 지리적인 인접국가로 위기가 쉽게 전이되는 것이 목격되었는데, 본 장의 연구 결과를 종합하면, 앞으로 중국과 일본은 과도한 채무에 의해 더 큰 금융 부문 위험에 노출 될 가능성이 있으므로 정부는 중국 발 혹은 일본 발 금융 위험의 가능성을 염두하고 두 국가의 금융부분의 변화에 예의 주시할 필요가 있는 것으로 나타났다. 특히, 외환보유고 확보와 부채의 국가별 다각화를 통해 동아시아 지역 내 금융 위기의 전파에 대비해야하는 필요성이 그 어느 때 보다도 높은 시점인 것으로 나타났다.

최근의 금융 관련 정보기술(핀테크, Fintech)의 발전에 따라 화폐의 종류도 다양해지고 온라인상에서 활용 가능한 형태의 화폐까지 화폐의 범위도 넓어지면서 최근에 새로운 형태의 화폐인 '디지털 화폐'가 주목받고 있다. 특히, 중앙은행이 발행하는 법정 통화인 디지털 통화(digital currency) 혹은 CBDC (central bank digital currency) 바람이 미국과 중국을 중심으로 거세게 불고 있다. 예를 들면, 미국은

페이스북(Facebook; 현재의 상호명은 'Meta')의 창업자 겸 CEO인 마크 저커버그가 자사의 암호화폐인 '리브라(Libra)의 대내외적 사용을 제안하면서 연준이사회(FRB)가 디지털 통화에 대한 본격적인 검토에 착수하기 시작했다. 세계 제2의 경제 대국인 중국은 디지털 통화 도입에 대한 논의 단계를 넘어선 구체적 계획을 발표하고 있다. 중국은 인민은행 금융・통화정책의 효과성 제고하며 동시에 외환・통화 부문의 디지털 통화 도입 부문에서 선도적 위치를 차지함으로써 위완화의 국제화를 달성하고자 하고 있다. 예를 들면, 중국의 중앙은행인 인민은행(人民銀行)이 발행하는 법화(legal tender)로서의 CBDC를 DCEP(digital currency for electronic payment)로 부르면서 디지털 화폐의 선도적 위치를 차지함과 동시에 위안화 지위의 향상을 위해 노력하고 있다. 이에 6장에서는 포스트 코로나 시대 한국, 미국, 일본을 중심으로한 디지털 화폐 도입에 대한 각 국의 입장을 알아보고 관련해서 각 국이 추구하고 있는 디지털 통화 정책을 살펴본다. 또한, 한미일 3국에서 앞으로 디지털 화폐의 전망에 대해 논의한다. 끝으로 7장에서는 디지털 화폐도입을 가장 적극적으로 추진 중인 중국의 디지털 화폐 도입 배경과 도입 준비 및 관련 실험 상황을 알아본다. 또한 중국이 도입하는 디지털 화폐인 DCEP의 대내외적 기여와 한계, 관련국의 대응 등에 관한 내용을 분석하여, 한국 정부와 기업에 주는 정책적・전략점 시사점을 도출한다.

2

동북아 주요국의 환율이 기업에 미치는 영향

2장
동북아 주요국의 환율이 기업에 미치는 영향

편주현, 선종인

1. 서론

한국, 중국 그리고 일본—동북아 3국—은 전세계의 생산기지(production center)로서, 3국이 차지하는 무역 비중은 2020년 세계 총 무역량 대비 21%에 육박할 정도로 무척 크다.[1] 무엇보다 3국을 중심으로 하는 국내 및 글로벌 기업들의 활동은 전세계 경제에 큰 파급력을 가져오고 있다. 기업의 해외 진출 및 글로벌 시장에서 기업의 다각적인 활동을 이해하기 위해서는 각국의 시장을 연결하는 외환시장의 가격 변수인 환율과 자본이동에 대한 이해가 선행되어야 한다. 그러나 기존의 국제 거시 연구들은 환율과 자본이동의 결정에 대하여 주로 거시적인 접근을 통해 그 동인을 분석했으며, 이런 환율

1) Merchandise: Total trade and share, annual, UNCTAD (2020)http://unctadstat.unctad.org/wds/ReportFolders/reportFolders.aspx?sCS_ChosenLang=en

과 자본이동이 기업의 무역과 해외직접투자 등 기업의 해외 진출에 미치는 영향에 대한 미시적 파급효과를 분석한 연구들은 많지 않았다. 최근 연구들에서는 실질환율의 변화가 다양한 채널을 통하여 기업 수준의 가격 및 수출 결정 그리고 생산성 변화에 영향을 주는지 등에 대한 연구를 시작하고 있다 (e.g., Berman et al. 2012, Ekholm et al. 2016, Choi and Pyun 2018). 본 연구에서는 특별히 한국, 중국, 그리고 일본 기업을 대상으로 환율이 기업 활동에 미치는 영향을 분석한 연구들을 종합하고, 이를 바탕으로 동북아 3국의 외환시장이 실물경제에 미치는 파급효과를 이해한 후 정책적 함의를 도출하려 한다.

먼저, 본 연구에서는 동북아 3국의 환율제도 및 환율 변화에 대해 정리할 것이다. 일본은 대표적으로 변동환율제도를 택하고 있는 국가이고, 한국 역시 아시아 금융위기가 발생한 해인 1997년 12월에 기존의 시장평균환율제도 대신 변동환율제도를 도입하였다. 반면에 중국은 고정환율제도에서 점차 환율의 변동성을 용인하는 관리변동환율제도로 이행하고 있다. 나아가 이런 3국의 다양한 환율제도 및 실질환율 변동성이 3국의 글로벌 기업 및 자국 기업의 수출량, 수출 가격 및 생산성 결정에 미치는 영향을 분석한 연구들을 체계적으로 정리할 것이다. 또한, 각 연구들의 공통점과 차이점을 분석하여 동북아 3국 외환시장의 환율이 기업의 활동이라는 실물경제에 미치는 영향에 대하여 논의하려 한다.

구체적인 논의에 앞서 환율 변화가 기업의 의사결정에 미치는 이론적인 채널에 대한 연구들과 그 논점을 요약하여 제시할 것이다. 마지막으로 동북아 외환시장과 기업 활동의 연구들을 바탕으로 앞으로 논의하고 발전시켜야 할 이슈를 도출하고 정책적 시사점을 함께 제시하고자 한다.

2. 한·중·일 3국을 중심으로 한 외환시장 및 환율제도 변화

1) 한국의 환율제도

한국은 1965년부터 자국 통화가치가 미국 달러화 대비 일정 범위 안에서만 움직이도록 하는 달러 페그제를 공식적으로 단일변동환율제로 불렀고, 1970년대 말까지 사실상 이 제도를 유지했다. 미국 달러에 대한 한국의 원화 환율이 상당히 절상된 채로 고정되어 수출 경쟁력이 악화되었으나 1971년, 1974년 그리고 1980년에 상대적으로 큰 명목 평가 절하를 단행했다. 1975년에는 명목환율을 484원에 고정하였는데, 이 환율은 1979년까지 지속되었다. 이는 정부가 추진 중이었던 중화학공업화 자본재의 수입가격을 저렴하게 유지하고, 국내 인플레이션 압력을 완화하려는데 목적이었다. (한국경제60년사 편찬위원회, 2011). 1980년대에 들어서면서 한국 정부가 무역자유화를 확대하고 각종 수출보조금과 수입 보호 조치를 단계적으로 중단하면서 환율의 적절한 관리가 더욱 중요하게 되었고, 1980년 초에 달러 뿐만 아니라 주요 교역 상대국의 통화 바스켓에 원화를 고정시키는 새로운 환율시스템인 복수통화바스켓제도를 도입하였다. 이는 주요 교역 상대국

의 환율변동이 큰 경우 원화의 실질실효환율을 보다 안정적으로 유지하기 위한 제도였다.[2)]

1990년 3월, 복수통화바스켓제도는 시장평균환율제도로 대체되었는데, 이는 전일의 가중 평균한 은행 간 환율을 기준으로 정해진 범위 내에서 원-달러 환율을 시장에서 결정하는 제도이다. Nam and Kim (1999)에 따르면 시장평균환율제도의 중요한 특징은 고정환율제도의 정부 개입으로부터 벗어나 시장에서 환율이 결정되는 것을 반영하고 미래에 자유변동환율제도로 이행할 수 있는 기반을 마련했다는 것이다. 새로운 제도 하에서도 과도한 환율 변동을 피하기 위해 환율의 일변동에 대한 제한을 부과하였다. 그러나 허용되는 일별 변동폭의 범위는 여러 단계에 걸쳐 지속적으로 확대되었다. 당초 제한 범위는 전일 은행 간 금리 가중평균의 ±0.4%로 설정됐으나, 1995년 12월 ±2.25%까지 확대되었다. 결국 1997년 12월 현재의 자유변동환율제도를 채택하고 시장에서 환율 결정을 용인하게 된다.[3)] 이로 인해 명목환율은 1,399원까지 상승하였고, 환율이 전적으로 시장을 통해 결정되면서 명목환율과 실질환율의 차이는 그 이전보다 훨씬 작아졌다

---

2) Nam and Kim (1999)에서는 실제로 한국의 복수통화바스켓제도는 경직된 페그를 목표로 하지 않았음을 언급하였다. 정부 당국은 주요 교역국 통화에 적용되는 가중치를 공개하지 않았고, 정책적 고려가 환율 관리에 중요한 역할을 하였다고 역설했다. 실제로 국제통화기금(IMF)은 이 체제를 관리변동환율제도로 분류했고, 원화의 실질실효환율은 1980년대에 상당한 변동을 보였다.

3) 1997년 자유변동환율제도로 이행한 후에도 장외거래에는 시장평균환율을 적용하도록 하였다. 즉, 시장평균환율이 기준환율이 되는데, 이 시장평균환율은 금융결제원의 자금중개실을 통해 당일에 거래된 은행간 환율을 거래량으로 가중평균하여 산출한 것으로서 다음날 외환거래의 기준환율이 된다.

(한국경제60년사 편찬위원회, 2011).

외환위기 이후 명목환율은 달러의 약세로 인해 대체로 하락세를 보였으나, 경상수지는 큰 폭의 흑자를 기록하였다. 이는 가격 경쟁력이 약화되었음에도 불구하고, 한국 상품에 대한 해외의 수요 증가 및 제품 품질의 향상으로 한국 기업의 경쟁력이 강화된 결과라고 볼 수 있다. 그러나 2006년에는 환율 하락세가 커져 실질환율 기준 달러당 원화가 989.3원까지 하락하여 경상수지 흑자 폭이 줄어들었고, 2007년 이후에는 글로벌 금융위기가 겹치면서 경상수지가 적자로 돌아섰다. 다행히 2009년 이후에는 어느 정도 회복하여 흑자를 기록하기도 하였다 (한국경제60년사 편찬위원회, 2011).

최근 한국 정부는 환율이 시장에서 결정되도록 유지하되 과도한 환율변동이 발생하는 경우 시장 안정화 조치를 실시하는 정책 기조를 유지하고 있다. 그러나 시장 안정화 조치의 일부 내역이 공개되지 않음에 따라 인위적 원화가치 절하를 유도하고 있다는 국제사회로부터의 불필요한 오해받고 있어, 이를 풀기 위하여, 투명성 제고를 위한 노력을 함께 진행하고 있다 (한국은행, 2018). 2019년 이후에는 원-달러 환율이 일평균 4.9원 등락하는 등 환율의 일평균 변동률이 주요국 중에서도 큰 편에 속했다. 이는 미국과 중국의 무역 분쟁, 홍콩 시위, 브렉시트 등 대외적 상황에 따른 변동으로 분석되며 환율 안정화를 위한 모니터링을 함께 진행하고 있다 (한국은행, 2019).

〈그림 2-1〉 한국 원화 환율의 변천

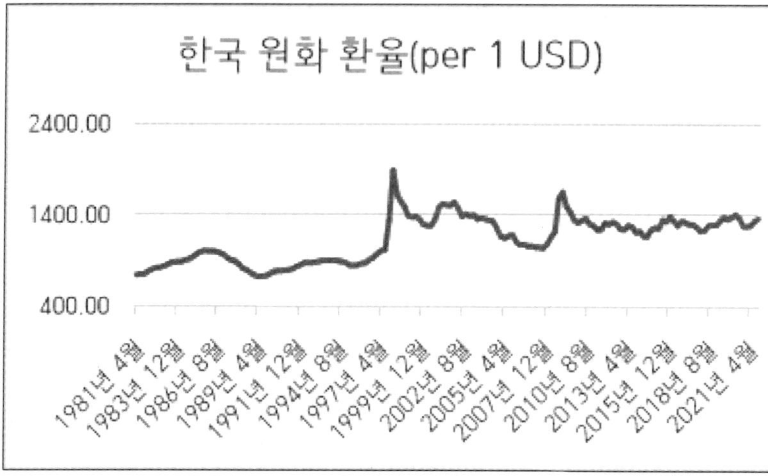

자료: FRED

2) 중국의 환율제도

중국은 1978년 개방정책을 도입한 이후 1993년까지 이중환율제도를 채택하였다. 이중환율제도는 수출을 장려하고 수입을 억제하는 신중상주의의 관점에서 무역 거래와 비무역 거래에 적용하는 환율을 다르게 적용하는 것을 의미한다. 중국의 환율 변화를 살펴보면 1981년 1분기 달러당 1.6위안에서 1993년 4분기 5.81위안까지 위안화 절하가 진행되었다. 이후 1994년에 환율을 단일화하면서 관리변동환율제도를 도입하였는데 이때 공식 환율을 시장 환율에 맞춰 달러당 5.81위안에서 8.72위안으로 약 50%의 추가 절하했다. 1997년 말 위안화가 달러당 8.31위안으로 절상될 때까지 환율의 변동을 용인하였으나 실제 고정환율제도 못지않은 정부의 환율 개입이 있었다.

무엇보다 1997년 말 아시아 금융위기가 발생하면서 중국은 오히려 위안화를 달러화에 고정시키는 고정환율제도를 운용하였다. 이에 따라 2005년 중반까지 중국의 환율은 달러당 8.28위안으로 고정되었고, 이 시기 중국은 미국을 비롯한 다른 나라들로부터 위안화 절상 압력을 받게 되었다. 결국 중국은 2005년 7월 위안화를 달러당 8.11위안으로 절상하면서 고정환율제도에서 복수통화바스켓인 관리변동환율제도로 전환하였다 (양두용, 이인구, 김권식, 2005). 이전 시기에 도입했던 관리변동환율제도와 달라진 점은 미국 달러 뿐만 아니라 다른 나라의 통화도 바스켓에 포함시켜 환율 결정에 반영한다는 것이다. 또한, 변동환율제도로 점진적 이행을 하기 위해 2007년 5월 환율의 일일 변동폭을 ±0.3%에서 ±0.5%로 확대하였고, 위안화는 점차 강세를 보여 2008년 3분기에 달러당 6.84위안까지 절상되었다.

그러나 위안화의 지속적인 절상으로 인해 중국 기업의 수출에 차질이 생기면서 중국은 2008년 7월 관리변동환율제도를 포기하였다. 중국은 환율을 다시 달러당 6.82-6.83위안으로 고정시키면서 고정환율제도로 복귀하였다. 그러나 이때 미국발 글로벌 금융위기가 발생하였고 미국은 만성적인 무역 적자를 해소하기 위해 다시 중국 위안화에 대한 절상 압력을 행사하였다. 결국 중국은 2010년 6월 환율을 둘러싼 미국과의 무역 분쟁을 해결하고 물가 안정을 도모하기 위해 복수통화 바스켓 관리변동환율제도를 다시 채택하였고 2012년 4월에는 환율의 일일 변동폭을 ±0.5%에서 ±1.0%로 확대하였다. 이에 따라 위안화는 2012년 12월에 달러당 6.23위안으로 재차 절상되었다.

2015년 기준 환율 산정 시 전날 종가와 함께 복수통화바스켓 환율을 참고하는 방식의 '8·11 환율 개혁'을 진행하다. 이를 통해 환율 시장화를 진전시켰고, 위안화 환율과 달러 가치의 연동성이 전보다 커졌다. 2021년 6월 기준 달러 대비 위안화 환율은 6.38위안을 기록하면서 2018년 5월 말 이후 3년 만에 최저 수준을 기록했는데, 이는 코로나 19의 영향에서 빠르게 회복한 중국의 수출 증가와 외자 유입의 증가에 따른 것으로 설명되고 있다. 또한, 현재 미국이 경기부양을 위해 재정정책과 통화정책을 실시함에 따라 달러화 가치가 하락하면서 결과적으로 위안화의 강세를 가져왔다고 분석하고 있다 (KIEP 북경사무소, 2021).

〈그림 2-2〉 중국 위안화 환율의 변천

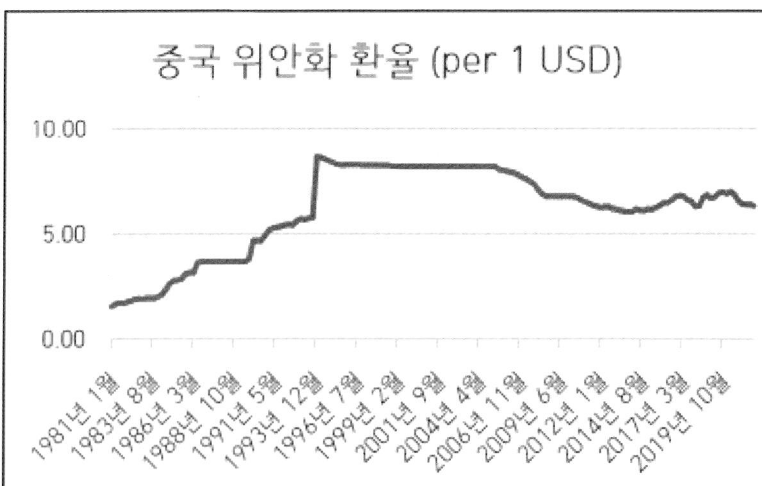

자료: FRED

3) 일본의 환율제도

일본은 제 2차 세계대전 이후 일본 경제 재건책인 도지 라인(Dodge Line)이 시행됨에 따라 미국 달러당 360엔대로 환율을 고정하였다. 이후 1971년까지 22년간 이 비율을 유지하여 왔으나, 닉슨 쇼크 이후 국제통화제도의 추세가 변동환율제로 이행됨에 따라 변화하기 시작했다 (정진성, 2018). 일본은 1972년 스미스소니언 박물관에서 열린 10개국 재무장관회의에서 환율을 380엔으로 고정하였으나, 1973년 1월 변동환율제로 정책을 선회하였다 (오태헌, 2014).

1970년대에는 오일쇼크로 인한 인플레이션이 미국을 강타하면서 심각한 불황이 찾아왔고, 1980년대 미국은 심각한 재정 적자와 경상수지 적자로 불안정한 시기를 겪고 있었다. 한동안 안정된 모습을 보이던 엔화는 1985년 이전까지 200-250엔 선에서 움직였다 (오태헌, 2014). 그러던 중 1985년 9월 진행된 G5 정상회담에서 미국의 지속적인 적자 해소를 위하여 일본과 서독의 통화가치를 올리는 플라자 합의가 채택된다. 이에 따라 당시 달러-엔 환율은 달러당 250엔에서 160엔으로 절상되었고, 1987년 G7 재무장관회담에서 채택된 루브르 합의 이후에도 달러당 120엔까지 치솟으며 엔화는 초강세 시대에 접어들었다 (오태헌, 2014). 이로 인해 당시 일본 수출품은 가격 경쟁력이 약화되었으나, 기대했던 미국 무역 적자의 균형 달성이라는 획기적인 효과를 가져오지는 못했다 (공의식, 2002).

이후 일본 버블 경기의 붕괴로 주가가 폭락하면서, 해외 투자와 수입이 위축되었으나, 수출은 지속적으로 증가하면서 1990년대에는 엔고 현상이 유지되었다 (오태헌, 2014). 이에 일본 대장성(현 재무성)과 일본은행은 시장에 개입하여 엔화를 팔고 달러 등의 외화를 사들이면서, 엔화의 가치 상승을 억제하는 정책을 펼치기도 하였다. 1995년 1월 고베 대지진이 발생한 이후 G7 회의에서 엔화 약세를 요청하는 역플라자 합의가 채택되면서 엔화는 빠르게 약세로 전환되었다. 4월에는 달러당 79.15엔으로 사상 최고치를 기록하였는데, 이후 2개월 간 매일 엔화를 팔아 변동을 최소화하고자 노력했다. 이러한 노력 끝에 1995년 말에는 달러당 100엔을 넘는 수준이 되었다.

일본은 1990년대 말부터 지속된 산업생산, 물가 및 수출의 지속적인 하락세로 경기 침체가 심화되어 왔다. KDI 거시경제팀 (2002)의 연구에 따르면, 2000년 초에는 일본 경제의 기초여건에 대한 국제금융시장의 신인도가 하락하고, 일본 정부의 엔화 약세 수용 자세로 인하여 엔화 약세가 심화되어 달러당 135엔을 상회했다. 2003년 이후 본격적인 경기회복과 2005년 높은 주가 상승에도 불구하고 엔-달러 환율은 지속적으로 상승했다 (정성춘, 2006). 그러나, 2007년 글로벌 금융위기 이후에는 엔화가 안전자산으로 인식됨에 따라, 엔-달러 환율이 달러당 112엔에서 97-98엔 수준으로 하락하며, 약 12.5%의 엔화 가치 상승이 있었다. 이러한 엔화의 실질실효환율의 상승(평가절상)은 엔화의 상대적 구매력이 상승했음을 의미한다. 실제로, 2011년 동일본 대지진이 발생한 이후 보험회사가 지급준비를 위해 해외 자산을 엔으로 환전할 것이라는 관측이 나오면서 엔 자금 수요가 높아져서 균형이 무너졌고, 당시 엔-달러 환율이 달러당 76엔을 기록하면서 최고치를 경신하였다 (윤덕룡, 오승환, 2008). 이에 따라, 일본 중앙은행은 2012년부터 양적완화 정책을 통해 엔화의 자국 내 공급을 증가시키고, 엔화 약세를 만들어 디플레이션을 극복하고자 노력하였다 (오태헌, 2014).

최근 미국이 일본의 환율문제에 민감한 이유에 대하여 김규판, 이형근, 이정은, 김제국(2017)은 일본 재무성과 일본은행이 아베 내각 출범 이후에 외환시장에 개입한 적이 없고 양적 완화 역시 국제적 합의에 기초한 것이라고 주장하고 있음에도 불구하고, 2012년 엔-달러 환율이 달러당 80엔에서 110-120엔으로 가파른 엔화 약세를 실현하였기 때문이라고 분석했다. 이러한 엔저 효과로 일본은 성장률이 높아졌고 경기가 호전되었으며 소비자 물가상승률은 플러스로 바뀌고 기업 수입은 대폭 증가되었다. 그러나 정진성(2018)은 이런 효과는 엔저가 진행되고 있을 때의 단기적 효과이며, 지속적인 성장으로 반드시 연결되지는 않는다는 점에 유의할 필요가 있다고 지적했다. 2017년 미국은 일본의 양적완화가 엔화 약세를 유도했다고 비판하였으며 일본은 이에 대한 반박 입장을 내놓았는데, 이는 이후 미국 행정부가 통화 약세 유도를 제한하는 '환율조항'을 무역협정에 포함시키는 결과를 가져왔다 (김규판 외, 2017).

〈그림 2-3〉 일본 엔화 환율의 변천

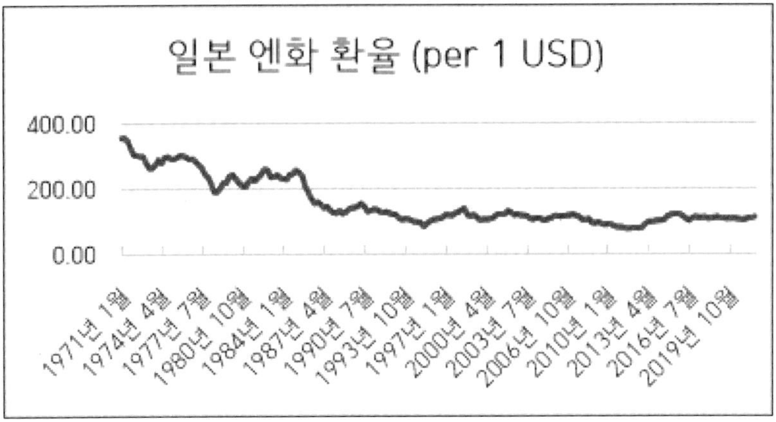

자료: FRED

3. 환율 변화와 기업의 활동: 수출, 생산성 변화를 중심으로

1) 이론 연구

A. 환율 변화와 기업의 수출

환율 변화와 수출의 관계는 거시적으로 국가와 산업 수준에서 많은 연구가 진행된 주제이다. 예를 들어 국내 통화의 환율상승(국내 통화의 평가절하)시 수출이 증가할 것이라는 두 변수의 양(+)의 관계에 대하여 이론적 논의부터 환율 변화에 대한 수출 변화의 탄력성 실증 분석까지 많은 논의가 진행되었다. 이런 환율 변화와 수출의 관계에 대한 논의는 환율 변화에 따른 수출품 가격의 변화에 대한 논의와 밀접

한 관련이 있다. 즉, 환율 변화로 나타나는 수출품 또는 수입품의 가격(단가) 변화와 더불어 실질 수출량 또는 수입량 변화를 분석하면 총수출 및 수입의 변화가 정확히 어떻게 야기되는지 분석이 가능해진다.

첫 번째, 환율 변화가 상품 및 서비스 가격의 변화에 미치는 영향을 분석하는 환율전가(Exchange rate pass-through)에 대한 연구는 활발히 진행되어 왔고, 결론 또한 국가별, 산업별, 통화별로 다양하게 제시되었다 (e.g., Goldberg and Knetter 1997; Campa and Goldberg 2005; Gopinath and Rigobon 2008; Gopinath et al. 2010)[4]. 참고로 한국의 환율전가에 대한 논의도 다수 있었다.[5] 환율전가의 이론적 배경을 살펴보기 위해 일물일가의 법칙을 가정하고 수출국 A와 수입국 B가 있다고 하자. 이때 환율전가란 A와 B국의 환율 변화에 대한 수입국 통화표시 수입품 가격 변화의 정도를 의미한다. 반대로 Pricing-to-Market의 정도는 환율 변화에 대한 수출국 통화표시 수출품 가격 변화의 정도를 나타낸다. 즉, 환율전가도가 0이라면 환율 변화가 모두 수출국의 마크업 증가 또는 감소로 흡수되

---

4) 예를 들어 Campa and Goldberg(2005)는 23개 OECD 국가의 수입 가격의 환율전가를 분석하였는데 특히 제조업 내에서 단기적으로 부분 환율전가가 나타남을 보였다. 거시 경제 변수가 환율전가의 변화에 미치는 영향은 제한되었지만, 환율 변동성이 높은 국가일수록 환율전가가 크게 나타나는 경향을 관찰하였다. 무엇보다 수입 번들 구성의 변화가 환율전가에 지대한 영향을 가져왔다.

5) 예를 들어 이항용, 김현욱(2009)은 장기간의 시계열 자료를 이용하여 우리나라 수출가격에 대한 환율전가율 변화를 실증적으로 분석하였다. 외환위기를 전후로 수출가격에 대한 환율전가 정도가 하락하였음을 발견하였는데, 이는 우리나라 수출기업이 환율 변동의 영향을 수출가격에 전가하지 않고 내부적으로 마크업 조정을 통해 흡수하는 경향이 외환위기 이후에 더욱 높아졌다고 설명하였다.

어 수입국 통화표시 수입품 가격에 대한 변화가 전혀 발생되지 않음을 의미한다. 반대로 환율전가도가 1(=100%)이 될 경우, 수출국 통화표시 수출 가격은 아무런 변화가 없고 수입국 통화표시 수입 가격이 환율 변화율과 동일 비율로 변화하는 것을 의미한다. 그러므로 이론적으로 환율전가의 결정을 분석하기 위해서는 거시적인 가격의 경직성을 고려하거나, 미시적으로 가격 결정의 주체인 기업들의 환율에 대한 가격 결정 변화를 분석하는 것이 필요하다.

특히 Gopinath and Rigobon(2008)은 미국의 수출품에 대한 부두가격 (Export prices at the dock)에 대한 미시자료를 이용하여 미국기업의 환율전가가 약 22% 정도로 낮음을 관찰하였고 이론적으로 가격 경직성을 고려하는 것이 중요함을 역설하였다. 한편, Gopinath et al.(2010)은 달러와 달러가 아닌 통화로 가격이 매겨진 재화의 평균 환율전가가 각각 25%와95%로 큰 차이가 있음을 보이며, 환율 변화에 따른 가격 결정에 있어 이론적으로 내생적인 통화 선택을 고려하는 것이 이러한 통화별 환율전가의 차이를 설명하는데 중요함을 보였다.

무엇보다 최근 기업 데이터의 공개로 기업 수준의 가격 자료를 이용하여 기업의 특성에 따른 환율전가 분석에 활용하는 연구들도 나타났다. Berman et al.(2012)은 기업의 생산성과 같은 기업 특성에 따라 환율전가가 달라짐을 보였고, 환율전가의 차이를 이해하는데 기업의 개별 특성이 중요함을 보이는 이론적 근거를 제시하였다. 이들이 프랑스 기업을 대상으로 연구한 결과, 환율절하에 따른 전체 수출업체의 평균적인 환율전가는 92% 수준으로 크게 나타났다. 또한, 이런 환율전가는 기업 생산성에 따라 상이함을 보였는데, 생산성이 높은 기업이 마크업을 더 크게 상향조정—환율전가가 작게 나타나고—하고 수출량의 증가는 미미함을 발견하였다. 즉, Berman et al.(2012)과 같은 실증적 발견은 거시적으로 가격의 경직성 측면에서 설명되던 환율전가의 차이가 가격 결정의 주체인 기업 수준의 차이로 설명될 수 있는 이론적 가능성을 열어주었다고 할 수 있다.

두 번째, 환율 변화가 수출량에 미치는 연구들을 살펴보면 기존의 거시 연구에서 이미 가격 지수로 수출을 표준화하여 구축한 실질 수출량과 실질환율의 관계에 대하여 연구한 다수의 연구가 있다(Eichengreen, 2008; Rodrik, 2009; Haddad and Pancaro, 2010; Fruend and Pierola, 2012). 이론적으로 실질환율은 수출 상대 가격의 중요한 구성 요소이며, 상대 가격의 변화는 수출 가능한 부문에 대한 자원 재배분을 발생시켜 실질 수출에 영향을 줄 수 있다. 반면, 기업 수준에서는 실질환율 변화와 실질 수출량을 분석한 연구들이 최근 들어 나타나고 있다.

Greenway et al.(2007)은 영국 제조업 기업 자료를 이용하여 실질환율 변화가 기업의 수출 시장 진입, 철수 및 수출 집약도에 미치는 영향을 분석하였다. 분석 결과, 실질환율 변화가 기업의 수출 참여 및 철수 결정에는 큰 영향을 미치지 않았으나, 기업의 수출 시장 진입 후 실질환율 변화가 수출 점유율에는 상당한 영향을 주는 것을 관찰하였다. Berman et al.(2012)은 프랑스 기업 자료를 이용하여 실질환율의 절하에 대응하여 생산성이 더 높은 수출기업은 수출량을 늘리기보다 더 큰 비율로 마크업을 인상한다는 결과를 확인하였다. Hahn and Pyun(2021)은 한국 제조업 사업체 자료를 이용하여 기업수준의 수출량을 외연적 변화와 내연적 변화로 분해하여 환율 변화가 기업 실질 수출에 미치는 효과를 분석하였다. 특별히 이 연구에서는 기업 단위 수출을 품목의 다변화와 품목 내 수출량의 증가로 구분하여 환율 변화에 대한 기업의 실질 수출량의 변화를 더 세부적으로 관찰하기도 하였다.

B. 환율 변화와 기업 수익성과 생산성

환율 변화라는 가격 변화가 실제 기업 수준의 이익 및 생산성에 미치는 영향에 대한 이론적, 실증적 연구들도 등장하였다. 먼저 환율 변화가 기업의 생산성에 미치는 최신 연구들의 논점을 살펴보면 다음과 같다. 먼저 Fung et al.(2011), Ekholm et al.(2012) 및 Choi and Pyun(2018)은 실질환율 변화가 기업 생산성에 미치는 영향을 분석하였다. 이 연구들의 이론적 논의는 실질환율의 변화가 규모의 경제 효과(Scale effect) 또는 경쟁을 통한 선택 효과(Selection effect)에 의해 기업 생산성에 영향을 줄 수 있음을 주장하였다. 규모의 경제를 통한 채널은 실질환율 절하 시 글로벌 시장에서 수출 기업의 가격 경쟁력 향상으로 인해 규모의 경제가 있는 산업이나 기업들에서 비용 절감을 통한 생산성 향상이 가능하다는 것을 보여준다. 즉, 실질환율의 절하가 기업의 생산성 증대를 가져올 수 있다는 이론적 배경을 제시한다. 규모의 경제와 더불어 실질환율 절하가 생산성 증가에 미치는 양(+)의 효과에 대하여 Alfaro et al.(2018)은 실질환율 하락이 기업의 수출 및 R&D에 대한 잠재적인 수익성을 높이고 금융제약을 완화시킨다고 설명하였다. 이는 R&D 활동에 자금을 쉽게 조달할 수 있도록 하여, 결과적으로 더 많은 R&D 투자를 가능하게 하고, 기업의 생산성 향상을 유도할 수 있다는 새로운 이론적 채널을 강조한다.

반면에 경쟁을 통한 선택 효과라 함은 실질환율 절상 시에 수출 기업이 불리한 가격 조건에 놓임에 따라—상대적으로 경쟁적인 환경에 처함에 따라—생산성이 낮은 기업들이 퇴출되고, 생산성이 높은 기업들이 살아남으면서 기업 간 자원의 재배분이 일어나는 선택 과정을 통해 전반적인 산업 생산성이 증가한다는 이론적 설명이다. 이 논의를 기업 내부로 가져갈 경우, 실질환율의 절상으로 수출 기업들이 더욱 경쟁적인 환경에 놓일 경우에 경쟁에 살아남기 위해 기업 내부의 효율적인 자원 재배분을 통해 기업 자체의 생산성 증가도 가능할 수 있다는 이론적 설명이 가능하다(e.g., Ekholm et al., 2012).

또한 환율과 기업 생산성 혹은 투자를 분석하였던 이전 연구들의 주된 논점은 환율 변동성을 통한 불확실성 증가가 기업의 의사결정에 미치는 영향이었다. 예를 들어, Aghion et al.(2009)은 환율 변동성과 생산성 증가를 이론적으로 연결하는 모형을 구축하였다. 환율 변동성이 증가할 경우 이는 수입(revenue)의 변동성을 유발하지만 임금 등의 비용(cost) 부분은 고착(stickiness)되어, 환율 변동성의 증가는 이윤(=수입-비용) 변동성 증가를 수반하고 결과적으로 혁신에 대한 투자가 줄어들어 기업 생산성 감소가 나타날 수 있다는 모형을 제시하였다. 추가적으로 혁신에 대한 투자는 발달된 금융 기관이 제공하는 유동성과 연관이 있음을 역설하고, 금융시장이 상대적으로 덜 개발된 국가에서의 환율 변동성 증가는 생산성 감소를 더 크게 유발함을 주장하였다.

2) 환율과 기업의 실증 연구

여기서는 위에서 제시한 환율과 기업의 의사결정에 대한 이론적 논의를 바탕으로 한·중·일 3국을 중심으로 한 기업 연구 중 환율 변화가 기업의 생산성과 수출에 미치는 영향을 분석한 연구들을 체계적으로 정리하였다. 또한, 각 연구들의 공통점과 차이점을 분석하여 동북아 3국 외환시장의 중요 변수인 환율이 기업의 활동이라는 실물경제에 미치는 영향을 구체적으로 논의하였다.

A. 한국의 환율과 기업

Choi and Pyun(2018)은 2006-2013년 기간의 한국 기업 데이터를 사용하여 실질환율의 절하(국내 통화의 평가절하)가 기업 수준 생산성에 미치는 영향 및 메커니즘에 대한 분석을 실시했다. 특별히 외생적 요인으로 인하여 실질환율의 절하가 발생한 2007-2009년 기간을 택함으로써 환율변화의 외생성을 확보하고 연구를 진행하였다. 연도별 분석에서는 실질환율의 평가절하가 기업의 생산성에 긍정적인 영향을 미치며, 수출 비중이 높은 기업에서 규모의 경제 효과를 통해 그 양(+)의 영향이 두드짐을 보였다. 그러나 즉각적인 생산성 증가는 원화의 평가절하가 지속됨에 따라 그 효과가 서서히 사라진다는 것 또한 확인했다. 특히, 지속적인 평가절하가 생산성에 미치는 부정적인 영향은 R&D 투자가 음(−)의 성장률을 보이는 기업들에서 관찰되었다. 즉, 실질환율의 절하는 일시적으로는 가격 경쟁력을 높이고 규모의 경제가 있는 산업에서 기업 생산성을 높이는 것으로 나타났지만, 지속적인 절하는 오히려 기업의 혁신 노력에 저해가 되고 생산성에 부정적인 영향을 주는 것으로 역설하였다.

앞서 Choi and Pyun(2018)이 실질환율 변화가 기업 생산성에 미치는 영향을 살펴보았다면, Hahn and Pyun(2021)은 실질환율이 변화할 때 실제 기업 수준의 수출량과 수출 품목이 어떻게 변화되는지, 수출 시장에 대한 기업의 진출과 출구 전략은 어떤 영향을 받는지에 대한 연구를 진행하였다. 한국 경제는 소규모 개방경제로 대외의존도가 높아 환율변동에 상당한 영향을 받아왔고, 1980-90년대를 거치면서 수출에 기반을 둔 빠른 경제성장을 이룩했다는 점에 기반하여, 1997년 아시아 금융위기 이전 즉, 1981-1996년 동안 한국의 제조업 사업체 데이터를 활용하여 실질환율과 기업의 수출 전략 간 상관관계를 살펴보았다.

실질환율의 상승과 하락에 따라 기업의 신규 진입과 철수가 상이하게 영향을 받을 수 있다는 이력 가설—Baldwin and Krugman, 1989—에 기초하여 실질환율의 절상과 절하를 구분하여 분석하였다. 실질환율 절하는 수출 시장의 신규 진입은 증가시키지만, 절상은 기업 철수를 증가시키지는 않는 것으로 나타나 두 경우의 비대칭성을 확인했다. 또한 실질환율 절하는 기존 수출 업체의 실제 수출량을 증가시키는 효과를 가져왔으나, 생산성이 높은 수출업체에서는 이 효과가 비교적 낮은 것으로 나타났다. 이는 생산성이 높은 수출 업체에서 자국 통화 절하 시 수출량을 늘리기보다 마크업을 조정하는 방향으로 수익을 창출함을 시사한다. 또한 제품 수준의 연구도 병행되었는데, 신규 및 기존 수출 제품을 구별하여 실질환율 변화가 제품의 다양성 및 신제품 진입에 미치는 영향을 분석하였다. 자국 통화의 절상이 있을 경우 이론적 예상대로 기존 제품이 이탈(Exit)하는 경향이 있음을 보였으나, 오히려 수출 시장에 신규 제품의 진출이 증가한다는 새로운 발견을 하였다. 이는 실질환율 절상으로 인한 경쟁의 심화가 수출 기업의 구조조정과 혁신을 촉진하여 신제품을 출시하게 된다는 이론적 설명이 가능하며, 생산성이 더 높은 기업일수록 이러한 혁신 및 신제품 출시에 보다 집중할 가능성이 높다는 것을 시사한다. 마지막으로 실질환율 절상은 수출 시장에 새로운 상품 진출을 증가시키지만 기존 제품의 수를 줄이며, 전체 수출 제품의 수를 감소시키는 효과를 가져오는 것으로 나타났다.

Hahn and Pyun(2021)의 연구는 수출지향 산업화와 경제 성장을 추구하는 개발도상국의 경우 환율의 변화가 기업과 상품의 수출 전략에 복잡하게 영향을 미칠 수 있다는 것을 실증적으로 보여주었다. 또한, 정책적 측면에서는 과도한 확장적 통화정책으로 실질환율을 인위적으로 낮게 유지하는 것은 오히려 기업의 제품 혁신을 방해하고, 기존 제품의 판매에 의존하도록 만들 수 있어 주의를 기울어야 한다는 시사점을 제공하였다.

Kim et al.(2020)에서는 2002-2006년 사이의 한국 상장 기업 데이터를 이용하여 글로벌 기업과 수출 기업의 환위험 헤징에 있어 외화 부채가 미치는 영향을 분석하였다. 기업의 환위험 헤징 수단은 다음의 2가지로 분류되는데 금융 헤징(Financial hedging)은 주로 통화 파생상품을 이용한 헤징을 의미하고, 운영 헤징(Operational hedging)은 글로벌 기업의 운영에서 볼 수 있는 것으로 본사와 해외 자회사 간의 국제거래를 통해 이루어진다. 이 연구에서는 특히 글로벌 기업의 해외 자회사를 통한 외화 현금흐름을 상정할 때, 글로벌 기업은 외화 부채의 사용을 통해 수출 기업보다 더욱 효과적인 환위험 헤징을 할 수 있음을 보였다. 또한, 외화부채와 같은 금융 헤징 도구가 글로벌 기업의 운영 헤징과 복합적으로 섞이며 헤징의 유효성을 높임을 발견하였다. 이런 연구들을 통해 환위험에 대한 노출 및 헤징이 기업의 특성에 따라서 달라지고 기업의 구체적인 특성을 고려하는 것이 중요함을 시사한다.

B. 중국의 환율과 기업

중국은 2001년 WTO 가입 이후 수출이 5배 이상 증가하였으며, 2008년 기준 미국의 수입에 약 16%를 차지하고 있다. 중국의 환율제도 개편 후 위안화 절상이 막대한 무역 흑자를 줄일 것이라고 예상하였으나, 관련된 실증연구가 많지는 않다. 2005년 환율 개혁으로 중국은 마침내 미국 달러에서 위안화를 분리시킬 수 있었지만, 중국 경제에서 무역의 중요성이 증가함에 따라 환율의 변화는 중국에 큰 영향을 미쳤고, 새로운 환율 체제는 중국 수출에 더 많은 환율 리스크를 초래했다. 즉, 위안화 절상은 중국 수출 제품의 가격 상승으로 수출 시장의 수요를 감소시킬 우려가 있어, 시장 점유율 유지를 위해서는 기업이 마크업을 축소하는 등의 대응이 필요해진다. 이렇듯 기업의 수출 시장의 진입과 출구 전략 그리고 기존 수출기업의 수출 점유율 등은 위안화 절상에 큰 영향을 받는다는 것은 부정할 수 없는 사실이다.

중국의 환율제도의 변천과 함께 환율 및 기타 거시변수들이 중국 기업의 의사결정에 미치는 연구들을 소개하고자 한다. Bouvet et al. (2017)은 2000-2006년 중국 관세청의 데이터 중 제조업 기업을 대상으로 관세와 환율이 중국 기업의 수출품 가격에 미치는 영향을 연구하였다. 우선, 전체적인 기업 평균에서 97%에 가까운 환율전가가 나타남을 발견하였다. 추가로 중국 기업들이 수입 기자재 또는 중간재(Imported inputs)에 의존하여 최종 수출품을 생산한다는 점을 감안하여, 수출의 수입콘텐츠 점유율(Import content of exports)에 따른 환율 및 관세 전가를 분석하였다. 수출의 수입콘텐츠 점유율은 한 국가의 전체 수출에서 수입된 투입물의 비율로 정의되며, 한 국가가 외국으로부터 수입 기자재 또는 중간재를 사용하는 정도를 반영한다.[6)] 이에 연구자들은 수출의 수입콘텐츠 점유율이 관세와 환율에 따라 어떻게 변화되는지 확인하기 위하여, Pricing-to-market 모형을 구축하였

6) 이는 '총 수출액 중 해외 부가가치 비중'이라고도 정의하기도 한다.

다. 모형에 따르면 중간재가 수입될 때 이 비용이 자국 내 통화로 표시되지 않는 경우, 수출업자의 한계생산 비용은 환율 변동에 부분적으로 노출되고 관세의 변화에는 완전하게 노출되었다. 결과적으로 기업 수출의 수입콘텐츠 점유율은 환율전가에 영향을 주었고, 관세전가에는 영향을 미치지 않았다는 것을 의미한다. 또한, 수출의 수입콘텐츠 점유율에 따라 중국 기업을 일반무역(Ordinary trade)과 가공무역(Processing trade) 기업으로 나누어 분석하였는데, 가공무역 기업은 중간재의 면세 수입의 혜택으로 수출의 수입콘텐츠 점유율이 일반무역 기업에 비해 높은 것으로 나타났다. 나아가 가공무역 기업을 세부적으로 순수 조립기업(Pure assembly)과 수입 및 조립기업(Import and assembly)으로 구분했을 때, 수출의 수입콘텐츠 점유율이 상대적으로 높은 순수 조립기업이 일반무역 기업보다 환율전가 정도가 낮았다.

무엇보다 Bouvet et al.(2017)의 연구를 통해 중국의 무역수지와 위안화 환율의 관계에 대한 함의를 찾을 수 있다. 중국의 무역 흑자는 대부분 가공무역 기업에서 발생하는데, 위안화 절상이 중국 수출에 영향을 미치는 여부는 수입 중간재의 원산지 뿐만 아니라 수출의 수입콘텐츠 점유율 정도에 따라서도 달라질 수 있게 된다. 중국 내 부품을 활용한 수출이 증가할수록—수출의 수입콘텐츠 점유율이 낮아질수록—위안화가 중국의 무역 불균형을 해결하는데 더 많은 역할을 할 수 있음을 알 수 있다. 또한, 현재 중국의 수입 중간재 의존도가 높기 때문에 미국의 중국에 대한 환율 압박은 효과적이지 않을 수 있다는 새로운 시사점을 제공하였다.

Héricourt and Poncet(2015)은 실질환율의 변동성이 수출에 미치는 영향과 금융 발전 및 금융 제약의 역할에 대해 연구하였다. 2000-2006년 113,000여개 이상의 중국 수출업체 데이터(158개 국가 대상 수출기업들)를 사용하였는데, 2005년 7월까지 중국은 미국 달러에 고정된 환율제도를 채택했기 때문에 환율의 변동성에 따른 수출 영향을 분석하기에 적절함을 역설하였다. 기업이 위험을 회피하는 상황에서 환율 위험은 무역 비용을 증가시키고, 국제 무역의 이익을 감소시킨다는 이론적 배경(Ethier, 1973) 하에서 환율 변동성에 따른 기업의 수출을 분석하였다. 분석 결과 환율 변동성이 높은 대상국가에 대한 중국 기업의 수출 시작 결정 및 수출은 감소하는 것으로 나타났으며, 이러한 수출 지연 효과(Export-deterring effect)는 금융 조달이 취약한 기업에서 많이 발생함을 발견하였다. 즉, 금융 발전의 정도에 따라 실질환율 변동성이 기업의 수출에 미치는 영향에 차이를 가져오는 중요한 결정요인이 되며, 금융 및 신용시장(Credit market)의 발전이 기업의 실질환율 변동성 및 리스크와 관련하여 추가적으로 부가되는 수출 비용을 낮추는데 도움이 될 것이라는 점을 시사하였다. 또한, 신흥국이 환율 정책을 변경할 때 주의를 기울여야 하는데, 적절한 수준의 금융 발전 없이 완전 변동환율체제로 이동하는 것은 수출 등 무역 성과에 부정적인 결과를 가져올 수 있음을 역설하였다.

Li et al.(2015)은 2000-2007년 중국 제조업 수출 기업 조사 데이

터(750만개 기업-상품-수출대상국가 관측치)를 활용[7]하여 양자(bilateral) 실질환율 변화가 중국의 수출과 수출 기업에 어떤 영향을 미치는지에 대하여 연구하였다. 중국 수출업체의 위안화 수출 가격 변화는 완벽한 환율전가를 보여주었다—연간 실질환율이 10% 상승할 때, 위안화 수출 가격은 0.5% 미만으로 감소하였다. 물론, 높은 환율전가가 높은 수출량 탄력성(Export volume elasticity)으로 이어지지는 않아, 실질환율 10% 상승 시 수출 물량은 2.2~4.1% 감소했다. 또한, 이를 통해 위안화 절상이 중국의 무역 흑자를 크게 줄이지 않는다는 것을 보였다. 실제로 위안화는 2005년 이후 미국 달러에 대하여 실질환율 기준으로 50% (명목환율 기준 21%) 절상되었지만, 미국에 대한 중국의 수출 성장이 둔화되지는 않았다. 그러나, 위안화 절상은 기업이 새로운 시장으로 진출할 확률과 기존 시장에서 살아남을 확률을 모두 감소시킨다는 것을 확인할 수 있었다.

Li et al.(2015)의 기여 중 하나는 기업의 이질성(heterogeneity) 역할을 연구하기 위하여 무역 데이터를 기업의 성과지표와 연계하여 분석한 점이다. 생산성이 높은 기업일수록 더 낮은 환율전가와 환율 변화 시 더 낮은 수출량 변화를 가져온다는 것을 발견하였다. 환율전가가 높은 다른 잠재적 이유(높은 수입의존도, 높은 유통비용 등)들을 발견했으나, 이런 요소를 고려한 이후에도 환율전가는 여전히 높게 나타났다.[8] 강건성 검증을 통해 중국 내 외국계 수출 기업이 더 높은

---

7) 대부분의 기존 연구가 수출을 수출 가격과 수출 물량으로 구분할 수 없으며, 기업 간 이질성(heterogeneity)을 잘 반영하지 못하였는데 Li et al.(2015)은 구체적인 중국 기업 데이터를 활용하여 이런 문제점을 극복하였다.

8) 생산성이 평균보다 1 표준편차 높은 기업의 환율전가는 93%로 여전히

환율전가를 보였고, 수출 기업은 실질환율 절하 기간에 비하여 절상 기간 동안 가격 경직성을 반영하여 환율전가가 더 높은 것을 발견하였다.

Zhang and Liu(2012)는 보다 미시적인 분석 수행을 위해 2000-2006년 중국 중대형 제조업 데이터를 활용하여 환율의 변화가 중국 기업의 수출에 미치는 영향에 대해 연구하였다. 환율의 변화는 결과적으로 중국 기업이 새로운 국가로 수출을 통한 진입을 하거나 수출 점유율을 확보하는데 중요한 역할을 한다는 것을 밝혀냈다. 또한, 해안 지역의 기업과 대기업은 환율 변화에 상대적으로 영향을 덜 받기 때문에 타 기업과는 다른 수출 행보를 가진다는 것을 확인하였다. 중국 내 외국기업은 환율 변화의 영향과 무관한 것으로 나타났는데, 환율 변화에 대한 대응에 있어 홍콩, 대만과 마카오의 기업은 외국기업과 비슷한 양상을 보였다. 추가적으로 산업의 이질성에 따라 실질환율이 수출에 미치는 상이한 영향을 규명하기 위해서 가공무역, 매몰비용, 경쟁정도 그리고 금융건전성에 대한 연구를 진행했다. 가공무역 비율, 경쟁 정도와 실질환율 간의 상호작용은 유의하지 않았다. 반면 매몰비용이 높은 산업은 수출 시장 진입 시 환율 변화의 영향을 받을 가능성이 높고, 진입 후에는 상대적으로 영향을 덜 받는다는 것을 밝혀내었다. 마지막으로 레버리지가 높은 산업에 속한 기업이 환율 변화에 영향을 덜 받는다는 것을 확인하면서, 시장 구조와 기업의 금융건전성은 환율과 수출 간의 관계를 설명하는 중요한 요소라는 것을 역설하였다. 또한 이 연구의 발견은 수출지향 정책을 추구

높았다.

하는 개발도상국에 중요한 시사점을 제공하는데, 소규모 기업이 환율에 더 민감하게 반응하는 것을 볼 때 개발도상국의 수출업체는 선진국보다 환율변동에 더 취약할 수 있다는 것이다.

C. 일본의 환율과 기업

일본의 실질환율은 2000년말부터 2007년 글로벌 금융위기 시작 사이에 약 43% 절하되었다. 그 후 약 1년 반 동안 30% 절상되었고, 2010년과 2011년 3분기까지 엔화 강세가 유지 되었다. 이러한 실질환율 상승으로 일본 기업들은 글로벌 금융위기 이후 이익이 크게 줄어들었고, 실질환율이 절하된 국가 기업들과의 경쟁에서 밀리면서 큰 어려움에 처했다는 평가가 있다. 그러나 몇몇 실증적 발견들을 통해 일본의 환율 변화가 수출에 큰 영향을 주지 않았다는 것을 보여주기도 한다. 예를 들어 실질환율이 약 10% 상승하면 일본 수출은 3.2~4% 가량만 감소한다는 연구 결과들도 있다 (Crane et al., 2007; Thorbecke, 2008).

Thorbecke and Kato(2012)는 일본 수출의 대부분이 재수출용 상품을 생산하는데 사용되는 부품 및 자본재이기 때문에 일본의 환율에 대한 수출 탄력성이 하향 편향될 수 있다는 점을 고려해 연구를 진행하였다. 수입국 통화의 평가 절상(엔화의 평가 절하)은 일본의 수입국으로 수출 증가 및 수입국의 일본 수출 감소를 유발할 수 있지만, 수입국의 수출 감소로 인해 일본으로부터 중간재 수입도 감소될 수 있다. 즉, 이런 일본의 중간재 수출을 고려할 경우 수입국 통화의 절상이 일본의 총수출 증가로 반드시 연결되지 않는다. 그러므로 이 연구는 일본의 총수출이 아닌 소비재(수입국에서 소비되는 상품) 수출에 초점을 맞추어 진행되었다.

일본 기업이 17개국에 대하여 1988-2009년 동안 수출한 소비재 관련 패널 데이터를 사용하여 연구한 결과 엔화가 10% 절상되면 일본의 소비재 수출이 평균 10% 하락했으며, 이는 일본 엔에 대한 장기적인 환율 탄력성이 1에 근접하다는 것을 시사한다. 또한, 수입국의 소득이 10% 감소하면, 일본의 소비재 수출이 평균 9~10% 가량 감소한다는 것도 확인했다. 마지막으로, 효과의 크기는 각기 다르지만 주요 경쟁 국가들의 통화 가치 평가 절하는 일본의 소비재 수출을 유의미하게 감소시켜 환율변동이 일본 수출에 큰 영향을 미침을 발견하였다.[9)]

Ito et al.(2016)은 2009년 진행된 RIETI의 조사를 기반으로 일본 기업의 환율 위험 관리와 환율 변동에 대한 주가 변동의 민감도로 추정되는 환율 위험 노출 간의 관계를 분석하였다. 15개 산업군(식품, 섬유, 화학, 의약, 석탄・석유, 고무, 유리・석재, 철강, 비금속, 금속, 일반기계, 전기기계, 운송장비, 정밀기기 및 기타 제품)의 227개 기업에 대하여 연구하였다. 기존의 많은 실증연구가 주가 수익률을

---

9) 2004-2010년 사이 과도하게 엔화 변동성이 높았던 것은 엔 캐리트레이드(yen carry trade)로 인해 투자자들이 저금리로 엔을 차입하여, 고금리인 다른 통화에 투자하면서 발생한 현상이라는 견해들이 있다(Ogawa and Shimizu, 2010). 이러한 현상은 글로벌 금융위기 이전의 엔화 약세에 기여했으며, 금융위기 이후에는 엔화 강세에 일조하게 된다. 따라서 엔화 환율 변동성을 조절할 수 있는 정책을 정책 입안자가 마련하는 것이 중요함을 역설하였다.

기업 가치 측정의 대리변수로 활용하였으나, 송장 통화 및 환율전가에 대한 기업 수준의 분석을 구체적으로 수행한 연구는 부족했다. Ito et al.(2016)의 분석 결과는 일본의 대형 제조업 기업들은 환위험에 크게 노출되어 있으며, 해외 판매 의존도가 높은 기업일수록 환위험에 크게 노출되어 있음을 보여주었다. 이런 기업들은 미국 달러를 기반으로 송장이 발행된 비율이 높은 만큼 환율 노출이 커졌지만, 금융 및 운영 헤징을 통해 그 위험을 감소시키는 것을 확인하였다. 또한, 엔화 기반 송장 발행의 경우, 환율 노출에 대한 위험을 줄일 수 있는 것으로 나타났다.

일본 기업들은 1973년 엔화 환산 이후 지속적인 엔화 강세에 고군분투 해왔으며, 2008-2012년 사이 미국 달러 대비 30% 이상 절상된 엔화로 인해 계속해서 어려움을 겪고 있었다. 이에 따라 일본 기업들은 환위험을 관리하는 다양한 방법을 고안해왔다. 통화 스왑, 통화 옵션, 선도 거래 등과 같은 금융 헤징(Financial hedging)을 통해 환위험에 대응할 수 있지만, 금융 헤징은 일정 기간 내에서만 효과가 있고 추가 비용이 발생하기 때문에 장기적으로는 유효하지 않을 수 있다고 보았다. 이에 따라 1990년대 중반 엔화 강세 속에서 수출 기업들은 생산기지의 해외 이전을 증가시켰고, 이미 해외 이전이 된 경우 해외 부품 수입 비중을 높이는 등의 대책을 통해 피해를 최소화할 수 있도록 하는 운영 헤징(Operational hedging)을 사용하며 환위험 노출을 관리했다.

또한 수출 시 송장(invoice) 내 사용하는 통화에 따라 환위험 노출 여부를 관리할 수 있다. 일본의 수출업체는 미국, EU 등 선진국 수출 시 수입국 통화를 선택하며, 아시아로 수출할 때는 일반적으로 제3국의 통화인 미국 달러를 사용해 왔다. 이로 인해 일본 기업은 환위험 관리에 있어 여러 가지 문제에 부딪히게 되었는데, 만약 송장이 엔화로 청구되었다면 실제로 엔화 강세 기간 동안만큼은 사업성과에 영향을 주지 않았을 것으로 볼 수 있다. 나아가 기업의 환율전가 정도 역시 환위험 관리를 위해 중요한데, 기업이 경쟁력을 가지고 있다면 엔화 절상으로 인한 손실을 상쇄할 수 있도록 제품 가격을 인상할 수 있고 이렇게 되면 환율 변동이 기업 실적에 미치는 영향이 상대적으로 적을 수 있기 때문이다.

3. 동북아 3국 연구의 비교 및 대조

동북아 3국의 외환시장과 기업 관련 연구에 있어 한국, 중국, 일본 기업을 대상으로 한 연구들은 여러 측면에서 환율 변화에 따른 기업의 수출과 생산성에 대한 연구로 진행되었다. 기본적으로 환율의 절상은 수출 제품의 가격 상승으로 상대국 시장의 수입 수요를 감소시키고 수출이 줄어들 수 있다는 전제하에 기업 및 산업의 특성을 추가로 분석하였다 (e.g., Thorbecke and Kato, 2012; Zhang and Liu, 2012; Hahn and Pyun, 2021). 이러한 환율에 대한 수출의 영향은 해외 판매 의존도가 높은 기업일수록(Ito et al., 2016) 그리고 금융 취약성이 높은 기업일수록(Héricourt and Poncet, 2015) 크다는 것을 알 수 있는데, 이는 글로벌 시장의 경쟁에 노출된 기업일수록 환율 변화에 대한 영향이 크다는 것을 보여준다.

먼저, 중국 관련 연구들은 2005년 7월 복수통화바스켓 관리변동환율제도를 채택하기 전인 2000-2006년 기간을 대상으로 한 환율 관련 연구가 집중되었는데, 이를 통해 고정환율제도 하에서 외생적인 환율 변동성이 중국 수출 기업들에 미치는 영향에 대한 시사점을 찾고자 했음을 알 수 있다. 이러한 관점에서 한국의 연구들 역시 중국의 연구들과 흡사하게 아시아 금융위기 이전 1990년대의 환율 스윙과 글로벌 금융위기를 지나면서 나타난 급격한 환율변화에 기초하여 외생적인 환율 변화가 기업 생산성 및 수출에 미치는 영향을 검토하였다.

또한, 경제 자유화가 비교적 늦게 이루어진 중국의 상황을 감안하면, 금융의 발전과 제약들이 환율의 변동성에 어떠한 영향을 미치는지에 대한 연구(Héricourt and Poncet, 2015)는 상대적으로 발전된 금융체계를 보유한 한국과 일본의 연구와는 다른 차별점으로 볼 수 있다. 일본의 연구는 중간재 수출을 제외한 소비재 중심의 연구(Thorbecke and Kato, 2012)가 있었던 반면, 중국은 순수 조립기업과 수입 중간재 기업을 포함한 연구를 진행하였다(Bouvet et al., 2017). 이는 중국의 경우, 글로벌 가치사슬의 영향을 받는 기업의 비중이 높다는 의미를 내포하고 있다고 볼 수 있다.

일본 및 한국의 연구들은 중국에서 진행된 금융 발전 정도와 환율의 관계에 관한 연구와는 달리 이미 발전된 금융 시장 여건 하에서 환율 변동성에 대응할 수 있는 기업 수준의 전략에 대해 연구가 진행된 것을 볼 수 있었다. Kim et al.(2020)은 글로벌 기업과 수출 기업을 비교, 대조하며 외화 부채라는 금융 헤징 수단이 글로벌 기업이라는 운영 헤징과 상호작용하여 환위험 관리의 효율성을 높일 수 있는지 살펴보았다. Ito et al.(2016)은 엔화로 기재된 수출 송장의 발행, 금융과 운영 측면의 환율 헤징 전략 수립 등으로 기업이 환위험 노출을 줄일 수 있음을 역설하였다. 이는 국제시장에서 경쟁력 있는 기업이 환손실을 상쇄할 수 있는 방안으로 다양한 전략을 수립할 수 있음을 시사하며 일본 기업이 가진 국제적 경쟁력을 바탕으로 한 연구라고 볼 수 있다. 또한, 한국과 일본 연구들의 공통점 중 하나는 환율제도의 변동 시점이 아닌 변동환율제도하에서 환율 변화에 초점을 두고 연구가 진행되었다는 점이다(Choi and Pyun, 2018; Ito et al., 2016; Thorbecke and Kato, 2012).

또한, 중국과 한국의 경우 최근에 공개된 상세한 기업 자료를 이용하여 환율 변화가 기업의 가격 결정 및 생산성에 미치는 영향을 분석하였다. 기업의 중요한 특성을 내포하는 생산성 변수의 구축을 통해 환율이 기업 활동에 미치는 영향을 분석한 결과 중국 기업의 경우 생산성이 높은 기업일수록 환율 변화가 야기하는 가격 변화 부분에 덜 반응하는 것을 보여주었다(Li et al. 2012). 또한, Choi and Pyun(2018)은 한국 기업 데이터를 활용하여 변동환율제도 하에서 거시변수의 환율의 외생적 변화를 규명함으로서 이런 환율 충격이 기업생산성에 미치는 영향을 분석했다. 그 결과 환율 변화가 가격 변화를 통해 기업에 미치는 영향을 넘어 기업의 자원 재배분에 영향을 주어 실질적으로 생산성에 영향을 주는 채널임을 밝히기도 하였다.

4. 결론 및 정책적 시사점

한·중·일 경제는 서로 다른 경제 규모를 가지고 서로 다른 양상으로 발전해 왔기 때문에 3국의 환율을 분석하고 이에 대한 시사점을 도출하는 것은 다른 개별 국가의 상황에 맞춘 적절한 시사점을 제공할 수 있다. 신흥시장 혹은 개발도상국의 경우 중국 연구들과 한국의 1990년대 초반 연구들을 통해 외환시장의 역할에 대해 보다 잘 이해함으로써, 기업의 활동을 촉진하고 뒷받침하기 위한 적합한 정책을 수립할 수 있을 것으로 본다. 중국 기업 자료를 이용해 진행된 연구를 통해 환율의 급격한 변동성이 기업의 투자 및 생산성에 미치는 부정적인 효과를 발견하였다. 이는 적절한 수준의 금융 발전 없이 완전변동환율체제로 이행하는 것은 기업이 수출을 통한 무역의 성과를 달성하고 생산성을 증가시키는 데에 부정적인 영향을 초래할 수 있다는 것을 보여준다. 또한 제도(institution)와 금융 건전성이 기업의 환율과 수출 간의 관계를 설명해 주는 중요한 요소라는 점을 감안할 때 기본적인 제도 및 금융의 질적 수준 향상을 위한 정부 노력이 반드시 필요하다고 볼 수 있다. 제도적 기반이 탄탄한 국가의 기업일수록 투명한 시장 환경 가운데 조업하면서 불확실성을 줄일 수 있고, 상응하는 금융 발전은 기업으로 하여금 다양한 금융 및 운영 헤징 전략을 사용할 수 있도록 해주기 때문이다.

또한, 중국과 한국의 1990년대 연구를 통해 수출지향정책을 추구하는 개발도상국의 기업은 환율에 더 민감하게 반응할 수 있음을 발견하였다. 특히, 소규모 기업들은 환율 변동성에 더 큰 영향을 받기 때문에 이들을 위한 정책 마련이 병행되어야 한다. 거시경제 정책적 측면에서는 과도한 확장적 통화정책으로 실질환율을 인위적으로 낮게 유지하는 것은 오히려 기업의 제품 혁신을 방해하고, 기존 제품의 판매에 의존하도록 만들 수 있어 주의를 기울여야 한다.

선진국 기업들의 경우에는 2000년대 후반 한국과 일본의 연구들을 통해 환율과 기업의 활동 사이에서 중요한 시사점을 찾을 수 있다. 한국 기업들의 경우 글로벌 기업과 수출 기업들이 환노출 정도가 다르며 효과적인 헤징 방법도 차이가 있음을 발견하였다. 일본 기업들은 환리스크 노출을 줄이기 위해 선택한 통화에 따른 송장 발행 운영, 금융 헤징 활용 및 환율전가를 고려한 가격 설정과 다양한 환위험 관리 도구를 결합하여 운영한다는 사실을 확인하였다. 이를 통해 선진국의 경우, 정부는 기업들이 다양한 헤징 전략을 활용할 수 있도록 하는 정책적 지원을 마련해야 한다. 또한, 세계 경제에서 일본이 차지하는 상대적으로 높은 위치를 고려할 때 양자무역에 있어 자국의 통화를 송장에 기입함으로써 환위험을 감소시킬 수 있으나, 한국과 중국은 동일 전략을 활용하는 것에는 제약이 있을 수 있다. 최근 중국의 부상과 함께 거론되는 중국 위안화 국제화에 대한 논의도 이런 관점에서 논의해 볼 수 있다.

동북아 3국의 기업 연구들을 통해 자국 통화 절상은 결과적으로 국제시장에서 수출 제품의 가격 상승을 초래해 상대국 수출 시장의 수요 감소 및 수출을 감소시킬 우려가 있지만, 자국 통화 절상으로 인해 무역 흑자가 크게 줄지 않을 수도 있음을 확인하였다. 글로벌 가치사슬(GVC)이 복잡하게 얽힌 현 무역구조 하에서는 환율 변화 자체가 최종 소비재와 중간재의 무역에 다각적으로 영향을 미치기 때문에 환율 변화에 따른 수출 기업의 매출에 대한 구체적인 영향 검토 및 관련 기업이 처한 무역 구조를 세분화하여 파악하는 것이 중요할 것이다. 특히 전체 가치사슬이 내수시장이 아닌 글로벌 가치사슬에 속하게 되었을 때는 관세보다 환율의 변화에 더 큰 영향을 받는다는 연구도 있었다. 따라서, 정책 입안 시 자국 기업의 글로벌 시장 노출도 및 노출 구조에 대한 이해가 선행되어야 할 것이다. 마지막으로 생산성이 높은 기업일수록 환율로 인한 가격 변화를 마크업 조정 등으로 흡수하여 환율전가가 낮고 수출량에 대한 변화가 상대적으로 적음을 발견하였다. 이를 통해 기업 수준에서의 생산성 증가 및 혁신 노력을 통해 글로벌 시장에서의 가격 변동에 대한 영향을 축소하고 지속적으로 글로벌 시장 점유율을 높여갈 수 있음을 확인하였다. 따라서 글로벌 시장에서 경쟁력을 갖는 기업이 될 수 있도록 돕는 선제적인 시장의 이해와 더불어 기업의 실질적인 생산성 향상을 뒷받침하는 정책 및 제도적 지원이 병행되어야 할 것이다.

| 참고문헌 |

공의식(2002), 새로운 일본의 이해, 다락원.

김규판, 이형근, 이정은, 김제국 (2017), 글로벌 통상환경 변화와 일본의 통상정책, 대외경제정책연구원 연구보고서 17-25.

KDI 거시경제팀(2002), 엔화약세에 대한 평가 및 대응방향, KDI 정책포럼 제156호.

KIEP 북경사무소 (2021), 최근 중국 위안화 환율의 변화 추이 및 전망, KIEP 북경사무소 브리핑, 23-3.

양두용, 이인구, 김권식(2005), 중국 위안화 환율제도 변경의 시사점, KIEP 오늘의 세계경제, 05-26호.

오태헌(2014), 기초부터 배우는 일본 경제, 이프레스.

윤덕룡, 오승환(2008), 엔화강세의 전망과 파급영향, 대외경제정책연구원 오늘의 세계경제 제08-41호.

이항용, 김현욱(2009) 우리나라 수출가격에 대한 환율전가율 변화, KDI Journal of Economic Policy, vol.31, no.2, pp. 235-266

정성춘(2006), 일본 금융정책 변화의 영향 및 대응과제, 대외경제정책연구원 오늘의 세계경제 제06-09호.

정진성(2018), 현대일본경제의 이해, 한국방송통신대학교출판문화원.

한국경제60년사 편찬위원회(2011), 한국경제60년사: 대외경제편, 한국개발연구원.

한국은행(2018), 외환정책 투명성 제고 방안, 기획재정부 한국은행.

한국은행(2019), 2019년 8월 이후 국제금융 · 외환시장 동향, 한국은행.

Aghion, P., P. Bacchett, R. Ranciere, K. Rogo. (2009). “Exchange Rate Volatility and Productivity Growth: The Role of Financial Development.” *Journal of Monetary Economics,* 56, 4, 494-513.

Alfaro, L., Cuat, A., Fadinger, H., and Liu, Y. (2018). “The Real Exchange rate, Innovation and Productivity: Regional Heterogeneity, Asymmetries and Hysteresis.” (No. w24633). National Bureau of Economic Research.

Baldwin, R. E., & Krugman P. (1989). “Persistent Trade Effects of Large Exchange Rate Changes.” *Quarterly Journal of Economics*, 104: 635-654.

Bernard, A. B., Redding, S. J., & Schott, P. K. (2011). “Multiproduct firms and trade liberalization." *Quarterly Journal of Economics*, 126(3), 1271-1318.

Berman, N.; Martin, P.; Mayer, T. (2012). " How do Different Exporters React to Exchange Rate Changes?" *Quarterly Journal of Economics*. 127 (1): 437-492.

Bouvet, F., Ma, A. C., & Van Assche, A. (2017). "Tariff and exchange rate pass-through for Chinese exports: A firm-level analysis across customs regimes." *China Economic Review*, 46, 87-96.

Campa, J. M., & Goldberg, L. S. (2005). "Exchange rate pass-through into import prices." Review of *Economics and Statistics*, 87(4), 679-690.

Choi, B. Y., & Pyun, J. H. (2018). "Does real exchange rate depreciation increase productivity? Analysis using Korean firm-level data." *The World Economy*, 41(2), 604-633.

Crane, L., Crowley, M., Quayyum, S., (2007). "Understanding the evolution of trade deficits: trade elasticities of industrialized countries." Federal Reserve Bank of Chicago Economic Perspective 31, 2-17.

Eckel, C., & Neary, J. P. (2010). "Multi-product firms and flexible manufacturing in the global economy." *Review of Economic Studies*, 77(1), 188-217.

Ekholm, K., Moxnes, A., & Ulltveit-Moe, K. H. (2012). "Manufacturing restructuring and the role of real exchange rate shocks." *Journal of International Economics*, 86, 101-117.

Eichengreen, Barry (2008), "The Real Exchange Rate and Economic Growth," Working Paper No. 4, World Bank PREM Network, Commission on Growth and Development.

Ethier, W. (1973). "International trade and the forward exchange market." *American Economic Review*, 63(3), 494-503.

Freund, Caroline and Martha Denisse Pierola (2012), " Export Surges," *Journal of Development Economics* 97, pp.387-395.

Fung, L., J. Baggs, and E. Beaulieu. (2011). "Plant Scale and Exchange rateinduced Productivity Growth." *Journal of Economics and Management Strategy*, 20, 4, 1197-1230.

Goldberg, P.K.; Knetter, M.M. (1997). " Goods prices and exchange rates: What have we learned?" *Journal of Economic Literature*. 35 (3): 1243-1272.

Gopinath, G., & Rigobon, R. (2008). "Sticky borders." *Quarterly Journal of*

Economics, 123(2), 531-575.

Gopinath, G., Itskhoki, O., & Rigobon, R. (2010). "Currency choice and exchange rate pass-through." *American Economic Review*, 100(1), 304-36.

Greenaway, D., Kneller, R., & Zhang, X. (2007). "Exchange Rates and Exports: Evidence from Manufacturing Firms in the UK." The University of Nottingham.

Haddad, Mona and Cosimo Pancaro (2010), "Can Real Exchange Rate Undervaluation Boost Exports and Growth in Developing Countries? Yes, But Not for Long," Economic Premise 20, World Bank PREM Network.

Hahn, C-H., J.H. Pyun (2021). "Real Exchange Rate Shocks and New Product Margins in the Export Market."mimeo

Héricourt, J., & Poncet, S. (2015). "Exchange rate volatility, financial constraints, and trade: empirical evidence from Chinese firms." *World Bank Economic Review*, 29(3), 550-578.

Ito, T., Koibuchi, S., Sato, K., & Shimizu, J. (2016). "Exchange rate exposure and risk management: The case of Japanese exporting firms." *Journal of the Japanese and International Economies*, 41, 17-29.

Kim, S. S., Chung, J., Hwang, J. H., & Pyun, J. H. (2020). "The effectiveness of foreign debt in hedging exchange rate exposure: Multinational enterprises vs. exporting firms." *Pacific-Basin Finance Journal*, 64, 101455.

Li, H., Ma, H., & Xu, Y. (2015). "How do exchange rate movements affect Chinese exports?—A firm-level investigation." Journal of International Economics, 97(1), 148-161.

Nam, S. W., & Kim S. J. (1999). "Evaluation of Korea's Exchange Rate Policy." *Changes in Exchange Rates in Rapidly Developing Countries: Theory, Practice, and Policy Issues*, 235-268. NBER-EASE (7). Chicago: University of Chicago Press.

Ogawa, E., & Shimizu, J., (2010). "AMU and monetary cooperation in Asia." Paper presented at the Asian Development Bank Institute Conference Asian Economy after the Global Financial Crisis, Tokyo, August 20.

Rodrik, Dani (2009), "The Real Exchange Rate and Economic Growth." *Brookings Papers on Economic Activity* 1, pp.365-412.

Thorbecke, W., (2008). "Global imbalances, triangular trading patterns, and the yen/dollar exchange rate." *Journal of the Japanese and International Economies* 22, 503-517.

Thorbecke, W., & Kato, A. (2012). "The effect of exchange rate changes on Japanese consumption exports." *Japan and the World Economy*, 24(1), 64-71.

Zhang, X., & Liu, X. (2012). "How responsive are Chinese exports to exchange rate changes? Evidence from firm-level data." *Journal of Development Studies*, 48(10), 1489-1504.

3

동북아 주요국의 국가채무 동향과 진단

3장
동북아 주요국의 국가채무 동향과 진단

이동은(고려대학교 국제학부)

1. 서론

국가채무란 국채와 차입금 등의 형태로 국가의 회계 또는 기금이 부담하는 금전채무를 의미한다. 국채는 정부의 지출이 조세수입보다 많은 적자재정(government budget deficit) 상태일 때 재정수지상 세입부족액을 보전하기 위해 국가가 발행하는 채권이고, 차입금은 정부가 한국은행, 민간기금, 국제기구, 외국정부 등으로부터 차입하는 자금을 의미한다. 국가채무는 정부 본연의 정책 목적과 경제안정화를 달성하기 위한 재정정책의 결과로 이해할 수 있지만, 국가채무의 증가는 이자율 상승, 소비 감소, 성장률 하락 등 민간시장을 위축시킬 우려가 있으며, 가장 극단적으로는 정부가 채무를 상환하지 못하는 국가채무 위기로 번질 우려가 있다.

국가채무 위기는 2000년대 이전까지는 주로 대외채무 비중이 높은 아르헨티나, 브라질, 멕시코, 러시아 등 개발도상국의 문제로 인식되었으나, 2010년 그리스, 포르투갈, 스페인, 이탈리아, 아일랜드 등의 남유럽 재정위기를 겪으면서 선진국의 국가채무 건전성도 주목의 대상이 되고 있다. 특히 글로벌 금융위기와 유럽재정 위기를 겪으며 대부분의 선진국 국가 채무 수준이 급격히 증가하였고, 코로나 시기의 락다운(lockdown)과 국경폐쇄로 인한 급격한 경기침체에 대응하는 과정에서 주요국의 재정적자가 다시 큰 폭으로 증가하여, 향후 주요국에서 유례없이 높은 국가채무 수준이 유지될 가능성이 높아졌다. 국제통화기금(International Monetary Fund; IMF)의 전망에 따르면 2019년 108.5%였던 미국의 GDP 대비 국가채무 규모는 2021년 133.3%까지 증가한 것으로 전망된다. 같은 시기 영국은 85.2%에서 108.5%로, 독일은 59.2%에서 72.5%로, 프랑스는 97.6%에서 115.8%로 증가하는 등 대부분의 국가에서 국가채무의 급격한 상승이 있었다. 따라서, 이전 시기와 달라진 국가채무 환경을 어떻게 평가하고 이해할 것인가가 포스트 코로나 시대를 이해하는데 중요한 과제로 떠오르고 있다.

국가채무가 거시경제에 미치는 부정적 영향은 크게 두 가지로 나누어 볼 수 있는데, 첫 번째는 민간 시장을 구축시켜 경제성장을 위축시키는 것이고, 두 번째는 국가채무의 지속성(debt sustainability)에 문제가 발생하여 재정위기가 발생하는 것이다. 첫 번째 연구 맥락에서 Berben and Brosens (2007)과 Cho and Rhee (2013) 등은 국가채무가 소비에 미치는 비선형(nonlinear) 효과에 주목하였고, Reinhart and Rogoff (2010) 과 Checherita-Westphal and Rother (2012) 등은 최종적 경제 성장률에 미치는 비선형적 영향에 주목하였다. Berben and Brosens (2007)은 선진국을 대상으로 한 소비함수 추정을 통해, GDP 대비 국가채무 규모가 55% 이하에서는 국가채무의 증가가 소비에 양의 효과를 나타내지만, 75% 이상에서는 음의 효과가 있다는 사실을 발견하였다. Cho and Rhee (2013)은 16개 선진국 패널 자료를 이용하여 국가채무가 소비에 미치는 영향이 달라지는 변곡점을 추정하였으며, GDP 대비 국가채무가 83.7% 수준에서 국면전환(regime switching)이 발생하여 국가채무가 민간소비를 구축하는 영향이 커진다는 사실을 발견하였다. 이와 같이 민간 영역이 구축되면 경제성장이 위축될 수 있다. Reinhart and Rogoff (2010)는 44개국의 200여년에 걸친 자료를 통해 선진국의 경우 GDP 대비 국가채무 수준이 90% 이상인 경우 성장률이 현저히 감소한다는 결과를 도출하였다. 특히 개발도상국은 대외채무가 60%를 넘어서면서부터 성장률이 감소한다는 사실도 발견하였다. Checherita-Westphal and Rother (2012)은 12개 유로지역 국가들을 대상으로 실증분석 하여, GDP 대비 국가채무가 90-100% 수준에서 국가채무가 장기 성장률에 미치는 악영향이 심화되는 변곡점이 발생하며, 신뢰 구간을 고려할 때 악영향은 GDP 대비 70-80% 수준에서 시작될 수 있다는 사실을 발견하였다.

두 번째 연구 맥락에서 Bohn (1995, 2007)은 Barro (1979)의 국가채

무와 재정정책 간의 모형을 바탕으로 재정지불능력(fiscal solvency)을 평가하는 실증적인 방법을 제시하였다. Founier and Fall (2017)은 선진국을 대상으로 한 실증분석을 통해 정부의 재정지불능력이 상실되는 부채 상한선은 선진국에서 GDP 대비 200% 수준에 달할 정도로 높게 추정되며, 이를 통해 부채 상한선은 상황-조건부(state contingent)이며 정부의 대응, 통화정책, 시장의 반응, 그리고 성장 전망 등과 같은 변수들과 함께 평가되어야 한다고 결론 내리고 있다. 마지막으로 Gourinchas and Obstfeld (2012)는 GDP 대비 국가채무 수준이 국가채무위기, 은행위기, 통화위기 등에 미치는 영향을 실증분석하였다.

본 고에서는 동북아의 3국인 한국, 중국, 일본의 국가채무 수준을 2021년을 기준으로 정성적으로 평가하고 그 전망을 하는 것을 목적으로 한다. 이 세 국가는 경제 발전 단계, 정치 체제, 소득 수준 등이 크게 상이한 상황이어서 서로에게 단순한 비교 평가의 대상은 아니지만, 지정학적으로 인접하여 있고, 무역과 금융의 측면에서 상호 연계성이 높아 한 국가의 위기가 다른 국가의 위기로 전염될 가능성을 배제할 수 없다는 측면에서 동시에 그 위험 수준을 평가할 필요가 있다. 본 고에서는 세 국가의 국가채무 수준의 지속가능성과 국가채무위기로 발전할 가능성에 주목하여 기술하고자 한다.

2. 일본 국가채무의 현황과 평가

2.1 일본의 국가채무 현황 및 전망

일본은 1980년대의 거품 경제가 1990년대 초 붕괴하기 시작하면서 긴 재정적자의 역사를 시작하였다. 〈그림 3-1〉은 일본의 GDP 대비 재정수지와 국가채무 수준을 나타내고 있는데, 1993년 이후 한 해도 균형재정 수준으로 복귀하지 못하고 재정지출이 정부수입을 크게 초과하는 재정적자 상태를 유지하고 있으며, 코로나 사태 이전인 2019년 기준 일본 정부의 규모는 세수 기준으로 GDP의 34.1%, 정부지출 기준으로 37.2% 수준이다. 정부지출은 1998년 아시아 외환위기, 2008년 글로벌 금융위기 2020년 코로나 위기 등의 경기침체 국면에서 확장적 재정정책의 여파로 급격히 상승하여 재정적자 증가를 가속화 했다. 정부 수입은 1990년대 버블 붕괴 이후 지속적인 경기침체로 하향 추세이다가, 2014년과 2019년 소비세 인상 등으로 다소 증가하는 모습을 보이고 있다.[1)]

1) 일본 정부는 세수 증가를 위해 2014년 소비세를 5%에서 8%로 상승하였고, 2019년 다시 10%까지 높였다.

〈그림 3-1〉 일본의 GDP 대비 재정수지와 국가채무

GDP 대비 정부수입과 정부지출	GDP 대비 국가채무
(단위:%) 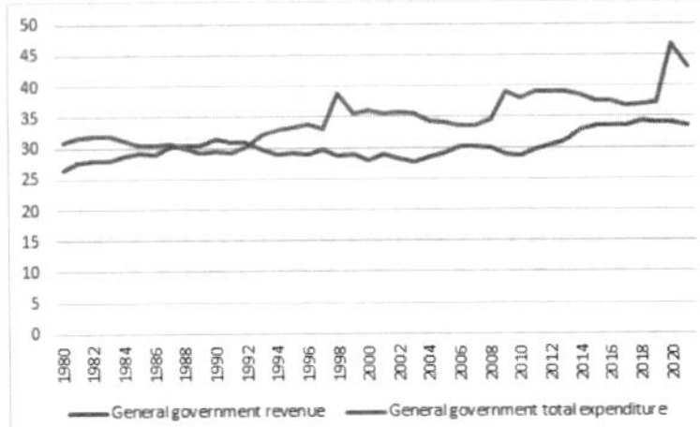	(단위:%) 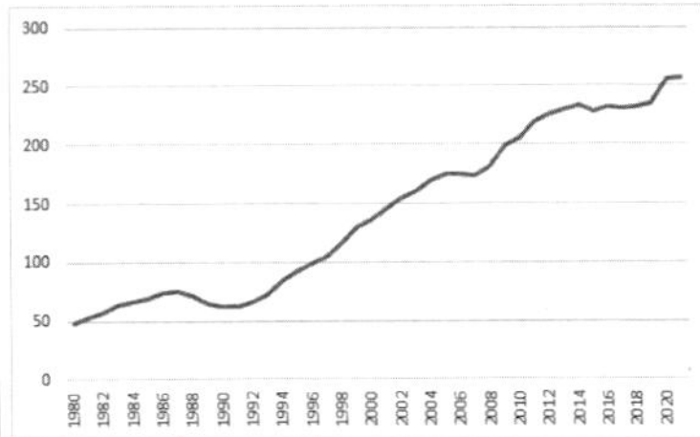

출처: IMF Economic Outlook database (2021, April)
주: 2020년 이후는 추정치

국가채무 수준은 1980년대에는 GDP 대비 50% 수준에 불과하였으나, 버블 붕괴 이후 지속적인 경기침체 국면에서 1997년에 이미 GDP 대비 100% 수준을 초과하였으며 (105%), IMF의 전망에 따르면 2021년 일본의 GDP 대비 국가채무 수준은 256%에 달할 것으로 전망되고 있다. 일본의 GDP 대비 국가채무는 전세계에서 가장 높은 수준이나, 상대적으로 대외채무 수준이 낮고, 90% 이상의 국채가 국내에서 소화되고 있어 국가채무 위기 가능성이 낮은 것으로 평가받아 왔다. 〈그림 3-2〉는 2020년말 기준 일본 국채의 부문별 보유 현황을 나타내고 있는데, 외국인 보유 비중은 전체 국채의 7.2%에 불과하다. 일본 중앙은행은 2000년대초부터 국채를 매입하는 양적완화 정책을 시행하고 있으며 특히 2012년부터 시작된 아베노믹스의 일환으로 국채 매입을 증가시켜 2020년 현재 48.3%의 국채를 보유하고 있다. 국내 보험회사가 20.9%, 은행이 14.7%를 보유하고 있는 등 국내 금융기관이 국채의 대부분을 소화하고 있다고 할 수 있다.

〈그림 3-2〉 2020년 일본 국채의 부문별 보유 현황

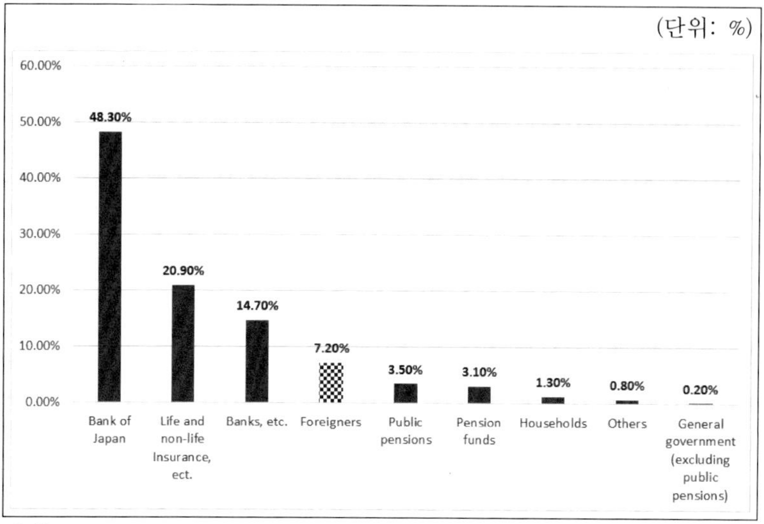

출처: Statista
(https://www.statista.com/statistics/756192/japanese-government-bonds-by-type-of-holders/)

국가의 재정 상황을 결정짓는 가장 기본적인 요인은 경제성장률과 거시경제 상황이다. 경제성장률이 둔화될 경우 소득세, 소비세 등 각종 조세수입이 감소하고, 경기부양을 위한 정부지출이 증가하기 때문이다. 일본 국가채무 수준이 지난 30여년간 급격히 증가한 가장 큰 이유도 90년대초 버블 붕괴 이후의 저성장의 지속이라고 할 수 있다. 〈그림 3-3〉은 일본의 GDP 성장률과 잠재성장률 추정치 추이를 나타내고 있는데, 1990년대 초반 이후 1%대의 저성장을 지속하고 있으며, 2012년 아베노믹스의 확장적 재정정책과 확장적 통화정책의 시행으로 경기반등이 기대되기도 하였으나, 2009년 글로벌

금융위기 이전 시기와 크게 다르지 않은 모습이다. 경제협력개발기구(Organization for Economic Cooperation and Development: 이하 OECD)의 추정에 따르면 일본의 잠재성장률은 2024년부터 1%미만으로 떨어지기 시작하여, 향후 20년 동안인 2021-2040년 기간의 평균 잠재성장률은 0.73%에 불과하다. 특히 2031-2040년 10년 동안의 잠재성장률은 0.48% 수준에 그칠 것으로 전망되고 있다. 따라서 현재의 저성장 기조가 심화될 경우 경제성장이 견인하는 국가채무 관리는 어려울 것으로 전망된다.

〈그림 3-3〉 일본의 실질 GDP 성장률과 잠재성장률 추정치

실질 GDP 성장률	잠재성장률 추정치 (2021 - 2040)
(단위:%) 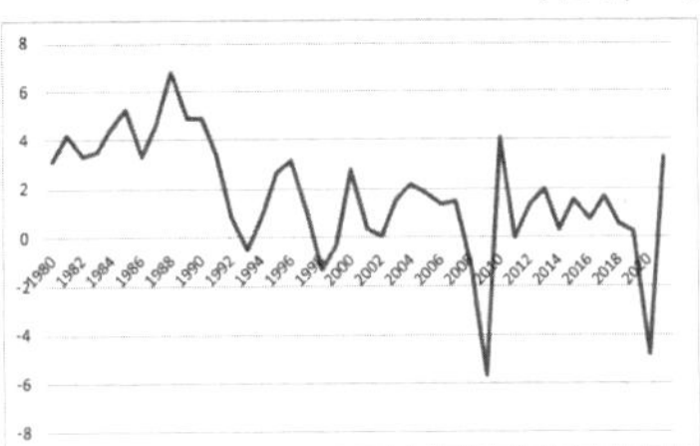	(단위:%) 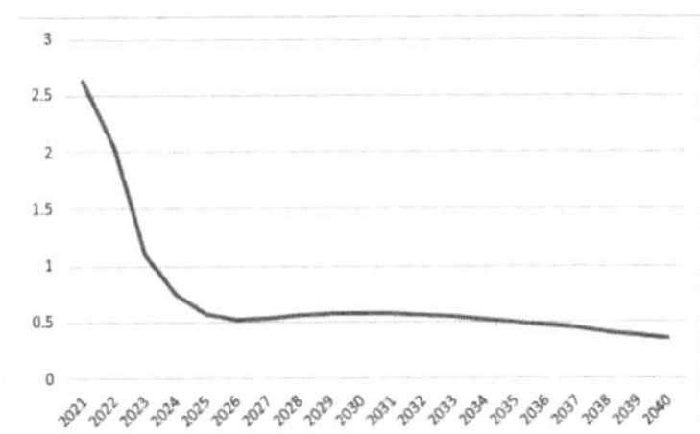

출처: 실질 GDP 성장률은 IMF Economic Outlook database (2021, April) 자료이며 2020년 이후는 추정치임. 잠재성장률 추정치는 OECD 장기 전망(long-term forecast) 자료임.

코로나 국면 이후의 일본 경기도 이전 시기와 다르지 않을 것으로 전망된다. 오히려 2014년과 2019년 두 차례에 걸쳐 이전 5% 수준이었던 소비세율을 10%까지 상승시켜 왔는데, 코로나 국면 이후 민간 소비를 지속적으로 둔화시킨다면 또 다른 경기 둔화의 요인으로 작용할 가능성이 있다.

일본 국가채무 수준을 전망하는데 중요한 또 다른 요인은 인구 고령화의 추세 지속이다. 인구고령화의 심화는 노동인구 비중 감소로 인한 세수 감소와 복지성 지출 증가로 인한 정부지출 상승으로 재정악화 요인으로 작용하기 때문이다. 〈그림 3-4〉는 일본의 15-64세 인구 대비 65세 이상 인구 비율을 나타내고 있는데, 1980년대에는 9.1% 수준이었으나 2020년에는 28.8% 수준에 달하고 있다. 일본의 인구고령화 정도는 OECD 최고 수준이며, 현재 출산률(1.36%)과 15세 이하 인구 비율(12.19%) 도 여전히 매우 낮은 수준이어서 인구고령화 추세는 지속될 전망이어서, 국가채무 수준 관리에 부담이 되는 요인으로 작용할 것이다.

〈그림 3-4〉 일본의 고령층 비율

일본의 고령층 비율 (65세 이상 인구 / 15-64세 인구)

(단위: %)

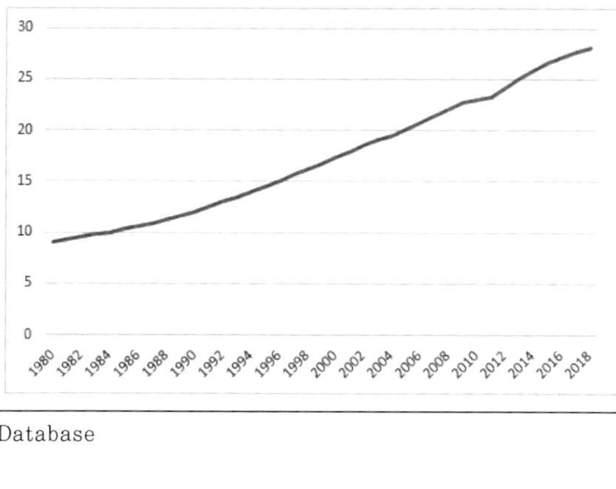

출처: OECD Database

코로나 사태 중 일본의 재정확장 기조가 얼마나 빠른 시간 안에 정상화 될 것인가도 중기적 채무 수준 전망을 하는데 중요한 요소이다. 일본은 코로나 사태로 인한 경기둔화에 대응하기 위해 선진국들의 평균 수준보다 적극적인 재정 확장 정책을 사용하였으며, 이는 GDP의 15.86%에 달했다.[2] 현재 일본 정부는 2020년 GDP 대비 8.7%, 2021년 6.1%, 2022년 1.3% 수준으로 재정확대 기조를 줄여나간다는 계획을 가지고 있지만, 코로나 상황의 전개 양상에 따라 이 이상의 재정확대가 필요할 가능성을 배제할 수 없다.

〈그림 3-5〉 일본의 코로나 대응으로 인한 재정확장

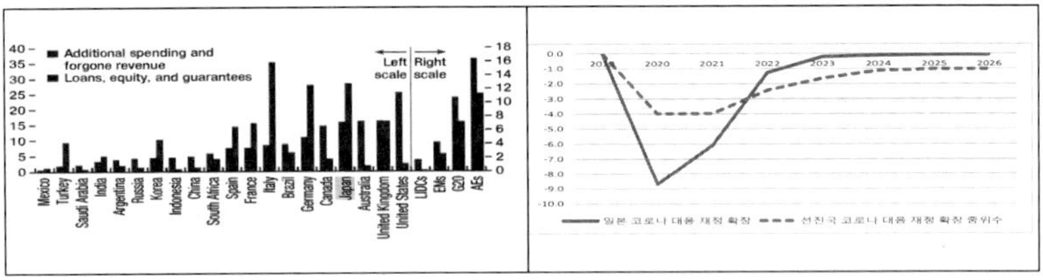

출처: IMF Fiscal Monitor (April 2021) p. 10

일본 정부는 향후 5년 GDP 대비 250%대에서 국가채무 수준을 관리하려는 계획으로 있지만, 일본의 저성장 국면, 인구고령화 추세 등으로 볼 때 중기적으로는 국가채무 수준이 더 증가할 가능성을 배제할 수 없다. 특히 저성장이 지속되는 상황 하에서 재정건전화 정책을 적극적으로 시행하기 어려운 반면, 또 다른 경기침체가 발생할 경우 재정적자 규모는 커질 수 있어서, 국가채무 수준이 안정화 될 가능성보다는 높아질 가능성이 높다.

---

2) 이 외에 일본 정부는 GDP의 28.31%에 달하는 금융지원 정책도 사용하였다.

2.2. 일본 국가채무 위험성 평가

일본의 국가채무 규모가 세계 최대 규모인데 반해 금융시장에서 일본 국채는 높은 신용도를 평가받아 왔으나, 2010년대 이후 일본 국채의 신용도에 대한 의구심이 점차 높아지고 있다. 일본의 5년 만기 장기국채는 글로벌 금융위기 이전 시기까지도 무디스, S&P, 피치 등 대표적인 신용등급 평가기관으로부터 최고등급(AAA) 수준의 신용평가를 받았으나, 크게 증가한 채무 규모와 장기적인 경기침체, 무리한 거시경제정책의 영향 등으로 지속적으로 신용등급이 강등되고 있다. 〈그림 3-6〉은 무디스가 평가한 일본 장기 국채의 신용등급 추이와 신용부도 스와프(credit default swap: 이하 CDS) 프리미엄의 추이를 나타내고 있다. 무디스는 2004년 이래 일본 장기국채의 신용도를 최고 등급인 AAA로 유지하고 있었으나, 글로벌 금융위기 중인 2009년 5월 두 등급 하향한 Aa2로 강등한데 이어 2011년 8월과 2014년 12월 각각 한 등급씩 하향하여, 현재는 A1 등급으로 평가하고 있다. 이는 지난 10여년 사이에 4등급 하향한 수준이다. 코로나 사태 국면에서도 신용등급 전망의 조정이 있었는데, S&P는 2020년 7월, 일본의 신용등급을 A+로 유지하면서 전망을 "긍정"에서 "안정"으로 강등하였고, 피치(Fitch)도 "A(안정)"에서 "A(부정)"으로 강등하였다. 다만, 일본의 높은 채무 수준에도 아직 시장에서 평가하는 일본 국채의 부도위험 가능성은 낮은 편으로, 2021년 8월 31일 현재 일본의 CDS 프리미엄은 17.8 bp로 비슷한 신용등급의 국가보다 낮은 편이다.

일본 국채의 위험도는 아직 심각하지 않은 수준이지만, 신용평가기관에서 유의미한 위험도를 평가하고 있다는 사실에 주목해야 한다. 특히 남유럽 재정위기 이전까지는 선진국의 국가채무에 대해 시장의 평가가 다소 너그러웠다면, 이제는 선진국도 채무위기에 직면할 수 있다는 보수적인 평가가 이루어지고 있다. 일본 정부가 지금과 같이 국가채무의 지속적인 증가를 용인하는 모습을 보일 경우 추가적인 신용등급 하락이 있을 수도 있으며, 시장의 신뢰를 잃어버린다면 위험도가 증가할 가능성을 배제할 수 없다.

〈그림 3-6〉 일본 국채의 신용등급과 CDS 프리미엄 추이

무디스의 일본 장기국채 신용등급 추이

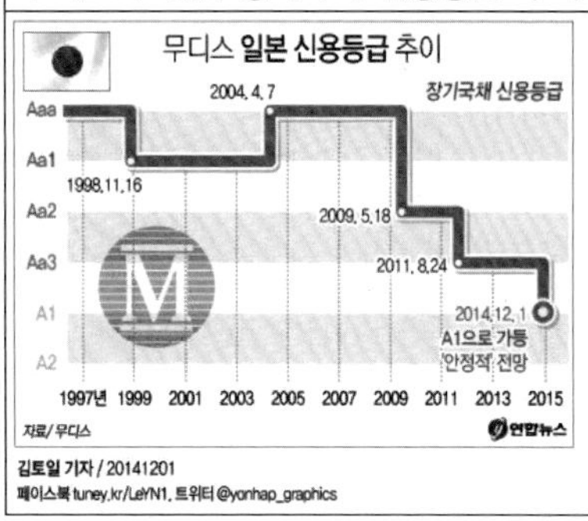

일본 장기국채(5년) CDS 프리미엄

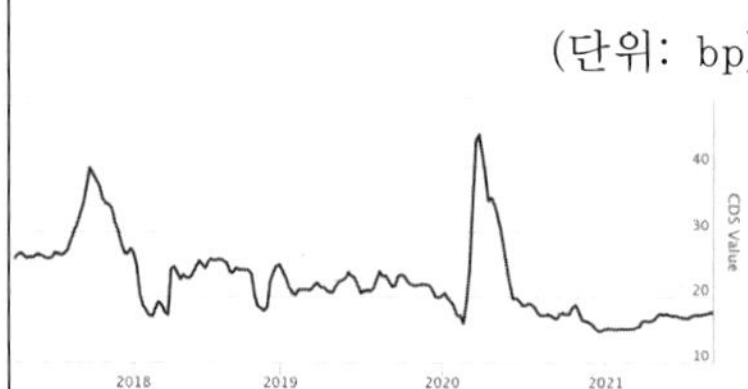

출처: 연합뉴스 (2014.12.1.), World Government Bonds website

일본 국채의 외국인 보유 비중은 낮은 편이지만, 전체 대외 채무 규모는 빠르게 증가하고 있어 일본 금융시장의 취약점으로 작용할 가능성이 있다. 2009년에 GDP 대비 39.2%에 불과했던 일본의 대외 채무 규모는, 2020년 91.9% 수준까지 높아졌다. 대외채무 중 단기적인 국제금융시장의 불안에 취약한 단기 대외채무 역시 2009년 GDP

대비 25.7% 수준에서 2020년 65.2%까지 상승하였다. 지난 10여년 동안 대외채무가 단기채무 중심으로 급격히 상승했다는 점에서 위험도가 높아진 측면이 있다. GDP 대비 91.9%에 달하는 대외채무의 상환불이행 가능성이 대두될 경우 외환위기와 국가채무위기의 동시발생 가능성을 배제할 수 없다.

일본은 그동안 높은 국가채무와 장기 불황에도 불구하고, 대외 채무 비중이 낮고 외환보유고(13,865억 달러, 2021년 8월 기준) 가 충분하며, 대외 자산이 많다는 등의 이유로 국가채무 위험이 매우 낮은 국가로 분류되어 왔다. 그러나 최근 신용등급 하락과 대외채무의 증가는 시장에 위험 신호를 보내고 있으며, 일본의 정부수입/정부지출 추세, 경기 침체의 지속, 인구고령화 등으로 국가채무가 증가할 가능성이 높으므로, 앞으로 일본 국채의 위험도는 더 높아질 가능성이 높다고 판단된다.

〈그림 3-7〉 일본의 대외채무와 단기 대외채무

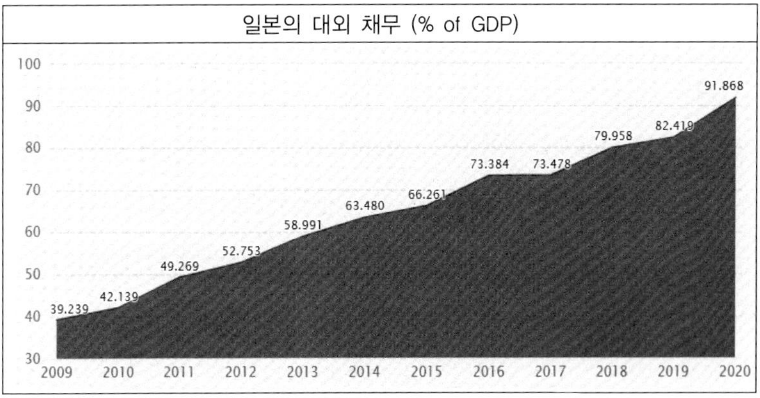

일본의 단기 대외 채무 (% of GDP)

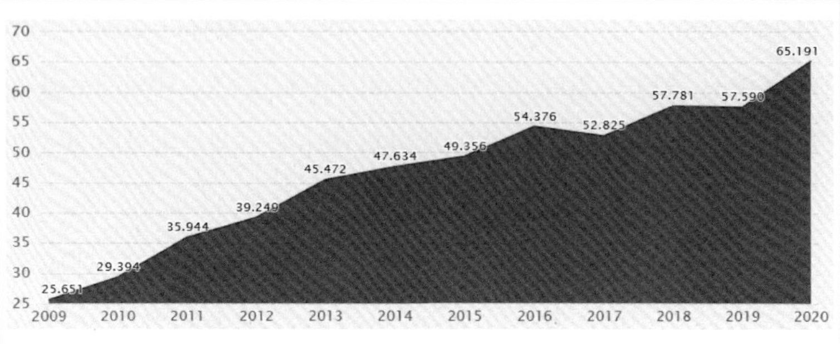

출처: CEIC data

3. 중국 국가채무의 현황과 평가

3.1 중국의 국가채무 현황 및 전망

중국은 2010년대 중반까지도 균형재정에 가까운 재정정책을 시행하였으나, 이후 재정적자가 심화되고 있다. 〈그림 3-8〉은 중국의 GDP 대비 재정수지와 국가채무 추이를 나타내고 있는데, 1990년대 중반 GDP 대비 10% 수준이던 정부규모는, 코로나 사태 이전인 2019년 세수 기준 27.8%, 정부지출 기준 34.1% 수준까지 확대되었다. 정부수입 측면에서는 2010년대 중반까지의 고성장 시기 세수가 꾸준히 증가하다가, 이후 성장률이 떨어지면서 하락한 반면, 정부지출 규모는 지속적인 상승세를 보이고 있어 재정적자가 확대되고 있다. 이에 따라 2012년 34.3% 수준이던 중국의 GDP 대비 국가채무 수준은 2021년 70% 수준에 달할 것으로 전망되고 있다. 중국의 GDP 대비 70%의 국가채무 수준은 그 자체로도 비교 대상인 개발도상국들보다 높은 수준이지만, 지난 10여년 기간 동안 두 배가 될 정도로 빠르게 증가하고 있다는 측면에서 상대적인 위험성이 높다고 할 수 있다.

〈그림 3-8〉 중국의 GDP 대비 재정수지와 국가채무

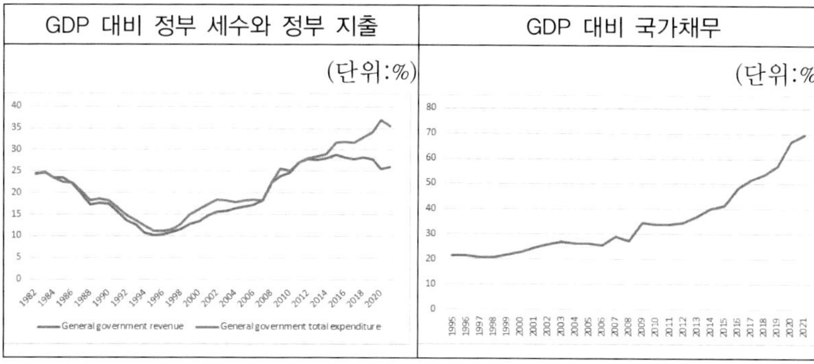

출처: IMF Economic Outlook database (2021, April)
주: 2020년 이후는 추정치

중국 국가채무 전망에 있어서도 장기 경제성장률과 인구고령화의 속도가 국가채무 증가 기조를 결정할 것으로 판단된다. 〈그림 3-9〉는 중국의 경제성장률과 잠재성장률 추정치를 나타내고 있는데, 중국은 1980-2010년 기간의 30년 동안 연평균 10% 수준의 고성장을 지속해 왔으나 2010년대 들어 점차 성장률 둔화가 나타나고 있어 국가 재정 적자와 국가채무 증가의 요인이 되고 있다. 코로나 사태는 다른 국가들에 비해 빠른 시간 안에 수습하면서, 대부분의 국가들이 음의 성장을 하던 2020년에도 2.27%의 양의 성장을 했으며, 2021년에는 8.4%의 고성장을 할 것으로 전망된다. 그러나 중국의 잠재성장률은 향후 급격히 하락할 것으로 전망된다는 점에 주목할 필요가 있다. OECD의 전망에 따르면 2021-2040년 향후 20여년 동안 평균 잠재성장률은

3.6% 수준에 그칠 것이며, 2040년에는 1.9% 수준에 불과할 것으로 전망된다. 이러한 성장률 하락은 국가채무 관리에 큰 부담이 되는 요인이다.

〈그림 3-9〉 중국의 실질 GDP 성장률과 잠재성장률 추정치

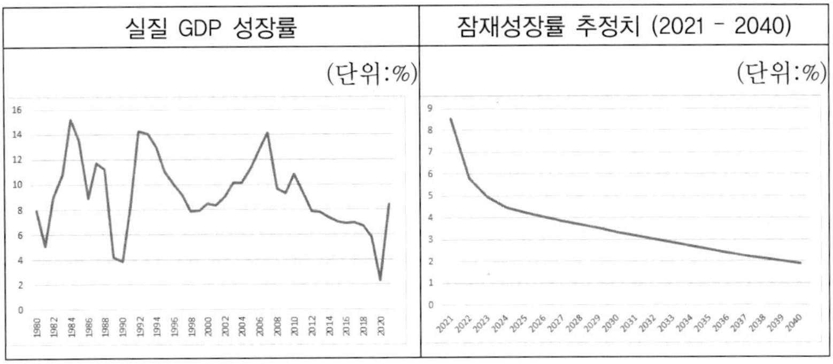

출처: 실질 GDP 성장률은 IMF Economic Outlook database (2021, April) 자료이며 2020년 이후는 추정치임. 잠재성장률 추정치는 OECD 장기 전망(long-term forecast) 자료임.

중국은 1978년부터 '한 자녀 갖기 운동'으로 산아제한을 해 왔으며, 이에 따라 출산율 저하와 인구 고령화가 빠르게 진행되고 있다. 1980년만 해도 여성 1인당 출산 자녀 수가 2.61명이었으나, 2019년에는 1.7명 수준까지 감소하였으며, 2021년부터는 인구 감소가 시작된 것으로 전망되고 있다. 인구 감소에 대응하기 위해 중국 정부는 2013년부터 한 자녀 정책을 부분적으로 완화하기 시작하였으며, 2021년에는 한 가정당 아이를 세 명까지 낳을 수 있게 하는 법안이 통과되었다. 〈그림 3-10〉은 중국의 15-64세 인구 대비 65세 이상 고령층 비율을 나타내고 있는데, 빠른 인구고령화 추세를 보이고 있으며, 특히 2010

년대 중반 이후 더 가파르게 고령화가 진행되고 있다. 1980년만 해도 4.7%에 불과했던 고령층 비율은, 2018년 11.2%까지 상승하였으며, 이는 1988년의 일본 수준이다. 현재 추세로 볼 때 일본과 비슷한 속도로 고령화가 진행될 가능성이 있으며, 이는 중장기적으로 국가채무 상승 압력으로 작용할 가능성이 크다.

〈그림 3-10〉 중국의 고령층 비율

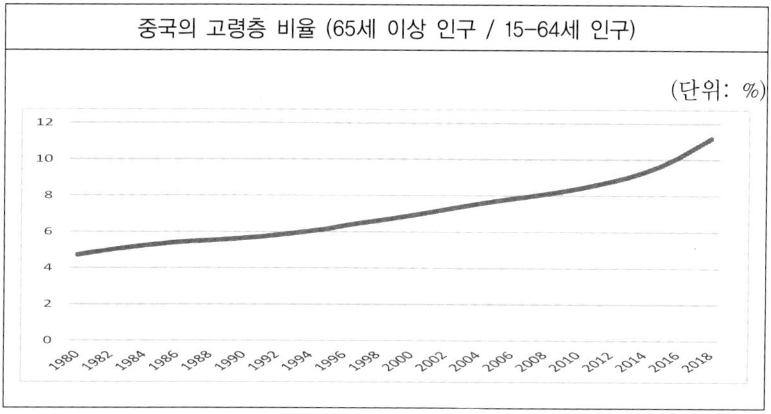

출처: OECD Database

이전 시기보다 현저히 낮아진 성장률과 중장기적인 인구고령화 추세에 따라 중국의 채무 수준은 향후 상승할 것이 전망된다. IMF에 따르면 중국의 GDP 대비 국가채무 수준은 2021년 69.6%에서 2026년에는 86% 수준까지 상승할 것으로 전망되며, 이는 중국의 경제 발전 단계로 볼 때 매우 높은 수준이라고 평가할 수 있다.

3.2. 중국 국가채무 위험성 평가

중국 장기국채의 신용등급은 비교대상인 개발도상국들에 비해 높게 평가받는 추세였으나, 2017년부터 각 신용평가 기관들은 부채 증가세 때문에 경제 및 금융 위험이 상승했다는 이유로 신용등급을 강등하기 시작하였다. 〈그림 3-11〉은 중국 국채의 신용등급과 CDS 프리미엄 추이를 나타내고 있는데, 무디스는 2017년 5월 종전 Aa3 등급으로 유지해 오던 중국 장기국채의 신용등급을 A1 등급으로 하향조정하였으며, 이는 우리나라 신용등급(Aa2)보다 두 등급 아래 수준이다. 중국 장기국채의 CDS 프리미엄은 2021년 8월 31일 현재 32.6bp 수준으로 비슷한 신용등급의 국가보다 양호한 수준이나 그 변동성이 큰 편이다.

〈그림 3-11〉 중국 국채의 신용등급과 CDS 프리미엄 추이

무디스의 중국 장기국채 신용등급 추이	중국 장기국채(5년) CDS 프리미엄
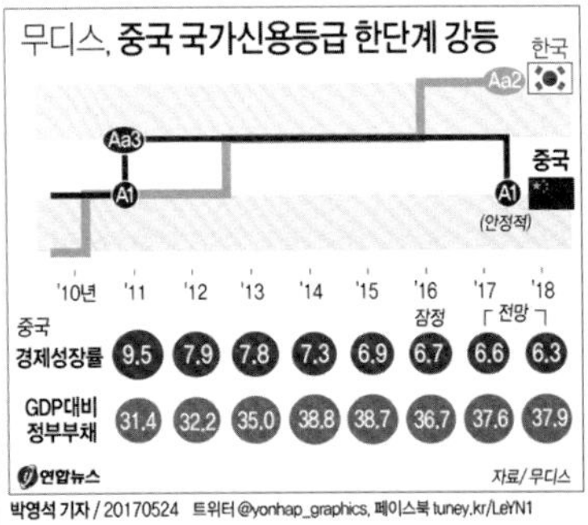	(단위: bp) 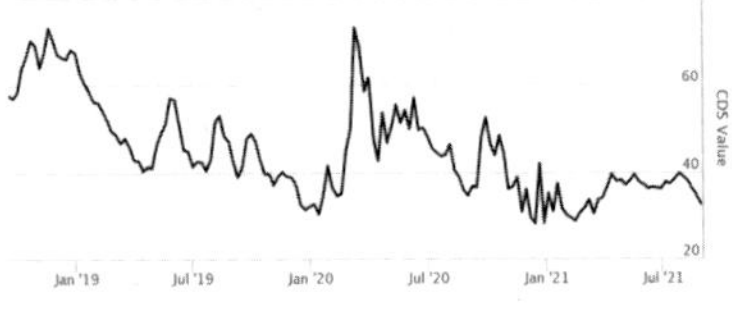

출처: 연합뉴스 (2017.5.24.), World Government Bonds website

〈그림 3-12〉는 중국의 GDP 대비 대외 채무 비중을 나타내고 있는데, 중국의 성장률이 둔화되던 시점인 2013년 무렵부터 다소 상승하는 모습을 보이고 있으나, 2020년 16.3% 수준으로 비슷한 소득수준의 개발도상국보다 낮은 수준이다. 대외채무 중 단기채권의 비중은 2019년 57% 수준인데, 이 역시 중국의 해외 자산과 세계 1위 수준의 외환보유고를 감안할 때 위험요인은 아니라고 판단된다.

〈그림 3-12〉 중국의 GDP 대비 대외 채무

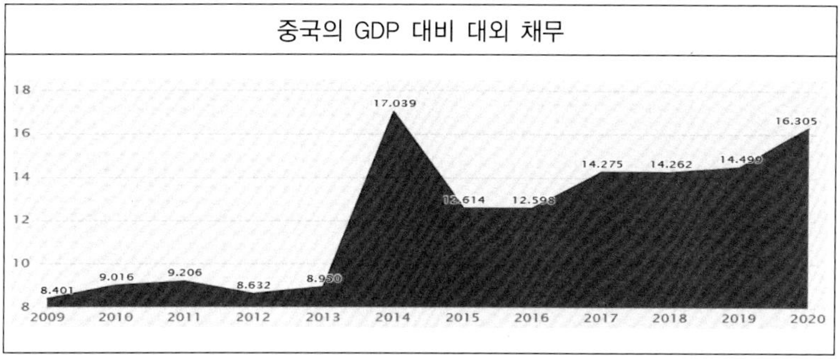

출처: CEIC data

중국의 중앙정부 채무는 대체로 건실하게 유지되고 있으나, 지방정부 채무가 급격하게 상승하고 있어 중국 국가채무 관리에 있어 위험요인으로 지적되고 있다. 〈그림 3-13〉은 중국 지방정부와 중앙정부의 GDP 대비 부채 비율을 나타내고 있는데, 중앙정부의 채무 수준이 비교적 안정적으로 유지된 반면, 지방정부의 채무는 가파르게 상승하는 모습을 보이고 있다. 중국 지방정부 채무 총액은 2017년말 16조 5천억 위안에서 2020년 말 25조 7000억 위안으로 3년만에 55% 급증하였다. 더 나쁜 점은 이러한 공식 부채규모에 포함되지 않는 음성

부채도 상당한 것으로 알려지고 있는 것이다. 중국사회과학원 산하 국가금융발전실험실에 따르면 2020년 말 기준 중국 지방정부의 음성 부채가 14조8천억 위안(약 2천568조)에 달하는 것으로 추산되며, 이는 2019년 3분기보다 6% 이상 증가한 수치이다.[3] 이러한 음성부채는 중국 지방정부들이 공공사업을 목적으로 편법으로 자금을 조달하면서 형성되며, 특정 인프라시설을 건설할 때 필요한 자금을 “LGFV(local government financing vehicles)”이라는 특수법인을 이용하여 채권을 발행해 조달하여 발생되는 사례가 많다. 이러한 음성부채가 공공연히 존재한다는 것은 중국 정부의 신뢰도를 높게 평가할 수 없는 요인이기도 하다. 금융시장에서 시장 참여자들의 기대와 신뢰가 금융 상품의 위험도 결정에 결정적인 역할을 한다는 것을 감안할 때, 이러한 음성부채는 중국금융시장의 위험도를 높이는 요인이라고 할 수 있다.

중국의 지방부채 문제에 더해 민간 부채도 금융불안을 야기할 수 있는 요인으로 주목되고 있다. 〈그림 3-14〉는 중국의 정부, 가계, 비금융 기업 부채 비율을 나타내고 있는데, 국가채무 외에 가계부채와 기업 부채도 빠르게 상승하는 모습을 보이고 있다. 2020년 중국의 가계와 비금융 기업의 부채 합은 GDP의 200% 이상으로 민간부문 부채 위기 가능성도 배제할 수 없다. 중국의 성장세가 둔화되는 시점에서 주요 기업들이 부채 부담을 이기지 못하고 부도를 내기 시작하면 금융권이 부실화되면서 금융위기가 발생할 수도 있다.

3) 차대운 (2021), 연합뉴스.

〈그림 3-13〉 중국 지방정부와 중앙정부의 GDP 대비 부채 비율

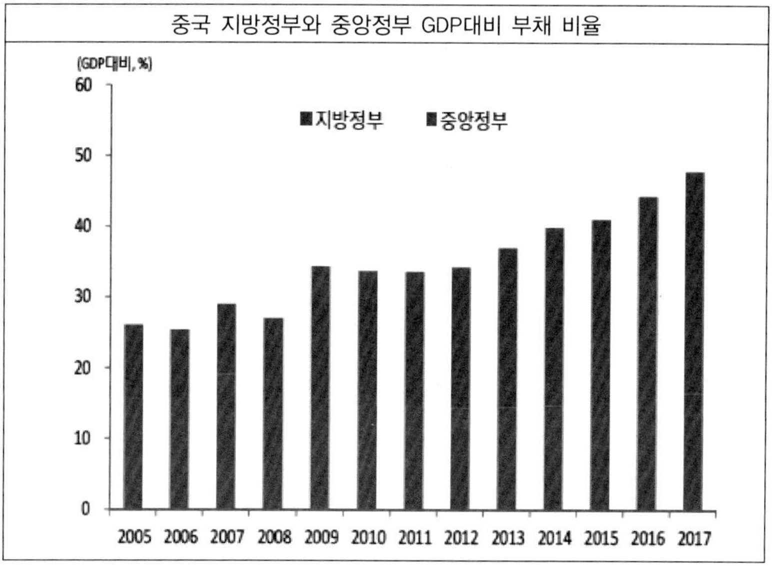

출처: 김윤기 외. (2018), P.38

〈그림 3-14〉 중국의 정부, 가계, 비금융 기업 부채 비율

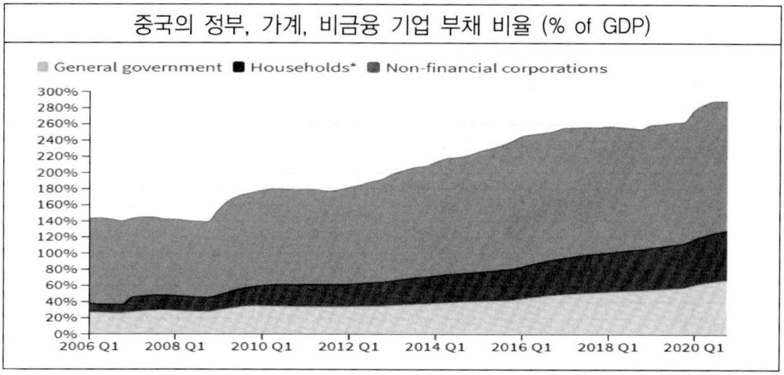

출처: Lee (2021), CNBC 기사

민간 부채 문제에 있어서도, 그 규모보다 중요한 점은 제도권에서 관리되지 않는 그림자금융이 상당 수준 존재한다는 점이다. 그림자금융은 은행시스템이 아닌 제2금융권 등에서 이루어지는 대출을 의미한다. 중국의 그림자금융 규모는 2019년말 기준 84조 8000억 위안(약 1경4000조원) 수준인 것으로 알려지고 있다.[4] 중국 금융 당국이 시스템적 금융 위험을 효과적으로 완화시키지 못한다면 중장기적 중국 신용도에 악영향을 미칠 수 있다.

중국은 비교적 건전한 중앙정부 채무수준과 낮은 대외채무, 그리고 세계 1위의 외환보유고 (2020년 현재 32,359 달러)를 바탕으로 상대적으로 높은 국채 신용도를 유지하고 있다. 그러나 가파르게 상승하고 있는 지방정부 채무, 민간 부채 등이 향후 위험요인이라 할 수 있으며, 무엇보다 지방정부 채무 중의 음성부채, 그림자 금융 등 체계적으로 관리되지 않는 부채들이 시장의 불안감을 가중시킬 가능성이 높다. Chen and Chen (2018)은 실증분석을 통해 정부의 가버넌스 질(governance qualtiy)가 낮을 경우 금융시장의 위험프리미엄을 상승시킨다는 사실을 발견하였다. 따라서 향후 중국 당국의 금융규제가 얼마나 효과적으로 지방정부의 음성채무와 그림자 금융을 줄여나갈 수 있는가가 중국 금융시장의 안정성을 평가하는데 중요한 요소가 될 것이다.

4) 최예지 (2020), 아주경제 기사.

4. 한국 국가채무의 현황과 평가

4.1 한국의 국가채무 현황 및 전망

한국의 국가채무는 중국, 일본과 비교할 때 매우 안정적이고 건실한 구조를 갖고 있으나, 최근 복지성 지출의 증가와 2020년과 2021년 코로나 사태로 인한 재정적자가 발생하면서, 재정정책 기조를 두고 활발한 논의가 전개되고 있다. 우리나라는 2010년대 중후반까지 균형재정에 가까운 재정정책을 수행해 왔으며, 이에 따라 국가채무 수준을 40% 미만으로 관리해 오고 있었으나, 2018년 이후 환경, R&D, 산업부문 정부지출 규모가 증가하고, 코로나 사태로 인한 확장적 재정정책의 여파로 재정적자 규모가 증가하였다. 〈그림 3-15〉는 한국의 GDP 대비 재정수지와 국가채무 추이를 나타내고 있는데, 정부의 규모는 코로나 사태 이전인 2019년 기준으로 정부수입 기준 GDP 대비 23%, 정부지출 기준 22.6% 수준을 유지하고 있었다.

1990년대 중반까지 GDP의 10% 수준이던 국가채무 수준은 외환위기, 글로벌 금융위기, 코로나 사태 등을 거치며 지속적으로 상승하여, 2021년 GDP의 53% (IMF 기준, 기재부 기준으로는 47.3%) 까지 확대될 전망이다. 한국의 국가채무 수준은 대부분의 선진국보다 크게 낮은 수준이며, 중국 등 개발도상국들과 비교해서도 높은 수준은 아니다. 다만 잠재성장률이 지속적으로 저하되고 있고, 인구 고령화가 빠르게 진행되고 있는 점 등으로 인해 향후 빠르게 증가할 가능성이 높다.

〈그림 3-15〉 한국의 GDP 대비 재정수지와 국가채무

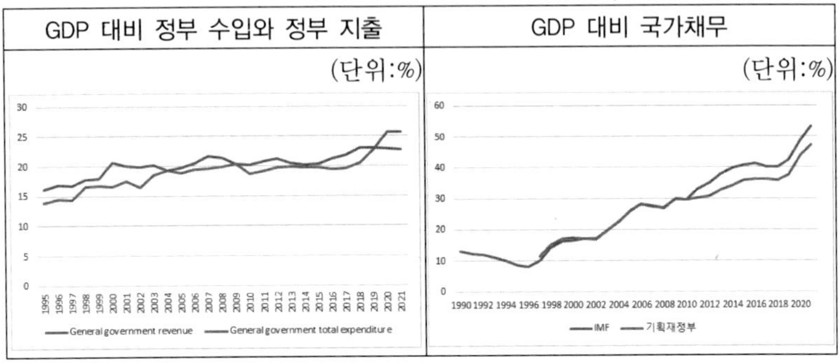

출처: IMF Economic Outlook database (2021, April), e-나라지표 (접속일:2021.9.5.)
주: 2020년 이후는 추정치

한국의 성장률은 2000대 이후 지속적으로 감소하고 있으며, 이는 일시적인 경기변동으로 인한 현상이라기보다 잠재성장률의 하락으로 인한 구조적인 측면이 강하여 향후 재정운영에 압박요인으로 작용할 가능성이 높다.[5] 지속적으로 성장률은 떨어지는데 인구고령화로 인한 복지성 지출이 증가하면 구조적인 재정적자 요인이 발생할 수 있기 때문이다. 〈그림 3-16〉은 한국의 실질 GDP 성장률과 실업률 추이를 나타내고 있는데, 아시아 외환위기, 글로벌 금융위기, 코로나 사태 등으로 일시적인 경기침체를 겪기도 하였으나 성공적으로 적정 수준의 국가채무 수준을 유지해 온 것으로 평가할 수 있다. 코로나 사태에 있어서도 GDP 성장률은 2020년 OECD 국가 중 가장 좋은 수준인

5) OECD (2021)의 "장기 글로벌 성장 전망 (Looking to 2060: Long-term global growth prospects)"에 따르면 2000~2007년 3.8% 수준이었던 잠재성장률은 2007-2020년 2.8%로 낮아졌으며, 2020-2030년에는 1.9%, 2030-2060년에는 0.8%까지 낮아질 수 있다.

-1%에 이어 2021년에도 4.3% 수준의 성장을 이어갈 것으로 전망되나, 기저효과가 사라진 이후 2%대 중반의 성장이 전망된다. 현재의 성장률보다 잠재성장률이 낮아지는 것이 더욱 큰 문제이다. OECD에 따르면 한국의 잠재성장률은 빠른 속도로 떨어질 것으로 전망되는데, 2022년 2.8% 수준인 잠재성장률은 2033년부터는 1% 미만으로 떨어져, 2040년에는 제로 성장에 가까운 0.3% 성장에 그칠 것으로 추정된다. 2021-2040년 20년 동안의 평균 잠재성장률은 1.5% 수준에 불과하다. 이러한 성장률 하락은 국가채무 증가를 야기할 수 있는 요인이다.

〈그림 3-16〉 한국의 실질 GDP 성장률과 잠재성장률 추이

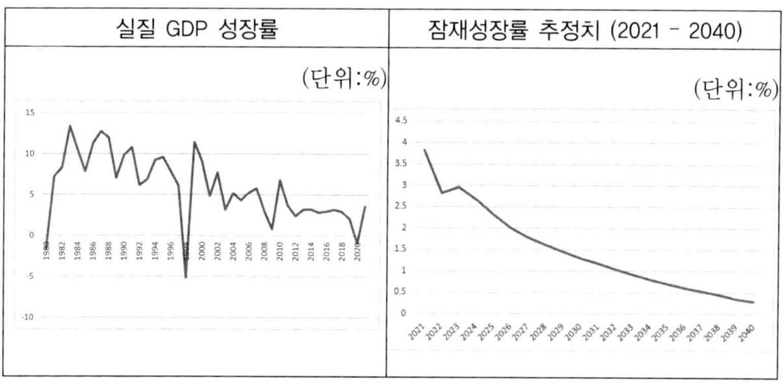

출처: 실질 GDP 성장률은 IMF Economic Outlook database (2021, April) 자료이며 2020년 이후는 추정치임. 잠재성장률 추정치는 OECD 장기 전망(long-term forecast) 자료임.

성장률 하락과 함께 우리나라 재정에 구조적인 부담을 줄 수 있는 요인은 인구고령화이다. 1980년 4% 수준이었던 15-64세 대비 65세 인구 비율은 2018년 14.3%까지 높아졌으며, 이는 일본의 1994-5년

수준이다. 특히 출산률이 지속적으로 낮아지고 있다는 점에서 인구고령화의 속도는 중기적으로 개선될 여지가 없어 보이며[6], 일본과 비슷한 속도로 고령화가 진행될 것으로 전망된다.

〈그림 3-17〉 한국의 고령층 비율

한국의 고령층 비율 (65세 이상 인구 / 15-64세 인구)

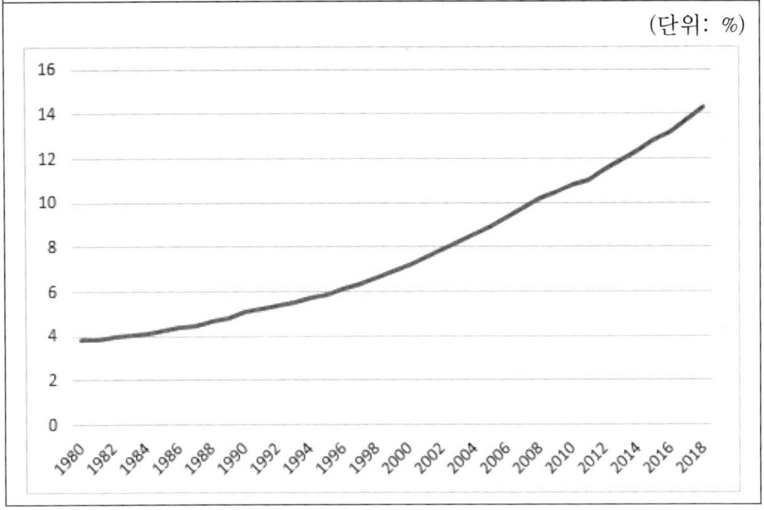

출처: OECD Database

잠재성장률 하락과 인구고령화는 구조적으로 우리나라 재정적자 압력으로 작용할 가능성이 높다. 여기에 추가적으로 논의되고 있는 불확실성은 통일비용 발생 가능성이다. 현재 비교적 안정적인 재정구조를 갖고 있지만 북한과의 통일시 통일비용이 발생한다면 급격한 재정악화를 감내해야할 상황이 발생할 수 있으므로 이에 대한 대비도

6) 우리나라의 여성 1명당 자녀 수는 1980년 2.8명에서 2000년 1.5명으로, 2019년 0.9명으로 낮아졌으며, 이는 OECD 국가 최저 수준이다.

필요하다.

4.2. 한국 국가채무 위험성 평가

1997년 외환위기를 경험한 바 있는 우리나라는 IMF의 구제금융을 받을 정도의 낮은 낮은 국채 신용도를 빠른 시간 안에 개선시켜 왔다. 〈그림 3-18〉은 우리나라 국채의 신용등급과 CDS 프리미엄 추이를 나타내고 있는데, 우리나라 장기국채의 신용등급은 아시아 외환위기 당시 B+ 등급까지 강등되었다가, 이후 꾸준히 상승하여 현재는 S&P 기준 AA 등급 (무디스 Aa2, 피치 AA-)을 유지하고 있으며, 이는 역대 최고등급 수준이다. 피치는 코로나 사태 이후 다수 선진국들의 등급 또는 전망을 하향조정하였으나, 우리나라는 효과적인 팬데믹 관리, 강한 경기회복세 등의 이유로 기존 등급을 유지하였는데, 이 역시 신용평가 기관에서 우리나라의 펀더멘털에 대한 신뢰가 높다는 사실을 보여준다. CDS 프리미엄은 2021년 8월 31일 현재 17.7bp으로 이는 다른 선진국과 비교해서도 비교적 낮은 수준에 해당한다.

〈그림 3-18〉 한국 국채의 신용등급과 CDS 프리미엄 추이

한국의 S&P 장기국채 신용등급 추이	한국의 CDS 프리미엄 추이
	(단위: bp)

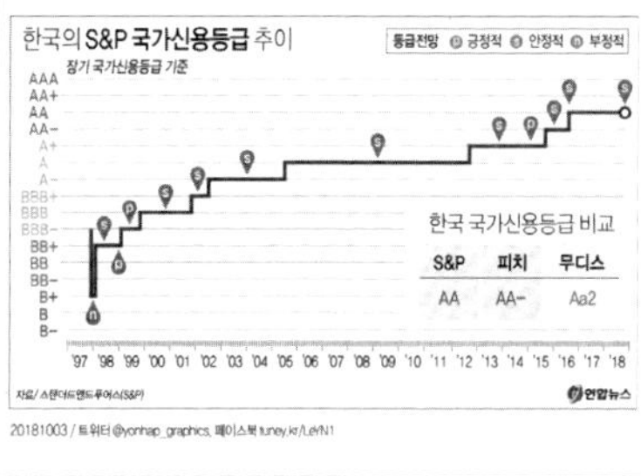

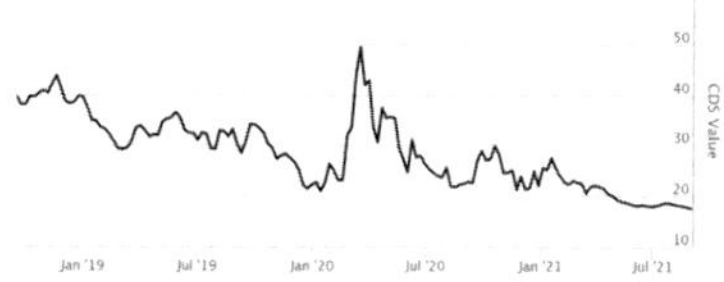

출처: 박영석(2018) 연합뉴스 기사, World Government Bonds website

〈그림 3-19〉는 한국의 GDP 대비 대외채무 비율 추이를 나타내고 있는데, 2020년 기준 한국의 대외 채무 규모는 GDP 대비 33.3% 수준이다. 상대적으로 위험성이 높은 단기 대외 채무의 비중도 GDP 대비 9.7%에 불과하다. 우리나라는 세계 8위 수준의 외환보유고 (4,587억 달러)를 보유하고 있고, 큰 경상수지 흑자(2020년 GDP 대비 4.6%)를 유지하고 있어서, 현 수준의 대외 채무는 관리 가능한 수준이라고 할 수 있다. 2020년 현재 외환보유액은 GDP 대비 27%로 단기채무의 약 2.8배나 되기 때문에 유사시 충분한 대응 여력이 있다.

〈그림 3-19〉 한국의 GDP 대비 대외 채무

한국의 대외 채무 (% of GDP)

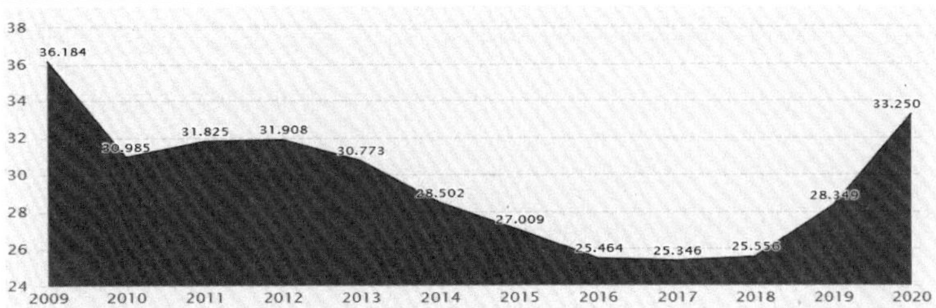

한국의 단기 대외 채무 (% of GDP)

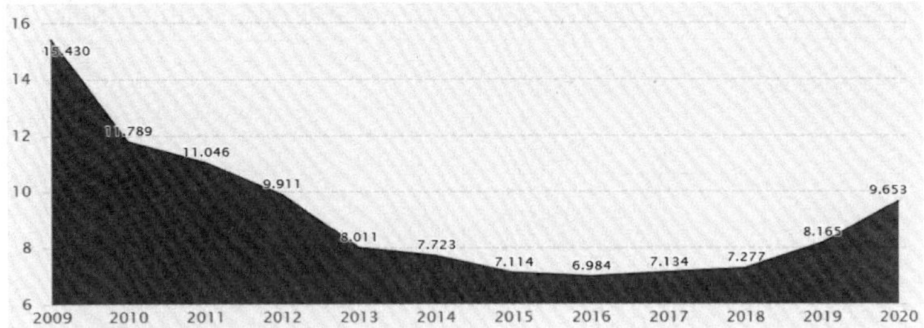

출처: CEIC data

한국 금융시장의 취약점은 국가채무 보다는 가계부채에 있다. <그림 3-20>은 OECD 국가들의 가처분 소득 대비 가계부채 비율로, 우리나라는 비교 대상인 선진국들에 비해 높은 수준이다. 2019년 기준 우리나라의 가처분 대비 가계부채 비율은 188%였으며, Institute of International Finance의 조사에 따르면 우리나라는 코로나 사태 시기 가장 빠르게 가계부채가 상승한 국가였다. 우리나라의 가계부채 문제는 부동산 문제와 관련이 깊은데, 2020년 이후 부동산 가격이 급격히 상승하면서 많은 가계가 부채를 통해 부동산을 구입하면서 가계부채가 상승한 측면이 있다. 부동산 가격이 하락할 경우 가계부채의 부실화가 예상되고, 일본과 같은 금융위기와 장기침체의 가능성을 배제할 수 없다.

〈그림 3-20〉 OECD 국가들의 가처분 소득 대비 가계 부채

OECD 국가들의 2019 가처분 소득 대비 가계 부채

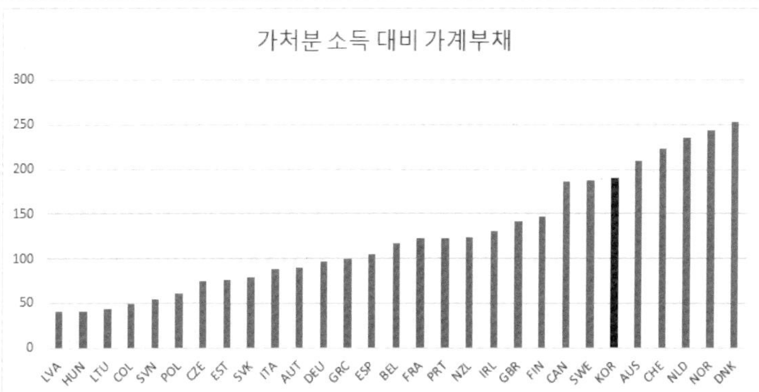

자료: OECD database

우리나라 국가채무는 건전하며, 낮은 대외 채무 수준, 높은 경상수지 흑자 규모, 세계 8위 수준의 외환보유고, 높은 신용등급 등으로 볼 때 단기적 위험성은 매우 낮은 수준이다. 다만 급격한 인구 고령화, 북한 리스크 및 통일 비용, 복지지출 수요의 증가 등이 중장기적 위험요인이라 할 수 있으며, 부동산 시장 안정을 통한 가계부채의 연착륙이 금융안정에 필수적이라 할 수 있다.

5. 결론

본 고에서는 한국, 중국, 일본 동아시아 3개국의 국가채무의 현황을 파악하고, 전망, 평가하였다. 일본은 이미 세계 최고 수준의 국가채무를 갖고 있어, 기존 문헌에서 지적하고 있는 민간 시장 위축 등의 거시경제적 비효율성을 갖고 있을 가능성이 크며, 현재의 저성장 기조가 지속될 경우 앞으로도 채무 수준을 줄여나가기 어려울 것으로 전망된다. 아직까지는 일본 국채에 대한 국제금융시장의 신뢰가 높은 편이나, 일본 정부가 효율적인 거시경제정책 시행에 실패한다면 금융시장의 불안이 야기될 가능성도 배제할 수 없다. 중국은 급격히 증가하는 국가채무 수준도 비교대상인 개발도상국들에 비해 높은 수준이지만, 그 증가 속도가 빠르고, 통제 되지 않는 지방정부의 음성부채나 민간 부문의 그림자 금융 같은 금융규제의 사각지대가 있다는 점이 더 큰 위험요인이다. 중국정부가 금융 거버넌스 시스템을 효율화 선진화 하는데 실패할 경우 많은 개발도상국이 경험했던 금융위기, 국가채무위기, 외환위기 등을 경험할 가능성이 있다. 마지막으로, 한국은 다른 두 동아시아 국가들 뿐만 아니라 비교 대상인 선진국들에 비해 월등히 견실한 국가채무 수준을 갖고 있지만, 향후 채무가 구조적으로 상승할 가능성이 높다는 점이 위험 요인이다. 출산률 저하와 그로 인한 인구고령화, 잠재성장률 저하, 북한 리스크와 통일비용 등이 향후 국가채무의 상승 압박 요인이다.

동아시아 3개국은 매우 이질적인 경제적 여건과 국가채무 수준을 갖고 있지만, 무역과 금융의 매개로 관련이 깊기 때문에, 일단 한 국가의 위기가 발생한다면 이웃 국가로의 전염(contagion) 가능성이 높다는 점에서 동시에 진단하고 전망할 필요가 있다. 1998년 아시아 외환위기나 2010년 남유럽 국가채무위기에서와 같이, 한 국가의 위기가 시작되면 지리적인 인접국가로 위기가 전이될 가능성이 높다. 중국과 일본은 2010년대 중반까지도 국가채무 위험의 가능성을 염두에 두지 않던 경제대국이었으나, 본 장에서 분석한 바와 같이 향후 점점 더 큰 위험에 노출 될 가능성이 있으므로 관계 당국은 예의 주시할 필요가 있다.

금융시장의 위험은 시장 참여자들의 신뢰와 기대에 달려 있다. 국가채무 문제에 있어서도 마찬가지다. 객관적으로 드러나는 국가채무의 수준과는 별도로, 시장참여자들이 그 국가의 정부가 채무를 이행할 능력과 의지가 없다고 기대하는 순간 위험은 시작된다. 정부는 장기적인 재정계획을 바탕으로 투명한 재정정책을 수행하여, 시장의 신뢰를 쌓아 나가야 한다. 또한 장기적으로는 잠재성장률과 출산률 제고를 통해 재정건전화의 기반을 마련하는 것이 중요하다.

4

바이든 행정부의 통상정책과 동북아 지역에 대한 정책적 함의

4장
바이든 행정부의 통상정책과 동북아 지역에 대한 정책적 함의

장용준(경희대학교 무역학과)

Ⅰ. 최근의 통상환경 변화 및 특징

2000년대 말 글로벌 금융위기와 중국의 패권 부상, 최근 코로나-19 팬데믹 등 일련의 정치·경제·사회적 변화는 주요국의 통상환경과 정책에 큰 영향을 미쳤다. 세계무역기구(WTO: World Trade Organization)가 출범한 1995년에서 2000년대 말까지는 자유무역협정(FTA: Free Trade Agreement)을 중심으로 자유무역주의 기조의 확산이 중점적으로 진행된 시기라면, 2010년대부터 최근까지는 미국을 중심으로 보호주의의 부활 또는 신보호주의의 등장이 적극적으로 진행된 시기로 볼 수 있다. 이러한 신보호주의는 스무트-할리 관세법(Smoot-Hawley Tariff Act)[1] 등 이전 시기의 보호주의와는 다른

1) 1930년 미국이 불황 타개 및 자국 산업 보호를 위해 스무트 의원과 할리 의원이 주도하여 제정한 관세법으로, 주요 품목에 대해 100년대 최고치인 59% 수준으로 수입 관세율을 인상하였다. 이로 인해 영국, 프랑스 등 주요 유럽국가들도 잇달아 수입 관세를 높여 전 세계에 보호

특징을 보인다. 이 절은 이러한 최근 신보호무역주의의 주요 특징을 세 가지 범주로 구분하여 자세한 내용을 서술한다.

1. 비관세장벽의 부상

수입품에 대한 보호주의 정책은 크게 관세조치와 비관세조치의 두 가지 범주로 구분할 수 있다. 수입 관세조치는 말 그대로 수입품에 대해 세금을 부과하여 수입 가격을 높임으로써 국내 제품과의 경쟁에 불리한 상황을 만드는 것이다. 반면, 비관세조치는 관세 이외의 조치, 예컨대 법과 규범, 통관절차 등으로 수입을 지연시키거나 금지하는 일련의 조치를 말한다. 최근의 보호주의 정책은 관세보다는 비관세조치를 활용하는 사례가 두드러지게 나타나고 있다. 〈그림 4.1〉을 살펴보면, 1995년의 세계 평균 관세율은 약 11% 수준이었으나, 그간 WTO의 적극적인 활동과 지역무역협정(RTA: Regional Trade Agreement)의 체결 증가로 인해 감소 추세를 보였고, 2016년 현재 약 6% 수준으로 크게 낮아졌음을 확인할 수 있다. 이미 낮아진 관세는 WTO 및 FTA 협정의 위반 및 제소, 보복관세의 우려 등으로 인해 다시 인상하기가 쉽지 않다.

반면, 비관세조치는 관세와는 달리 수치로 나타나지 않아 그 실체를 확인하기가 어려운 특징이 있다. 또한 각국은 지리·사회·문화적 환경에 따라 고유의 법과 규범을 가질 수 있으므로 이를 근거한 비관

무역주의의 연쇄효과가 나타났는데, 이는 당시 세계공황이 확대된 주요 원인으로 평가받는다.

세조치를 무역에 방해가 된다는 이유로 무조건 철폐할 수는 없다. 이러한 비관세조치는 1995년 약 500건 수준이었으나 점점 증가 추세를 보이며 2018년 현재 약 2,500건 이상을 기록하고 있다. 물론 모든 비관세조치가 무역에 장벽이 되는 것은 아니다. 비관세조치가 무역에 장벽이 될 때 비관세'장벽'으로 명명할 수 있다. 장용준 외(2019)에서는 2010년대 들어 전 세계의 비관세조치 건수 증가와 더불어 이로 인한 무역 현안 또한 증가하고 있음을 확인할 수 있다.

〈그림 4-1〉 세계 평균 관세율 및 비관세조치 건수 추이(1998~2016년)

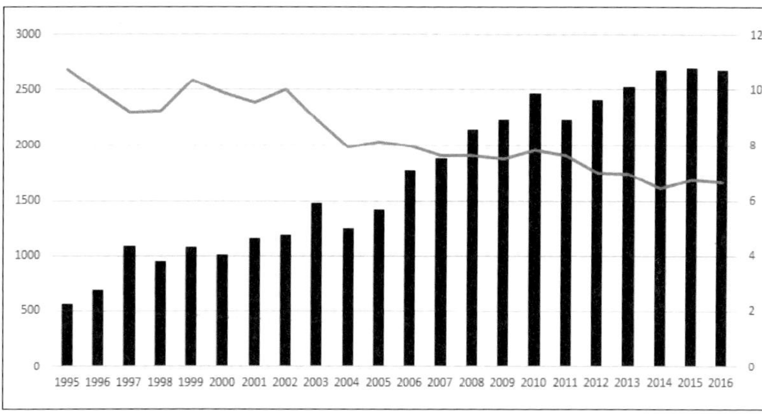

주: 1. 선 그래프는 평균 관세율을, 막대그래프는 비관세조치의 건수를 나타냄.
2. 비관세조치 건수는 무역기술장벽(TBT)과 동식물 위생 및 검역조치(SPS)의 WTO 통보문 건수 합계로 계산됨.

그림 출처: 세계은행(World Bank)의 WITS 자료를 이용하여 저자 작성

2. 안전, 환경, 안보의 중요성

리카도 모형(Ricardo model)과 헥셔-올린 모형(Heckscher-Ohlin model) 등 국제경제학 이론에 따르면, 다른 국가와의 거래인 국제무역

을 하는 핵심적 이유는 바로 그것이 바로 가장 '효율적'이기 때문이다. 크루그먼 모형(Krugman model), 멜리츠 모형(Melitz model) 등 현대의 국제경제학 이론에서도 국제무역에 있어서 효율성이 제일 중요한 결정요인이라는 데에는 변함이 없다. 그러나 최근 들어 국제무역의 결정요인으로서 효율성 못지않게 중요한 변수가 부상하고 있는데, 이는 바로 '안전(safety), 환경(environment), 안보(security)'이다. 어떤 제품을 자국에서 생산하지 않고 제일 잘 만드는 다른 국가가 생산하고 수입하는 것이 가장 효율적인 것으로 생각했는데, 이러한 과정에서 자국의 안전과 환경, 안보 문제가 발생하는 사례가 발생하자 무역을 통제하기 시작한 것이다.

대표적인 사례가 2010년 11월에 발생한 중국과 일본 간의 센카쿠열도(중국명 댜오위다오) 영토 분쟁에 따른 중국의 對일본 희토류 수출제한 조치이다. 당시 전 세계 희토류 생산량의 90% 이상은 중국에 있었는데, 영토 분쟁을 계기로 중국은 일본에 대해 전자제품 생산의 필수원료인 희토류 수출을 제한하였다. 이는 효율성을 중심으로 자유무역 기조가 지배했던 당시에 있어서 큰 충격적인 사건으로 다가왔고, 선진국을 중심으로 각국에 있어서 통상정책에 자국의 안보 문제를 고려하는 것이 중요한 의제로 부상하기 시작했다. 이러한 통상 내 안보 현안은 2019년 한국을 대상으로 시행한 일본의 수출제한 조치나 최근의 요소수 부족 사태 등 많은 사례를 통해 그 중요성이 날로 더해가고 있다. 안전과 환경도 마찬가지로 많은 사례가 있다. 대표적인 것이 2011년에 우리나라에서 발생한 가습기살균제 사건이다. 수입품 내 화학물질의 유해성이 문제가 되자 우리 정부는 2003년에 「화학물질의 등록 및 평가 등에 관한 법률」을 제정하였고, 법률적 기준을 만족하지 못한 제품에 대해서는 수입을 금지하고 있다(이진우・장용준 2020). 또한 온실가스 배출과 같은 전 세계적인 환경문제를 해결하기 위해 각국은 자동차배기가스 제한 등 각종 기술규제를 통해 기준을 만족하지 못한 제품에 대해서는 자국 생산뿐만 아니라 수입 자체를 금지하고 있다.

〈표 4.1〉 보호조치의 분류

<table>
<tr><th colspan="2">본 연구의 분류</th><th>기존의 분류</th><th>새로운 분류</th></tr>
<tr><td colspan="2">관세</td><td>관세</td><td>관세</td></tr>
<tr><td colspan="2" rowspan="3">무역구제조치</td><td>1720(긴급 및 세이프가드)</td><td>D600(세이프가드)</td></tr>
<tr><td>3400(반덤핑조치)</td><td>D400(반덤핑조치)</td></tr>
<tr><td>3500(상계관세)</td><td>D500(상계관세)</td></tr>
<tr><td rowspan="6">기존 유형의 비관세 장벽</td><td rowspan="3">가격조치</td><td>1000(관세조치)</td><td rowspan="2">F(관세 및 유사관세)</td></tr>
<tr><td>2000(유사관세조치)</td></tr>
<tr><td>3000(가격통제조치)</td><td>D(가격통제조치)</td></tr>
<tr><td rowspan="3">비가격조치</td><td>4000(금융조치)</td><td>G(금융조치)</td></tr>
<tr><td>6000(수량제한조치)</td><td>E(수량제한조치)</td></tr>
<tr><td>7000(독점조치)</td><td>H(반독점조치)</td></tr>
<tr><td rowspan="11">새로운 유형의 비관세 장벽</td><td rowspan="3">기술조치</td><td rowspan="3">8000(기술조치)</td><td>A(동식물 위생 및 검역조치:SPS)</td></tr>
<tr><td>B(기술장벽: TBT)</td></tr>
<tr><td>C(선적 전 검사)</td></tr>
<tr><td rowspan="8">제도적 조치</td><td rowspan="8">5000(자동적 허가절차)</td><td>I(무역관련 투자조치)</td></tr>
<tr><td>J(유통제한)</td></tr>
<tr><td>K(판매 후 서비스 제한)</td></tr>
<tr><td>L(수출과 관련되지 않은 보조금)</td></tr>
<tr><td>M(정부조달 제한)</td></tr>
<tr><td>N(지식재산권)</td></tr>
<tr><td>O(원산지규정)</td></tr>
<tr><td>P(수출관련 조치)</td></tr>
</table>

주: 표에서의 숫자와 알파벳은 UNCTAD의 분류체계를 나타냄.
표 출처: 최낙균・김정곤(2011)

한편, 비관세조치는 그 특징 및 형태에 따라 여러 가지로 구분할 수 있다. 〈표 4.1〉에 따르면, 비관세조치는 크게 기존 유형과 새로운 유형으로 나눌 수 있는데, 최근 신보호무역주의 핵심이 되는 새로운 유형의 비관세조치는 기술적 조치와 제도적 조치로 구분된다. 국제무역의 핵심적 결정요인으로 부상하는 '안전, 환경, 안보'는 대부분이 규범을 중심으로 기술적 조치와 제도적 조치의 형태로 구체화 되고 있다. 따라서 최근의 통상환경은 안전, 환경, 안보 관련 규범을 중심으로 비관세조치를 통한 새로운 형태의 보호주의 정책이 나타나고 있는 것으로 특징지을 수 있다.

3. 국제가치사슬(GVC)의 재편

국가안보가 통상정책의 핵심의제로 떠오르자 선진국을 중심으로 각국은 자국을 중심으로 국제가치사슬(GVC: Global Value Chain)을 재편성하고 복원하고자 노력하고 있다. 2010년 중국의 희토류 수출 제한조치를 계기로 미국, 호주 등 국가들이 자국 내 희토류 광산의 시추와 생산 설비를 확대한 것이 대표적인 사례가 된다. 우리나라도 반도체 제조의 핵심 원료에 대한 일본의 수출제한조치에 대응하기 위해 공급망 복원 추진을 중심으로 여러 가지 관련 정책을 추진 중이다. 최근에는 코로나-19 팬데믹과 중국과 인도의 수출제한조치로 의약품과 의료기기의 공급부족 사태를 겪자 이들 품목을 중심으로 GVC 복원과 재편성에 대한 각국의 열망은 더욱더 커지고 있다.

〈그림 4-2〉 세계 평균 GVC 참여도 추이(1995~2019년)

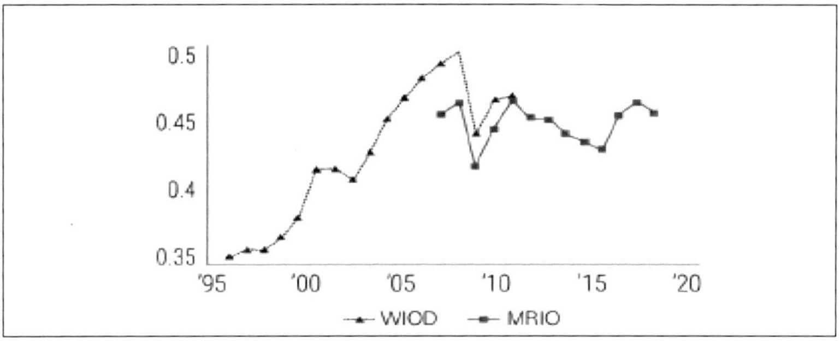

주: 1995~2011년은 유럽공동체(EC(의 세계 투입산출자료(WIOD)를, 2007~19년은 아시아개발은행(ADB)의 MRIO 자료를 활용
그림 출처: 조문희 외 (2020)

〈그림 4.2〉에 따르면, 세계 평균 GVC 참여도는 2008년까지 급속히 증가하였지만 2009년 글로벌 금융위기를 계기로 크게 하락하였다. 이후 잠시나마 다시 증가하였으나 이전 수준을 회복하지 못했고, 2010년대 중반 이후 까지 대체로 하락추세를 보였다. 최근 코로나-19 팬데믹, 요소수 등 핵심 원료의 공급부족, 전략물자 수출제한 조치의 확대, 외국인 투자 심사 절차의 강화와 같은 일련의 사태들을 고려한다면 세계 평균 GVC 참여도는 계속 감소 추세를 유지하고 있을 것으로 예상된다.

Ⅱ. 미국의 통상환경 변화 추이

앞서 살펴본 최근 국제통상 환경 및 보호주의의 기조 변화와 더불어 이번 절에서는 최근 미국의 통상환경 변화의 추이를 살펴보고자 한다. 먼저 〈그림 4.3〉은 최근 10년 동안 미국의 수출입과 무역수지 추이를 보여준다. 2000년대 말 글로벌 금융위기 이후 2010년대 중반까지 미국의 수출과 수입에는 큰 변화가 없었고, 무역수지 적자 또한 평균 약 7,900억 달러 수준을 꾸준히 유지하였다. 그러나 2017~18년 사이 수출과 수입 모두가 증가하였는데, 수입의 증가 폭이 수출보다 더 큼으로 인해 무역수지 적자가 약 9,500억 달러까지 증가하였다. 이후 2020년까지 수출입 모두 감소하였으나, 수출의 감소 폭이 수입보다 더 큼으로 인해 무역수지 적자는 더 증가하였고, 2020년 현재 약 9,800억 달러를 기록 중이다. 2010년대 들어 미국이 탈중국과 GVC 복원 등을 목표로 각종 보호주의 정책을 통해 무역수지 개선에 큰 노력을 하였으나, 결과적으로는 오히려 무역수지 적자 수준이 더 커졌음을 정량적으로 확인할 수 있다.

〈그림 4-3〉 미국의 수출입 및 무역수지 추이 (2011~2020년, 달러)

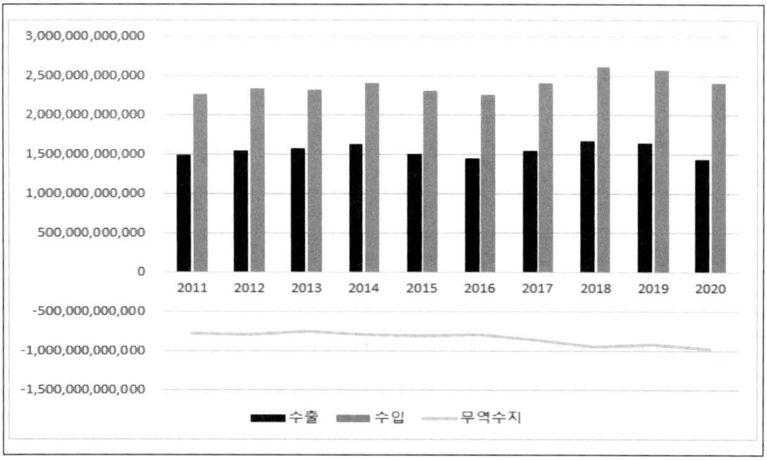

그림 출처: UN Comtrade 자료를 이용하여 저자 작성

〈그림 4.4〉는 미국의 무역구제조치와 비관세조치의 추이를 보여준다. 〈표 1〉에 나타난 바와 같이 반덤핑조치, 긴급수입제한조치 등 무역구제조치와 무역기술장벽(TBT), 동식물 위생 및 검역조치(SPS) 등 비관세조치는 최근 보호무역의 대표적인 수단이다. 먼저 미국의 비관세조치 건수는 2012~14년 사이 감소 추세를 보이다가 2015년에 다시 증가세를 보이며 2016년에는 총 301건으로 역대 최고치를 기록하였다. 그러나 2017년에는 급감하여 136건을 기록하였으나, 최근까지 다시 증가 추세를 보이면서 2019년 현재 총 217건을 기록하였다. 이들 비관세조치는 WTO에 통보된 TBT와 SPS 건수로서 한 해 동안 신설되거나 개정된 기술규정이나 표준 등을 나타낸다. 만약 이들 조치가 국제표준과 일치하지 않거나 불투명한 경우, 수입품에 대해 차별적으로 적용하거나 높은 기술적 수준을 요구한다면 무역에 장벽이 될 수 있다(장용준 외 2019).

무역구제조치의 경우, 2010년대 중후반까지는 다소 증가 추세를 보이며, 2017년 총 81건으로 역대 최고치를 기록하였다. 이후부터 2019년까지는 다소 감소 추세를 보이고 있으며 2019년에는 총 50건을 기록하였다. 뒤에서 자세히 살펴보겠지만, 현재 바이든 정부는 의회 동의 없이 행정부 단독으로 취할 수 있는 무역구제조치보다는 의회와의 협력을 통한 통상정책을 선호하는 경향을 보인다. 따라서 2019년 이후 무역구제조치의 건수는 2010년대 후반부터 보였던 감소 추세를 계속 이어갈 것으로 예상할 수 있다.

〈그림 4-4〉 미국의 비관세조치 및 무역구제조치 추이 (2011~2019년)

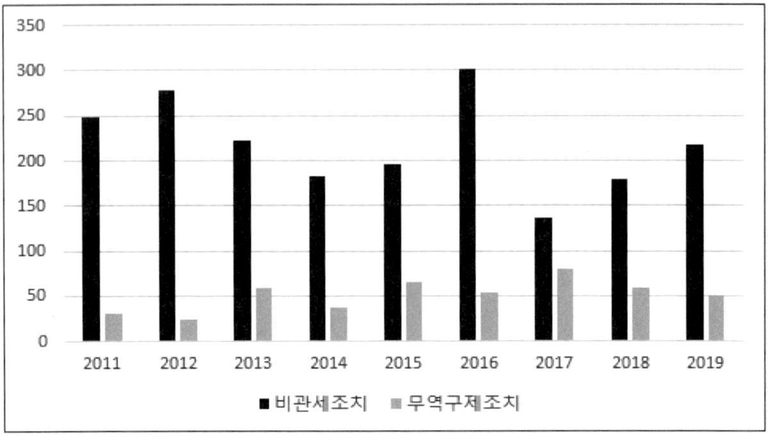

주: 1. 비관세조치 건수는 무역기술장벽(TBT)과 동식물 위생 및 검역조치(SPS)의 WTO 통보문 건수 합계로 계산.
2. 무역구제조치는 반덤핑조치, 보조금상계조치, 긴급수입제한조치의 WTO 통보문 건수 합계로 계산

그림 출처: WTO I-TIP 자료를 이용하여 저자 작성

〈그림 4.5〉는 1995~2018년 사이 미국의 GVC 참여도 추이를 보여준다. 미국의 GVC 참여도는 1995~2003년까지 감소 추세를 보이다가 이후 2008년까지 급격히 증가하였다. 이후 글로벌 금융위기로 인해 미국의 GVC 참여도는 급하락하였으나 이후 어느 정도는 회복하여 2014년까지 일정 수준을 유지하였다. 그러나 미국이 중국을 본격적으로 견제하기 시작한 2015년부터 급하락하여 2017년에는 글로벌 금융위기 수준까지 떨어졌다. 2017년은 전임 트럼프 대통령의 임기가 시작한 해이다. 이후 2018년에 다소 증가는 하였으나 여전히 예전에 비해 낮은 수준이다. 아래에서 자세히 살펴보겠지만, 현 바이든 정부가 전임 트럼프 정부의 미국 중심 GVC 재편 및 복원정책을 그대로

유지・계승하고 있다는 점을 고려한다면, 최근 미국의 GVC 참여도는 상승세보다는 하락세를 계속 보일 것으로 전망된다.

〈그림 4-5〉 미국의 GVC 참여도 추이 (1995~2018년)

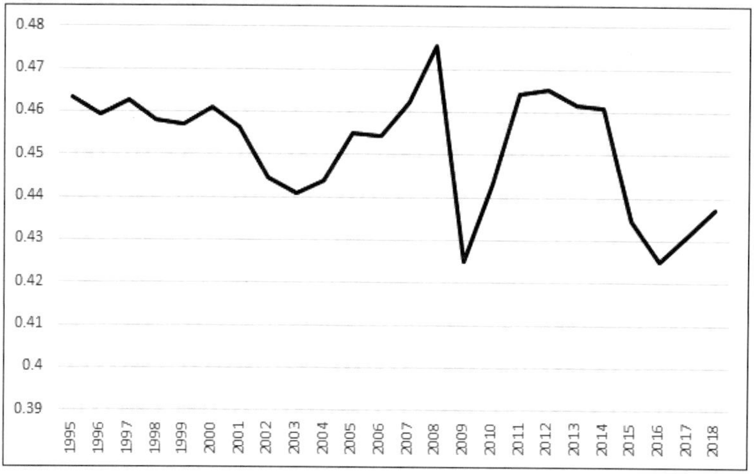

그림 출처: OECD TiVA 자료를 이용하여 저자 작성

Ⅲ. 바이든 정부 통상정책의 주요 내용과 특징

최근 국제통상환경과 미국 통상환경 변화의 흐름 속에 2021년 1월 20일 미국 바이든 정부의 임기가 시작되었다. 바이든 정부의 통상정책은 크게 세 가지 의제를 중심으로 진행 중인 것으로 보인다.[2)] 즉, 규칙을 기반으로 하는 통상체제 확립, 노동・환경・인권 문제와 통상 현안과의 연계성 강화, 미국 중심의 공급망 복원을 세 가지 주요 의제

2) 바이든 정부의 통상정책을 정리한 대표적인 선행연구로는 강구상(2020), 송영관(2021), 연원호(2021)를 들 수 있다. 본 절은 이들 연구 내용을 종합하여 요약・분석하였다.

로 꼽을 수 있다. 이들 세 가지 의제는 앞서 살펴본 신보호무역주의 기조의 세 가지 특징과 깊은 관련성을 가진다.

〈그림 4-6〉 미국 바이든 정부의 통상정책

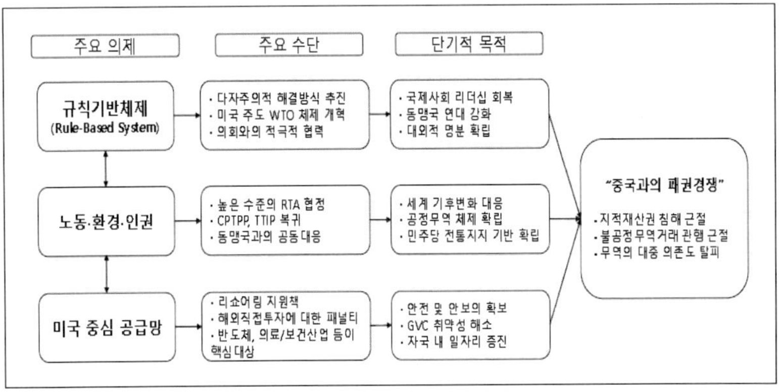

그림 출처: 저자 작성

세 가지 의제를 실현하기 위한 주요 수단으로는 WTO 체제 개혁을 기반으로 다자주의적 해결방식 확립과 의회와의 협력 강화, 비관세조치를 중심으로 높은 수준의 RTA 협정체결과 동맹국과의 공동 대응 강화, 반도체 등 핵심 산업을 중심으로 리쇼어링 지원책 강화 등을 들 수 있다. 이를 통해 미국은 동맹국과의 연대 강화와 국제사회의 리더십을 회복하고 대외적 명분을 확립하고자 한다. 또한 미국 민주당이 전통적으로 추구하는 세계 기후변화 및 노동·인권 문제와 안전·안보 현안을 통상정책과 수단을 통해 적극적으로 다루고자 한다.

사실 이 모든 의제와 수단은 장기적으로 중국과의 패권 경쟁에 유리한 고지를 점하고자 하는 목적으로 최종 수렴된다. 중국의 열악한 노동·인권·환경문제와 지적 재산권 침해 등 불공정무역 거래 관행을 WTO와 동맹국과의 연대를 통해 적극적으로 제기하고, 대중 무역 의존도의 탈피를 통해 세계 패권국가로의 미국을 계속 유지하고자 하는 것이 궁극적인 목적이다. 아래 내용은 위에서 언급한 세 가지 의제를 중심으로 주요 내용과 수단, 단기적 목표를 자세히 다루었다.

1. 규칙 기반의 통상체제

바이든 정부 통상정책의 가장 큰 특징으로 규범·규칙·규정에 기반을 둔 다자주의적 해결방식을 지향하고 이를 위해 의회와의 협력을 추진한다는 점을 들 수 있다. 이는 전임 트럼프 정부가 양자 간의 관계에서 임의적이고 즉흥적인 정책 결정을 선호했다는 점에서 차이가 있다. 즉, 바이든 정부는 통상협상에 있어서 대화에 따른 유연성을 발휘할 수 있는 양자주의적 해결방식보다는 규칙을 기반으로 하는 다자주의적 해결방식을 추진하고자 한다. 이러한 특징은 바이든 정부가 취임 후 전임 트럼프 정부의 통상협상에 대해 대기업 이익만을 위한 협정이었고, 중국의 불공정한 무역 거래 관행을 완전히 해결하지 못했다고 비판한 내용에서도 잘 나타난다(강구상 2020). 바이든 정부는 규칙 기반의 다자통상체제 구축을 통해 전임 트럼프 대통령 재임 시절에 추락했던 세계 리더십을 회복하고 동맹국과의 연대 강화를 달성하고자 한다.

특히, 바이든 정부는 WTO의 구조개혁을 규칙 기반의 다자주의적 해결체계 구축을 위한 핵심 현안으로 보고 있다. 이에 미국이 WTO 구조개혁을 주도하면서 EU, 일본 등 동맹국들이 여기에 참여토록

유도하고자 한다. WTO 구조개혁은 국영기업 보조금 지급, 디지털 무역, 혁신 촉진 등 최근 급부상 중인 새로운 통상 이슈를 적시에 제대로 해결할 수 있는 체제로의 전환을 목표로 하고 있다. 또한 바이든 정부는 통상정책의 추진 과정 중에 발생할 수밖에 없는 내부 협상 문제에 대해서도 행정부 단독의 임의적 결정이 아닌 의회와의 협력을 통해 규칙을 기반으로 해결하고자 한다. 이에 따라 무역확장법 232조, 무역법 301조 등 의회의 동의 없이도 행정부 단독으로 실행할 수 있는 각종 통상정책은 전임 트럼프 행정부에 비해 건수가 줄어들 것으로 예상할 수 있다. 〈표 4.2〉는 미국 행정부가 단독 권한으로 집행할 수 있는 각종 보호조치를 정리하고 있다. 이중 전임 트럼프 정부는 무역법 301조, 무역확장법 232조를 주로 활용하여 철강 등에 관세를 부과하였다. 현 바이든 행정부는 전임 트럼프 정부 때 부과한 반덤핑, 상계 및 세이프 가드 조치들을 그대로 유지는 하면서도 새로운 조치를 시행한 적은 현재까지는 없다.

〈표 4.2〉 미국의 통상정책 관련 법

관련법	발동조건
1962년 무역확장법 232조	수입으로 인한 국가안보상 위협
1974년 무역법 122조	심각한 국제수지 적자 발생
1974년 무역법 201조	세이프 가드
1974년 무역법 301조	반덤핑/상계관세 조치
1974년 수정무역법 421조	대중국 수입 급증으로 인한 세이프 가드
1974년 수정무역법 422조	WTO 회원국들의 특별 세이프가드 발동
1917년 적성국 교역법	전시상황
1977년 국제비상경제권한법	국가적 위기나 비상 상황

표 출처: 저자작성

2. 노동 · 환경 · 인권과 통상과의 연계

바이든 정부의 통상정책은 통상 현안에 노동 · 환경 · 인권 문제를 적극적으로 연계하려는 특징을 가지고 있다. 세계적인 노동 · 환경 · 인권 현안의 개입과 해결은 미국 민주당의 정통적 당론이라 할 수 있다. 인종차별, 소외계층 지원 등 인권과 민주주의의 가치 추구, 최저임금 등 노동환경 개선, 탄소중립과 지속 가능한 환경 관리와 같은 이슈는 민주당 소속인 바이든 대통령이 집권 중에 달성하고자 하는 최대 목표가 된다. 일국의 독립적인 정책만으로는 세계적인 노동 · 인권·환경문제를 해결하는 데에 여러 가지 한계가 존재한다. 이러한 한계를 극복하고자 바이든 정부는 통상정책이나 협상에서 노동권, 인권, 환경보호를 추구할 수 있는 이행 가능한 규범을 포함하여 목표를 달성하고자 한다. 한 사례로 2021년 11월에 미국 무역대표부(USTR) 캐서린 타이(Katherine Tai) 대표가 방한하였는데, 우리나라 통상교섭본부장과의 면담과 별도로 고용노동부 장관을 만났다는 점에 주목할 필요가 있다. 이 만남에서 캐서린 타이 대표는 우리나라 민주노총 위원장의 구속 수사 현안을 제기하였는데, 이는 현 바이든 행정부가 타국의 노동권 현안에 통상 현안을 연결하여 개입하려는 의도가 있음을 분명히 드러나는 사례인 것으로 평가된다.

특히, 바이든 정부는 코로나-19 팬데믹 등으로 인한 국내 현안이 어느 정도 안정된 시기 이후부터는 각종 무역협정에 참여하거나 주도하여 국제 정세에 적극적으로 대응할 것으로 예상되는데, 이때 무역 상대국의 노동 · 환경 · 인권 문제에 더 깊은 관여를 할 것으로 보인다. 무역협정을 통한 상대국의 노동·환경·인권 현안에 대한 관여는 북미자유무역협정(NAFTA)의 재협상 결과인 미국·멕시코·캐나다 협정(USMCA)에서도 잘 나타났다. USMCA는 공화당 출신의 전임 트럼프 정부가 추진하였지만, 의회의 비준 과정에서 민주당은 노동과 환경 기준을 강화한다는 조건을 제시하면서 통과시켰다(설송이 2020). 포괄적·점진적 환태평양경제동반자협정(CPTPP) 가입과 범대서양 무역투자동반자협정(TTIP)의 복귀, 인도태평양 경제프레임워크(IPEF) 등 새로운 무역협정과 기존 협정의 업그레이드 협상 과정에서도 미국은 관세 인하나 철폐 이상으로 노동·환경·인권 현안에 관한 조항을 강화할 조건을 적극적으로 요구할 것으로 예상할 수 있다. 이는 앞서 살펴본 규칙 기반의 통상체제 확립 의제와 연관이 깊다. 바이든 정부는 무역상대국의 노동·환경·인권 문제도 양자 간의 대화를 통해 유연하게 해결하기보다는 다자주의의 무역체제 안에서 동맹국과의 연대 강화를 통해 규칙과 규범을 확립하여 해결하는 것을 선호한다.

3. 미국 중심의 공급망 복원

바이든 정부는 미국을 중심으로 GVC를 재편하려는 정책을 적극적으로 추진하고 있다. 앞서 살펴본 두 가지 의제는 트럼프 정부의 통상정책과 비교하여 현 바이든 정부의 차별적인 특징이라 할 수 있다. 반면, 미국 중심의 공급망 복원은 전임 트럼프 정부 때부터 추진된 정책으로서, 현 바이든 정부는 이를 그대로 수용하여 이어간다는 점이 특징이라 할 수 있다. 사실, GVC 망에 대한 신뢰와 불확실성의 문제는 전임 트럼프 정부 집권 이전부터 국제적인 주요 이슈로서 부상하였다. 앞서 살펴본 2010년 중-일 영토 분쟁에 따른 중국의 대일본 희토류 수출제한 조치를 계기로 전 세계적으로 중요 자원과 원자재 공급의 전략적 무기화에 대한 우려가 증가하였다. 최근에는 코로나-19 팬데믹이 발생하면서 중국 및 인도의 수출제한 조치로 인해 주요 의약품과 의료기기의 공급부족 사태가 발생하였고, 일본의 대한국 수출제한 조치, 중-호주 간 외교 분쟁으로 인한 요소수 부족 사태 등이 겹치면서 GVC 망에 대한 신뢰와 불확실성 현안이 더욱 증폭되었다. 현재 러시아와 우크라이나 간의 군사 분쟁과 관련해서도 미국은 러시아가 우크라이나를 침공한다면 스마트폰, 자동차 등 강력한 수출 규제를 할 것으로 천명하고 있다.

최근 미국과 EU를 중심으로 핵무기와 테러 확산 방지 등 국가안보 확보를 위한 전략물자 수출통제 조치가 확대되면서 GVC 재편이 좀 더 현실화하고 있다. 〈그림 4.7〉은 2015~20년 우리나라의 전략물자 수출통제 대상 품목 수와 비중 추이를 보여준다. 여기서 비중은 제조업 전체 품목 수 대비 전략물자 수출통제 대상 품목 수를 나타낸다. 전략물자 수출통제 대상 품목은 그 수와 비중 모두 2015년 이래로 증가하는 추세를 보이고 있으며, 특히 2020년에는 전년 대비 큰 폭으로 증가하였다. 우리나라의 전략물자 수출통제 대상 품목 지정이 미국과 EU의 각종 규정과 화학무기금지규정협약 등을 참고로 하여 이루어진다는 점을 고려한다면, 〈그림 4.7〉의 추세는 곧 전 세계적인 추세로 확장하여 해석하는 것이 가능하다.

〈그림 4-7〉 전략물자 수출통제 대상 품목 수와 비중 추이

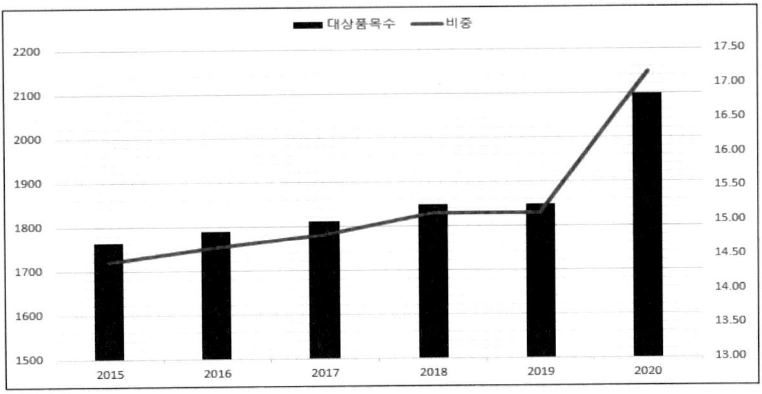

그림 출처: 장용준(2021)
주: HSK 10단위 기준으로 작성

현재 바이든 정부는 미국 중심의 GVC 재편 및 복원을 위해 구체적인 정책을 추진하고 있다. 전임 트럼프 정부의 정책을 그대로 계승하여 리쇼어링(reshoring)에 대한 각종 지원책과 자국 내 다국적기업의 해외직접투자에 대한 각종 패널티 정책을 시행하고 있다. '미국산 제품 우선구매(Buy America)', '미국인에 의한 미국 내 생산(Made in America by All of America's Workers)' 등 리쇼어링 인센티브 정책과 오프쇼어링(offshorting) 추징세 등이 대표적인 사례이다. 여기서 오프쇼어링 추징세는 자국 기업이 해외에서 생산한 제품을 국내로 다시 들여와 판매할 경우 10%의 추징세를 부과하는 것을 말한다. 이러한 GVC 재편 및 복원정책의 핵심 대상 산업으로는 반도체, 대용량 전지, 희토류, 의료용품 및 장비 등을 들 수 있다. 이들은 IT와 AI를

기반으로 하는 4차산업혁명의 핵심 산업들이다. 〈그림 4.8〉은 한국, 일본, 중국, 미국에 대해 4차산업혁명의 대표적인 산업군이라 할 수 있는 컴퓨터 · 전자 · 광학기기(ISIC 26류)의 GVC 참여지수 추이를 보여준다. 한국, 일본, 중국의 경우 2005~15년 내내 GVC 참여도에 있어서 큰 변화가 없었다. 그러나 미국의 경우 2008년부터 이들 산업에 대한 GVC 참여도가 큰 폭으로 감소하였고, 이후에도 계속 감소하는 추세이다. 이로써 미국이 추진 중인 자국 중심의 GVC 재편 및 복원이 4차산업혁명 중심 산업을 대상으로 진행 중임을 정량적으로 가늠해 볼 수 있다.

〈그림 4-8〉 주요국 컴퓨터 · 전자 · 광학기기 산업(ISIC 26)의 GVC 참여지수 추이

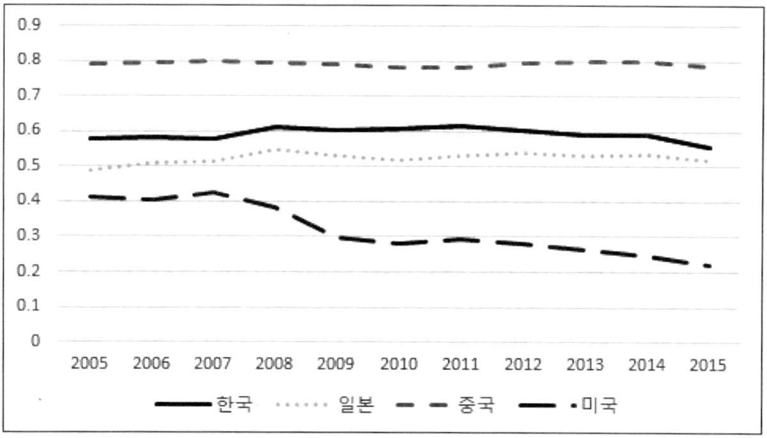

그림 출처: OECD TiVA를 이용하여 저자 작성

Ⅳ. 동북아 지역에 대한 정책적 함의

이상 살펴보았듯이, 최근 전 세계 통상환경은 효율성 추구와 더불어 안전과 안보의 확보가 핵심 요소로서 부상하였고, 각국은 노동·인권·환경 현안을 중심으로 비관세조치를 더욱 확대하고 있다. 또한 GVC 공급망 안정성 확보를 위해 각국은 자국 중심의 GVC 복원과 재편을 추진하고 있다. 이는 유치산업보호론을 근거로 수입 관세를 중심으로 자국 산업을 보호하려는 과거의 보호무역 기조와는 다른 양상의 보호조치라 할 수 있다. 이러한 최근의 보호조치는 미국이 주로 선도하고 있는데, 특히 현 바이든 정부는 전임 트럼프 정부 때 추락한 국제적 리더십의 회복과 동맹국과의 연대 강화 등을 목적으로 규칙을 기반으로 하는 다자주의 체제 확립, 노동·환경·인권 현안 관련 비관세조치의 강화, 미국 중심의 GVC 재편 등 정책을 추진하고 있다. 이러한 바이든 정부 통상정책의 궁극적인 목표는 중국과의 패권 경쟁에서 유리한 고지를 점하는 것이다. 바이든 정부는 지식재산권 침해, 공공기업 보조금 지급, 인권 침해 등 중국의 불공정무역 행위와 정치 상황에 대해 각종 통상정책과 동맹국과의 연대를 통해 적극적으로 개입하고, 중국의 기술 굴기에 맞서고자 한다. 최근에 나타나고 있는 미국의 비관세조치와 수출규제 조치의 확대, GVC 참여 수준의 저하 추이는 이러한 미국의 통상정책이 구체적으로 실현되고 효과를 발휘하고 있음을 보여준다고 할 수 있다.

바이든 정부의 통상정책은 한국, 중국, 일본 중심의 동북아 지역 통상환경에도 많은 영향이 있을 것으로 예상된다. 본 절은 GVC 재편과 비관세조치의 확대 측면에서 예상되는 동북아 지역의 통상환경 변화와 향후 대응방안에 대해 모색하였다.

1. GVC 재편에 따른 동북아 통상환경 변화

반도체, 대용량전지, 희토류, 의료용품 및 기기를 대상으로 미국 중심의 공급망 복원과 다변화 정책이 향후 보다 구체적으로 실현될 것으로 보이는데, 이 과정에서 미국 기업과 GVC 연계가 있는 동북아 지역 내 기업과 산업에 큰 영향이 있을 것으로 예상된다. 이러한 영향은 상황과 환경에 따라 긍정적일 수도 또는 부정적일 수도 있다. 미국의 GVC 복원과 재편 정책은 직접적인 규제를 통해 추진하기보다는 경제적 편익과 비용을 기반으로 시장 메커니즘을 통해 정책을 추진한다는 태도이므로(한국산업기술진흥원 2021), 동북아 내 기업과 산업이 미국의 정책으로 직접적인 이득이나 피해를 보지는 않을 것으로 보인다. 다만, 바이든 정부가 추진하고 진행 중인 리쇼어링 지원책 및 오프쇼어링 패널티 정책에 따라 향후 미국 내 이해관계자의 손익관계는 더욱 분명히 드러날 것인데, 동북아 지역 내 기업과 산업이 이들과 어떠한 연관관계를 맺었느냐에 따라 긍정적 또는 부정적 영향이 더 구체화 될 것으로 보인다. 즉, 미국 내 이해관계자와의 연관관계에 따라 동북아 지역 내 기업 및 산업에 간접적인 파급효과가 있을 것으로 보인다. 다만, 아직 바이든 정부의 관련 정책이 본격적으로 추진되지는 않았고 시작 시점이 얼마 되지 않아 축적된 자료가 없으므로 긍정 또는 부정의 순효과 여부와 정확한 수치는 현재로서는 알 수 없다. 이들은 향후 축적된 자료를 통한 실증분석으로 산업별·기업별로 정확히 밝혀내야 할 사안이고, 현재로서는 산업연관분석이나 연산가능일반균형분석(CGE: Computable General Equilibrium) 등의 분석 도구를 통해 거시적인 관점에서 추측 정도만 가능하다.

한편, OECD TiVA 등 GVC 관련 자료를 제공하는 자료원에서는 아직 양자 간 산업별 연관관계의 자료를 제공하지 않는다. 따라서 한·중·일 각각의 對미국 GVC 참여지수와 위치지수를 구할 수 없어 양자 간에 어떠한 GVC 연관관계가 있는지 파악하기 힘든 한계가 있다. 대신에 OECD TiVA는 양자 간의 총수출입액과 함께 최종재 및 중간재 수출입액을 제공하여 있어 GVC 연관관계를 어느 정도는 파악할 수 있다. 〈그림 4-9〉는 한·중·일 각각의 對미국 무역 추이를 보여주는데, 총수출입액과 더불어 이를 최종재와 중간재로 나누고 있다.

먼저, 한국을 살펴보면, 1990년대 말 일시적으로 대미 무역수지 적자를 기록하였으나, 1998년부터 2017년까지 평균 116억 달러로 흑자기조를 계속 유지하다가, 2018년에는 다시 약 7억 달러 무역수지 적자로 전환하였다. 이를 다시 최종재와 중간재로 나누어 살펴보면, 전자의 경우 분석 기간 내내 무역수지 흑자를 기록하였으나, 후자는 대체로 적자를 기록하였다. 즉, 총무역에 있어 한국의 대미 무역수지 흑자는 주로 최종재 무역에서, 적자는 주로 중간재 무역에서 기인한 것으로 볼 수 있다. 이를 통해 한국과 미국 간의 GVC 관계에 있어 한국은 주로 미국으로부터 중간재를 수입하여 가공한 후 다시 최종재를 미국으로 수출하는 구조인 것으로 파악할 수 있다. 즉, 여러 산업에 걸쳐 주로 미국은 전방에, 한국은 후방에 위치하는 GVC 연관관계가 있는 것으로 파악된다. 이는 일본 또한 마찬가지이다. 일본은 분석 기간 내내 대미 무역 관계에서 무역수지 흑자를 기록하고 있는데, 이는 주로 최종재 무역에서 기인하는 것으로 나타났다. 중간재 무역의 경우 2009년부터 줄곧 대미 무역수지 적자를 기록 중에 있다. 반면, 중국의 경우 분석 기간 내내 최종재와 중간재에 상관없이 대미 무역수지 흑자를 꾸준히 유지하고 있다. 2010년대부터 적극적으로 추진된 미국의 대중국 의존도 탈피 정책에도 불구하고 최종재 무역을 중심으로 중국의 대미 무역수지 흑자는 오히려 증가하였다. 중국의 대미 중간재 무역 또한 2014년부터 2018년까지 계속 증가 추세에 있다.

이로써 미국의 GVC 복원 및 재편 정책이 최종재 또는 중간재에 집중하느냐에 따라 한국과 일본 내 기업 및 산업에 대한 영향은 크게 달라질 것으로 보인다. 만약 미국이 최종재를 중심으로 이들 정책을 추진한다면 한국과 일본에 대해서도 어느 정도는 타격이 있을 것으로 예상된다. 그러나 미국이 중간재를 중심으로 GVC 복원 및 재편을 추진한다면 한국과 일본 기업 및 산업에 대해서는 그 영향력이 제한적일 것으로 보인다. 다만, 미국 GVC 복원의 주요 대상 산업으로 지정된 반도체와 대용량 전지의 경우 한국의 주력 수출상품으로서 미국의 이러한 정책에 영향을 받을 소지가 크다. 이들 산업에 대해서는 별도로 향후 구조 및 정책 변화에 대한 지속적인 모니터링과 관련 연구가 활발히 진행되어야 할 것이다. 이를 토대로 이들 산업의 GVC 재편과 구조변화가 우리 산업에 미치는 영향을 정량적으로 확인할 필요가 있고, 이를 선제적인 대응체계를 구축하는 데 근거로 활용해야 한다. 특히, 바이든 정부는 규제보다는 시장 메커니즘을 기반으로 민관합작투자사업(PPT)을 이용한 컨소시엄 구축사업을 통해 GVC 복원 및 재편을 추진하는 것을 선호하므로 우리 기업도 여기에 적극적으로 참여할 필요가 있다. 이를 계기로 한-미간의 안정적인 동맹관계를 바탕으로 신뢰성이 높은 공급망을 구축하고 R&D 등 부가가치가 높은 가치사슬에 위치하는 전략을 추진할 필요가 있다.

한편, 중국의 경우 최종재 또는 중간재와 상관없이 미국의 GVC 복원 및 재편 정책에 큰 영향을 받을 것으로 보인다. 이는 중국과 미국 간의 무역 관계뿐만 아니라 미-중 패권 경쟁 등 정치적 관계에서도 기인하는 것이다. 앞선 절에서도 서술하였지만, 전임 트럼프 정부에서부터 현 바이든 정부까지 모든 통상정책의 최종 목표는 사실상 중국을 겨냥한 것으로 볼 수 있다. 다만, 〈그림 4.3〉에서도 나타났지만, 중국을 견제하기 위한 미국의 통상정책이 과연 실제적인 효과를 발휘할지는 여전히 의문이다. 2016년 애플이 규제 완화를 위해 중국과 324조 원의 투자 계약을 비밀리에 체결한 사례를 볼 수 있듯이, 정부 정책이 과연 시장의 힘을 넘어설지는 계속 지켜봐야 할 일이다.

〈그림 4-9〉 한・중・일의 대미 무역 추이 (1995~2018년, 백만 달러)

A. 한국

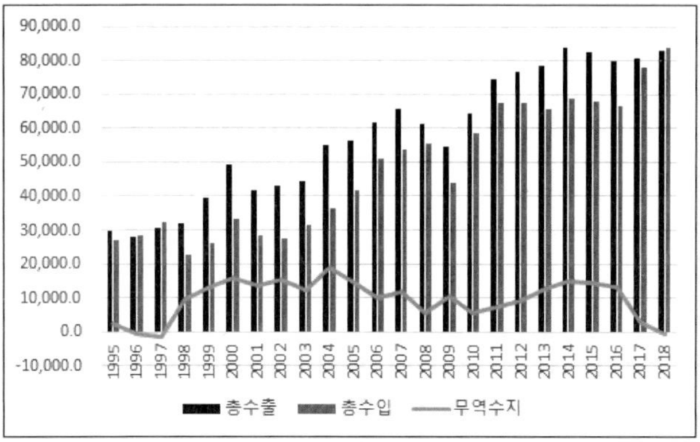

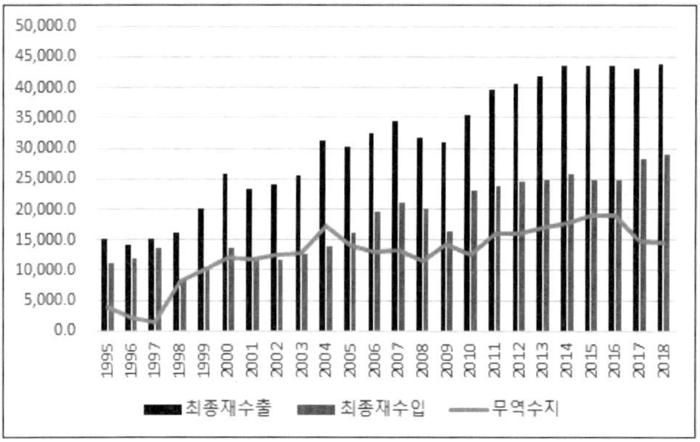

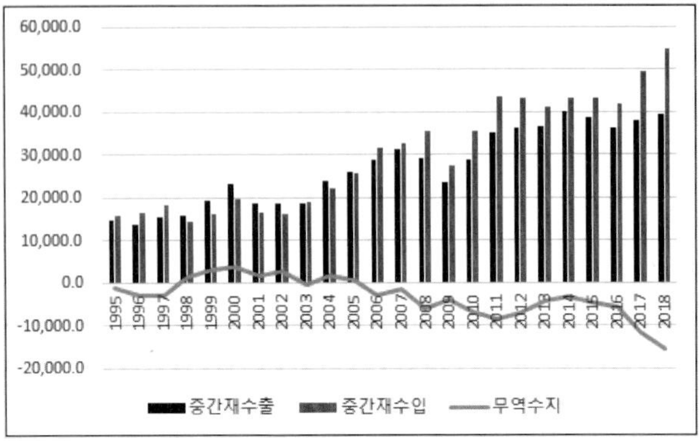
60,000.0
50,000.0
40,000.0
30,000.0
20,000.0
10,000.0
0.0
-10,000.0
-20,000.0
1995 1996 1997 1998 1999 2000 2001 2002 2003 2004 2005 2006 2007 2008 2009 2010 2011 2012 2013 2014 2015 2016 2017 2018
중간재수출
중간재수입
무역수지

B. 중국

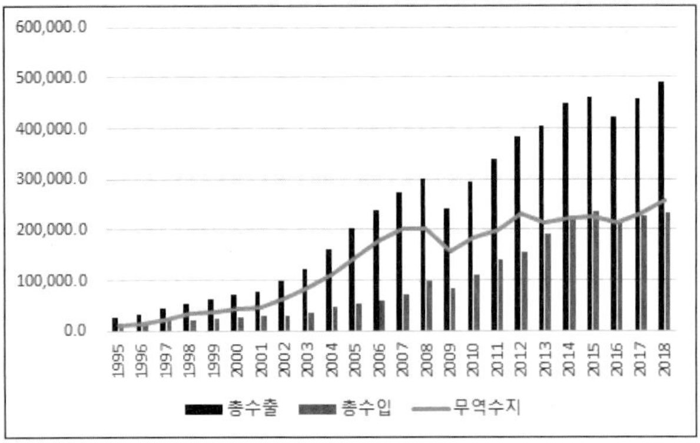
600,000.0
500,000.0
400,000.0
300,000.0
200,000.0
100,000.0
0.0
1995 1996 1997 1998 1999 2000 2001 2002 2003 2004 2005 2006 2007 2008 2009 2010 2011 2012 2013 2014 2015 2016 2017 2018
총수출
총수입
무역수지

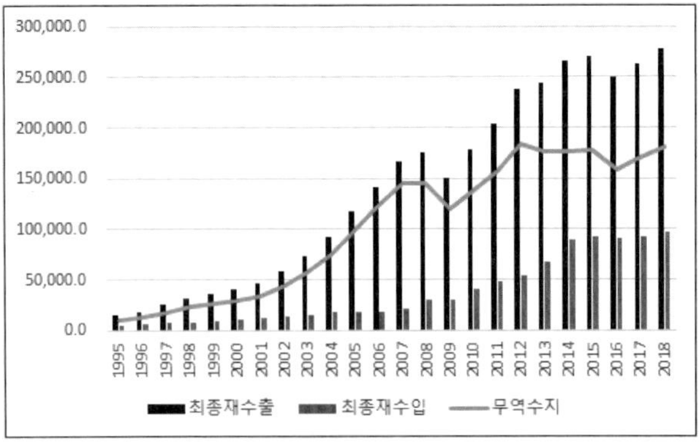
300,000.0
250,000.0
200,000.0
150,000.0
100,000.0
50,000.0
0.0
1995 1996 1997 1998 1999 2000 2001 2002 2003 2004 2005 2006 2007 2008 2009 2010 2011 2012 2013 2014 2015 2016 2017 2018
최종재수출
최종재수입
무역수지

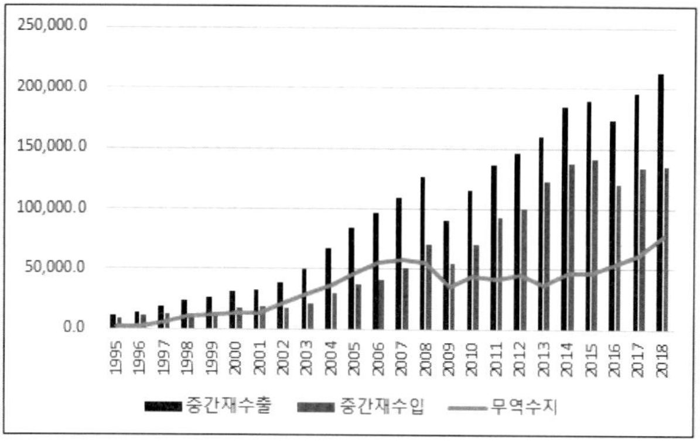

C. 일본

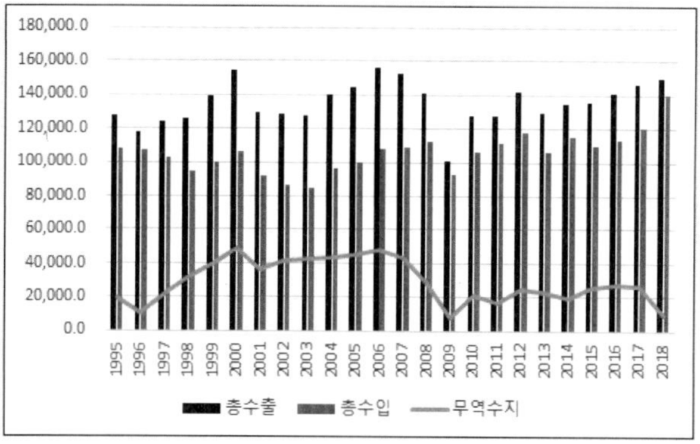

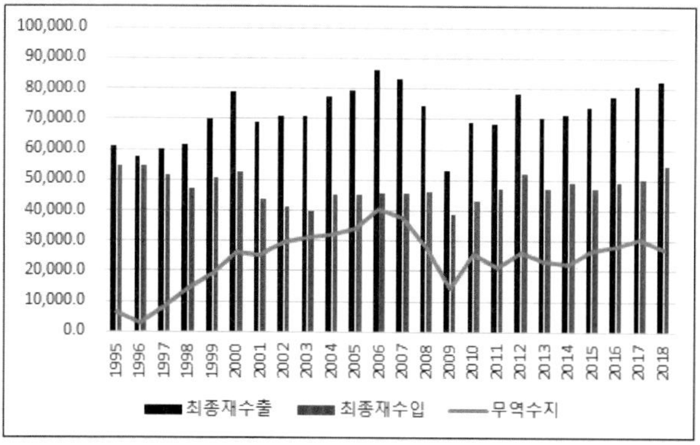

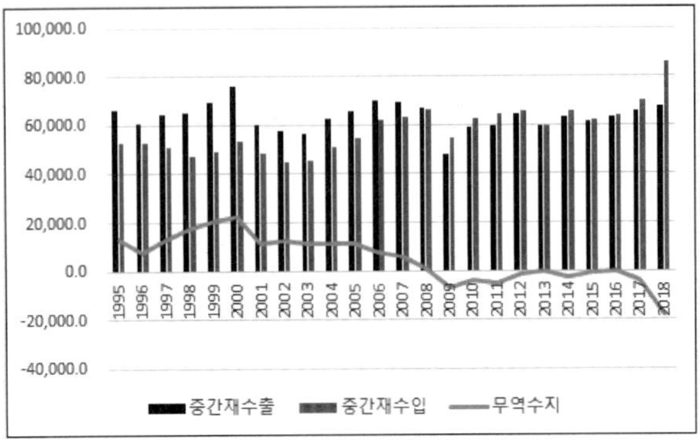

그림 출처: OECD TiVA를 이용하여 저자 작성

2. 비관세조치 확대에 따른 동북아 통상환경 변화

바이든 정부의 통상정책에 있어서 안전·안보의 확보와 노동·환경·인권 현안의 연계를 위해 새로운 통상규범을 정립하는 과정에서 TBT와 SPS를 중심으로 하는 비관세조치가 동북아 통상환경에 있어서 매우 중요한 이슈가 될 것으로 보인다. 앞서 살펴보았지만, 바이든 정부는 의회와의 협력을 통해 안전·안보, 노동·환경·인권 문제를 통상정책을 통해 해결할 수 있도록 국내법과 국제법을 정비하고 있다. 이를 바탕으로 기존 FTA의 이행이나 새로운 무역협정을 체결할 때 상대국 내 관련 법과 규범에 적극적으로 관여할 수 있는 규정을 요구할 것이다. 이 과정에서 대내외적으로 TBT와 SPS 현안과 여러 기술적·외교적 이슈가 많아질 것으로 예상된다. 이러한 움직임은 〈그림 4.1〉, 〈그림 4.4〉 등의 TBT와 SPS 관련 통계에서도 잘 나타나고 있다. 추가로 한·중·일과 미국 간의 비관세조치 이슈를 정량적으로 살펴보면 다음과 같다.

〈그림 4.10〉은 미국의 TBT와 SPS에 대해 한·중·일이 제기한 특정무역현안(STC: Specific Trade Concern) 건수 추이를 나타내고 있다.[3] 1995년 일본이 제기한 TBT STC 1건을 포함한다면, 1995~2020년 사이 한·중·일 삼국은 미국의 TBT와 SPS에 대해 총 46건의 STC를 제기한 것으로 나타났다. 이중 중국이 36건으로 가장 많았고, 한국 6건, 일본 5건 순이다[4]. 또한 TBT STC는 총 30건, SPS STC는 총 15건으로 구성되었고, SPS STC는 모두 중국이 제기하였다. 2011년 이후도 중국이 TBT STC 8건, SPS STC 3건의 총 11건으로 가장 많이 제기하였고, 한국과 일본은 각각 TBT STC 2건과 1건을 제기하였다.

〈그림 4-10〉 한·중·일의 對미 TBT 및 SPS STC 제기 추이

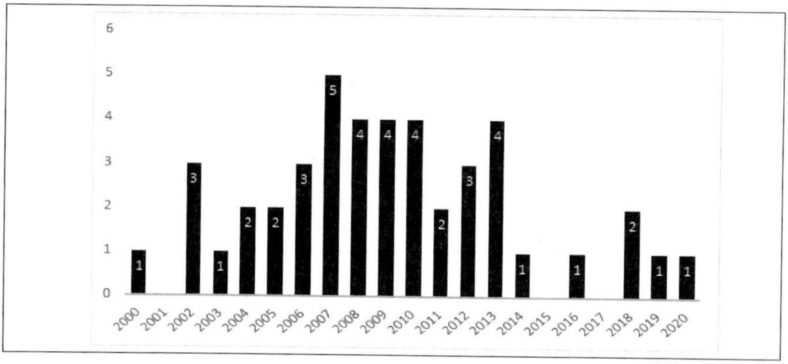

그림 출처: WTO I-TIP을 이용하여 저자 작성

---

3) STC는 WTO TBT 위원회와 SPS 위원회가 개최하는 다자간 정례회의에서 특정 국가의 TBT 또는 SPS에 대해 무역상대국이 공식적으로 이의를 제기하는 것을 나타낸다. 주요 이의 내용으로는 규정 내용의 불투명, 국제표준과의 불일치, 과도한 요구, 수입품에 대한 차별적 적용 등을 들 수 있다.

4) 2010년 한국과 일본이 공동으로 제기한 TBT STC 한 건이 중복으로 계산되었다.

미국 또한 한·중·일의 TBT와 SPS에 대해 STC를 꾸준히 제기하였다. 〈그림 4.11〉은 한·중·일 삼국의 TBT와 SPS에 대해 미국이 제기한 STC 건수 추이를 나타내고 있다. 1995~2020년 동안 미국은 한·중·일 삼국의 TBT와 SPS에 대해 총 105건의 STC를 제기하였다. 이중 對중국 62건, 對한국 28건, 對일본 15건 순으로 STC를 제기하였다. 최근 5년 동안에도 對중국 19건, 對한국 4건, 對일본 0건으로 중국이 압도적이다.

〈그림 4-11〉 미국의 對한·중·일 TBT 및 SPS STC 제기 추이

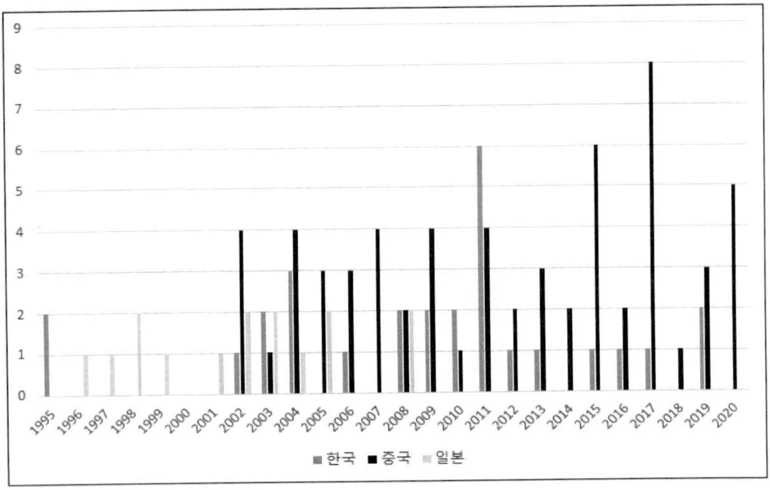

그림 출처: WTO I-TIP을 이용하여 저자 작성

이상 살펴보았듯이, TBT와 SPS를 중심으로 한·중·일과 미국 간 비관세조치 현안이 최근 들어 증가하는 추세를 보이고 있고, GVC 재편 이슈와 마찬가지로 미국과 중국 간의 패권 경쟁이 그 중심에 있다. 양자 간 협의를 중시하는 전임 트럼프 정부와는 달리 바이든

정부는 동맹국을 중심으로 다자간 협력체계를 구축하는 것을 중시하므로 TBT와 SPS 이슈가 국제적으로 확대되는 것에 대해서는 복수 간의 국제규제협력(IRC: International Regulatory Cooperation) 활동이 더 활발해질 것으로 전망할 수 있다. 바이든 행정부는 동맹국과의 협력을 통해 공통적 규범을 우선 정립하고 이를 점차 확산하여 WTO 개혁을 주도하고 중국의 패권 부상에 맞서려는 전략을 추구한다. 이러한 과정에서 동맹국을 중심으로 산업별·분야별로 고위급 규제협력 대화체, 상호인정협정(MRA: Mutual Recognition Agreement), 규제조화 등 IRC 활동이 더욱 활발해질 것으로 전망한다. 최근 미국과 EU가 무역·기술위원회(TTC: Trade and Technology Council)를 발족한 것이 좋은 사례가 된다.

〈그림 4-12〉 국제규제협력(IRC)의 다양한 형태

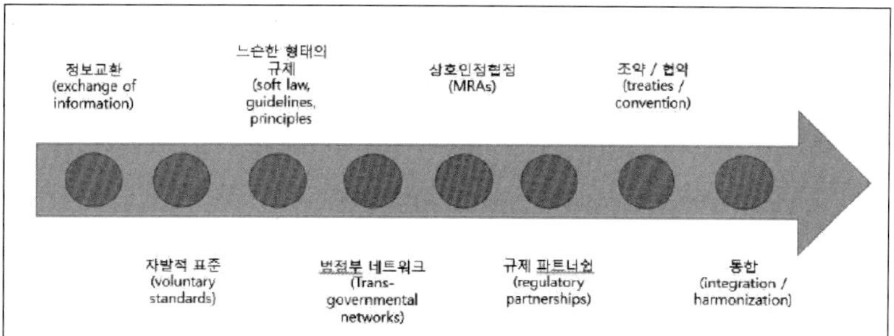

그림 출처: 장용준 외(2015)

우리나라를 포함하는 동북아 지역 국가들은 미국 주도의 안전·안보, 노동·환경·인권 관련 새로운 규범에 관한 지속적인 모니터링과 더불어 지역 내 또는 국내 규범과의 규제 정합성을 위한 대응체계 구축 마련에 힘을 써야 할 것이다. 우선, 지역 간 협업을 위해 〈그림 4.12〉에 나타난 바와 같이 한·중·일 삼국 간에 다양한 형태의 IRC 활동을 진행할 필요가 있다. 대상산업과 분야에 따라 우선 법적 구속력이 가장 낮은 정보교환 형태의 협력을 시작으로 하여 최종적으로는 공동의 규범과 규제를 만드는 조화와 통합 단계까지 IRC 활동을 고려해 볼 수 있다. 2004년부터 매년 개최한 한-중 적합성 소위원회, 2016년에 일부 전기전자품목을 대상으로 체결한 한-중 MRA가 대표적인 IRC 활동 사례로 들 수 있다. 이러한 정기적인 IRC 활동을 통해 한·중·일 삼국은 미국과 EU 주도의 안전·안보, 노동·환경·인권에 관한 새로운 규범 현안을 적시 적소에 다루고 공동으로 대처하도록 협업하는 것이 향후 동북아 지역 내 통상 현안에 있어서 중요한 과제로 부상할 것이다.

| 참고문헌 |

강구상 (2020), “미국 바이든 행정부의 경제정책 전망과 시사점”, 오늘의 세계경제 20(27), 대외경제정책연구원

설송이 (2020), “미국으로 수출하는 멕시코 진출 기업이 유의해야 할 USMCA(미국・멕시코・캐나다 협정) 노동 분쟁해결절차”, KITA 통상리포트 Vol.08, 한국무역협회

송영관 (2021), “바이든 시대 국제통상환경과 한국의 대응전략”, KDI FOCUS 104, 한국개발연구원

이진우・장용준 (2020), “「화학물질의 등록 및 평가 등에 관한 법률」의 무역 효과와 WTO TBT 협정과의 합치성 분석”, 국제통상연구 제25권 제2호

연원호 (2021), “미국 바이든 행정부의 대중국 정책 전망과 시사점”, 세계경제포커스 4(15), 대외경제정책연구원

장용준 (2021), “전략물자 통제기준 변화에 따른 경제적 영향”, Trade & Security Vol.2, 전략물자관리원

장용준・김민정・최보영・현혜정 (2019), “무역기술장벽(TBT)의 국제적 논의동향과 경제적 효과 분석”, 중장기통상전략연구 19-05, 대외경제정책연구원

장용준・이재호・김영귀・배찬권 (2015), “국제규제협력의 경제효과 및 추진전략 수립연구”, 국가기술표준원 용역보고서

조문희・배찬권・이규엽・강준구・김지현 (2020), “일방적 통상정책의 국제적 확산과 무역구조의 변화에 관한 연구”, 연구보고서 20-26, 대외경제정책연구원

최낙균・김정곤 (2011), “글로벌시대의 보호무역에 대한 경제적 비용분석과 정책 시사점”, 연구보고서 11-15, 대외경제정책연구원

한국산업기술진흥원 (2021), “미국 공급망 100일 검토 보고서의 주요 내용 및 시사점 ②: 핵심 광물・소재 및 의약품”, KIAT 산업기술정책브리프 2021-08.

5

동북아 주요국의 국가 간 교역의 확대와 경기변동 동조성

5장
동북아 주요국의 국가 간 교역의 확대와 경기변동 동조성

곽도원(고려대학교 국제대학원)

1. 국가 간 교역 증가와 경기변동 동조성

2021년 한국은 세계 8대 수출국으로 성장했으며, 역사상 최고액의 수출을 달성하는 등 한국 경제에서 대외 부분의 역할은 그 어느 때보다도 커진 상황이다. 이는 코로나19로 세계 경제와 세계 무역이 아주 크게 위축된 상황에서 달성된 결과로 앞으로 위기 상황이 종료된다면 한국 경제에서 대외 부분의 역할은 더욱 커질 가능성이 높은 것으로 보인다. 최근 한국 경제에서 대외 부분의 역할은 상품의 무역뿐 아니라 주식과 채권과 같은 금융 부분에서도 그 중요성은 점점 더 커지고 있다. 예를 들면, 정부와 금융기관이 주도했던 해외주식 투자는 민간의 해외주식 시장의 적극적인 참여로 최근에 새로운 양상을 보이기 시작했는데, 한국은행 경제통계시스템의 금융계정 자료에 의하면 개인의 해외주식 투자는 2020년 한 해에만 194억6660만 달러 (22조)가 늘어나는 폭발적인 성장 추세를 보이고 있다. 최근에 개인이 수행하는 해외 주식투자는 공적 연기금을 포함하는 정부의 해외 주식 투자와 자산운용·보험·증권으로 구성되는 금융기관을 통한 해외주식 투자의 증가보다도 더 높은 수치이다. 개인의 자유로운 해외 금융시장 참여는 이제 막 시작하는 단계로 앞으로 더욱 더 늘어날 것으로 보인다.

또한, 최근 전자상거래의 성장으로 상품과 금융자산의 국가 간 거래는 더 용이해 졌으며 디지털 기술의 발달과 함께 앞으로도 더 수월해 질 것으로 예상된다. 따라서, 국가의 직접적인 개입을 통한 규제가 제한된다면 상품과 금융자산의 국가 간 거래는 앞으로도 더욱 성장할 가능성이 높다. 이러한 상품과 금융자산을 통한 대외 부문에 대한 의존도 심화는 국가 간 경기 변동의 동조성 및 경제 의존성에도 영향을 미칠 수 있다. 따라서, 본 장에서는 국가 간 상품 무역(최종재와 중간재)과 금융부문(주식시장, 채권시장 등)의 교역 확대가 경기변동 동조성에 미치는 영향을 분석해 보고자 한다.

첫째, 한국의 경우 국가 간 상품 무역 추세를 보면 2000년대 들어서 선진국 시장 뿐 아니라 신흥국 시장과의 수출입 연계가 크게 증가하였고 이에 따라 한국과 신흥국가들과의 경제의 상관관계는 더욱 높아졌을 것으로 추론된다. 기존의 여러 연구에서는 국가 간 무역의 확대가 국가 간 경기의 연계성 높인다는 것을 보여주었다. 특히, 최근에는 정보통신기술 (ICT)의 발달과 국가 간 수송비용의 하락으로 두 개 이상의 국가가 네트워크를 구성하여 중국 및 아시아 신흥국들 저비용 생산 공장을 활용하는 글로벌 가치 사슬(Global Value Chain)의 확대가 심화되기 시작하였다. 이를 통해 하나의 최종 상품을 생산하는데 있어 중간재의 국가 간 교역을 통해 전 세계의 국가가 생산에 함께 참여하는 비율이 높아졌고 그에 따라 자연히 국가 간 경기 동조성은 더욱 심화되었을 것으로 예측된다. 글로벌 가치 사슬은 최저비용으로 생산요소를 확보하는 효율적인 생산에 중점을 두고 세계 각국의 기업이 분업을 통하여 저비용 고효율 달성을 목표로 성장하였다. 예컨대, 세계의 여러 국가들의 글로벌 가치 사슬의 참여는 원자재 와 각종 부품 및 중간재의 비용을 최소화 하도록 국가들이 분업하여 최종재 재화를 생산하였는데, 기존 연구 결과에 근거하면 글로벌 가치 사슬의 심화와 함께 국가 간 경기 동조성은 더욱 심화되었을 것으로 예상된다. 그 중에서도 중국은 WTO가입 이후 세계 생산 공장으로써의 역할과 영향력을 꾸준히 증가시켜왔기 때문에 중국 경제가 무역을 통해 교역국의 경제에 미치는 영향력 또한 2010년대 초반까지 시간이 지남에 따라 점점 더 커졌을 것으로 예상된다. 다만, 2020년 들어 국가 간 무역에 의한 경기 동조성에의 영향은 새로운 국면에 접어들었다. 최근까지 트럼프 정부 하의 미국은 중국과 대규모 무역전쟁을 펼쳤고 중국도 호주와 큰 경제 갈등 상황 하에 있었다. 또한, 코로나19 상황에서 최근 국가 간 상품 교역은 위축되었으며 대규모 자연재해 등 예상치 못한 생산 리스크에 대한 경험의 증가는 글로벌 가치 사슬의 성장을 감소시키며 앞으로의 추이를 변화시킬 새로운 요인으로 등장하였다. 여러 국가들은 부품조달과 생산을 다변화하려는 노력을 기울이고 있으며 교육 대상국의 확대 및 생산 공장을 다시 본국으로 이전하는 리쇼어링 등을 통해 중국과 같은 특정 국가에 대한 대외의존도를 줄이기 위한 노력도 동시에 진행하고 있는 상황이다.

둘째, 국가 간 금융 부문을 통한 거래도 최근 아주 빠른 속도로 증가하고 있다. 한국 국내 거주자의 해외투자는 주식 및 채권을 중심으로 가파르게 증가했다. 2010년 1,000억 달러 수준이던 국내 거주자의 해외 주식 투자는 2020년 말 5,000억 달러를 넘어섰다. 투자 대상국 별로 보면 미국(3450억달러, 48.9% 비중)과 유럽연합(1623억달러, 23.0% 비중)을 중심으로 국내 주식투자자가 해외 주식시장에서 활발하게 거래를 하였다. 이러한 급속한 해외 주식 투자의 증가 추세는 거시경제 여건(저금리, 온라인 거래, 은퇴 대비 저축 확대 등)과 정부정책 변화(해외투자 활성화 유인제도, 해외투자 관련 규제 제거 및 완화 등)으로 앞으로도 증가세는 더욱 심화될 전망이다. 주식이외에 채권을 비롯한 다른 금융자산 투자도 크게 증가하였는데, 한국은행 자료에 따르면 '지역별·통화별 국제투자대조표(잠정)' 자료에서 2020년 말 한국 내국인 투자자의 대외금융자산(국내 투자자가 산 주식·채권·파생상품) 잔액은 1조 5197억 달러이며, 이는 전년 대비 2072억 달러 증가한 수치이다. 대외금융자산의 비중을 투자 지역별로 살펴보면 미국에 대한 투자가 5345억 달러(35.2% 비중)로 가장 많으며, 그 다음이 유럽연합(2919억 달러, 19.2% 비중), 동남아(2015억 달러, 13.3% 비중) 순으로 무역을 통한 국가 간 교역과는 다르게 미국의 비중이 아주 크며 유럽연합의 비중도 상대적으로 큰 편이다.

최근에는 외국인의 국내 투자도 크게 늘었는데 2020년 말 기준으로 한국의 대외금융부채는 1조4967억 달러로 전년 대비 2932억 달러 증가했다. 부채를 지역별로 살펴보면 미국이 4055억 달러(27.1% 비중)로 가장 많았고 그 다음이 유럽연합(3774억 달러, 25.2% 비중), 동남아(2933억 달러, 19.6% 비중) 순 이었다. 한국은행 등 국내 연구기관에 의하면 2020년의 외국인의 국내투자 증가는 국내주가 상승의 영향으로 미국과 유럽연합을 중심으로 국내 투자액이 증가한 것으로 추측되고 있다.

이러한 배경 하에 본 연구에서는 첫째, 한국과 동아시아 주요국 중심으로 1980년대부터 2010년대까지의 년도 별 경기 동조화 현상 추이를 살펴본다. 둘째, 경기 동조화를 심화시키거나 약화시키는 요인으로 지목된 무역부문 요인과 금융부문 요인을 구분하여 시기별 그리고 국가별로 경기 동조화에 미친 영향을 살펴본다. 끝으로, 글로벌 벨류 체인의 약화와 코로나19 팬더믹 상황과 디지털 전환의 심화 등 최근의 큰 충격이 앞으로 국가 간 경기 동조성 미칠 영향과 그것의 정책 시사점에 대해서 살펴본다.

2. 한국과 동아시아 주요국의 경기 동조성

2.1. 국가별 경기변동 지수 추출 모델

국가 간 경기 동조성에 대한 실증 분석을 수행하기 위해 연간 실질 GDP 값을 이용하여 실질 GDP를 장기추세 (trend) 값과 단기 경기 (cycle) 부분 분리하였다. 실질 GDP 데이터는 World Bank와 U.S. Bureau of Economic Analysis, FRED, Federal Reserve Bank of St. Louis의 자료를 사용하였다. 한국, 미국, 중국, 일본, 전세계 총량의 년 데이터와 쿼터 데이터를 사용하였다.

실질 GDP의 추세와 경기 부분의 분리는 Christiano-Fitzgerald (1999) 필터 방법을 사용하였다. 실질 GDP에서 경기 변동 부분만을 뽑아내는 필터링의 방법은 여러 가지가 있으나 큰 시계열 클래스에서 잘 작동하도록 설계되어 있는 Christiano-Fitzgerald의 필터링을 사용하였다.

단기 경기 부분은 다음의 (1) 식을 추정하여 추출한다.

$$c_t = B_0 y_t + B_1 y_{t+1} + \dots + B_{T-1-t} y_{T-1} + \widetilde{B}_{T-t} y_T + B_1 y_{t-1} + \dots + B_{t-2} y_2 + \widetilde{B}_{t-1} y_1 \quad (1)$$

여기서, $B_j = \dfrac{\sin(j^* b) - \sin(j^* a)}{\pi^* j}$, $j \geq 1$ 이고 $B_0 = \dfrac{b-a}{\pi}$, $a = \dfrac{2\pi}{p_u}$, $b = \dfrac{2\pi}{p_l}$, $\widetilde{B}_k = -\dfrac{1}{2}B_0 - \sum_{j=1}^{k-1} B_j$ 으로 정의된다.

(1)식의 단기 경기 부분 추정치를 이용하여 실질 GDP를 장기 추세

(trend, T_t) 부분과 단기 경기(cycle, c_t)부분을 분리해서 추정할 수 있다.

$$y_t = T_t + c_t \quad (2)$$

2.2 국가 간 경기 변동(cycle) 동조성의 년도별 추이

2.1의 방법론을 사용하여 구한 경기변동 지수를 한국과 전 세계에 대해서 년 도별로 그리면 〈그림 5.1〉과 같이 나타난다. 〈그림 5.1〉의 경기 변동 지수를 보면, 한국의 경우 1997년 외환위기 이전 기간을 보면, 전 세계적인 호황이었던 기간 중에 한국은 전 세계 평균 이상의 호경기를 경험했으며 1998년 외환위기 시점부터 2000년까지는 급속하고 심각한 정도의 경기 불황을 겪었다. 그 이후 2007-2008년 글로벌 금융위기(Global Financial Crisis) 기간 중에 한국 또한 심각한 경기 불황을 겪었다. 그러나, 2010년대 이후 전 세계는 불경기로 접어들었지만 한국은 경기가 회복세로 반등하며 회복하여 2010년대 들어 전 세계와 한국의 경기 동조성은 크게 약화되었다. 〈그림 5.2〉에서는 한국과 미국의 경기 변동 지수를 겹쳐서 보여주고 있다. 첫째, 경기 변동의 폭이 한국에서 미국의 경기변동의 폭 보다 훨씬 크게 나타났다. 둘째, 2007-2008년의 글로벌 금융위기(Global Financial Crisis) 기간 중에 미국과 한국은 경기 불황으로 접어들면서 경기 감소의 폭이 미국 보다 한국에서 조금 크게 나타났으나 2010년 중반 이후의 회복과 호황은 한국에서 더 크게 나타났다. 2000년 대 이후에 최근 20년 동안 경기 불황과 호황의 사이클은 더욱 유사하게 나타나 한국의 미국 경기로부터 영향력이 더욱 커진 것으로 보인다. 〈그림

5.3〉의 한국의 경기변동을 일본의 경기변동과 비교해 보면 2000년대 까지 경기 변동 지수는 놀라울 만큼 유사하게 변동하였다. 그러나, 2008년 이후 전 세계 금융위기(Global Financial Crisis) 중 일본은 미국이나 한국과는 다르게 호황으로 접어들면서 한국과 일본의 경기 동조성은 크게 하락하였다. 2008년 이후 일본의 경기 호황의 추세는 2010년대 초반까지 지속되었으나 한국은 2010년대 초반까지 호황으로 접어들지 못했다. 따라서, 이 기간의 두 국가 간 경기변동의 동조성 지수는 상관관계가 거의 0에 가깝게 나타난다. 2010년에도 한국이 호황에 접어들었을 때 일본은 불황기로 전환되면서 경기변동은 반대 방향으로 움직였다. 따라서, 2000년대 초반 이후 한국과 일본의 경기 변동의 동조성은 완전히 깨진 것으로 나타났다. 이는 상대적으로 한국의 경우 미국과 중국에 대한 교역 비중이 커진 결과로 해석될 수 있다. 좀 더 심도 있는 분석은 다음 절에서 수행하도록 한다.

〈그림 5-1〉 1980-2020의 경기 변동 지수 추이(한국과 전세계)

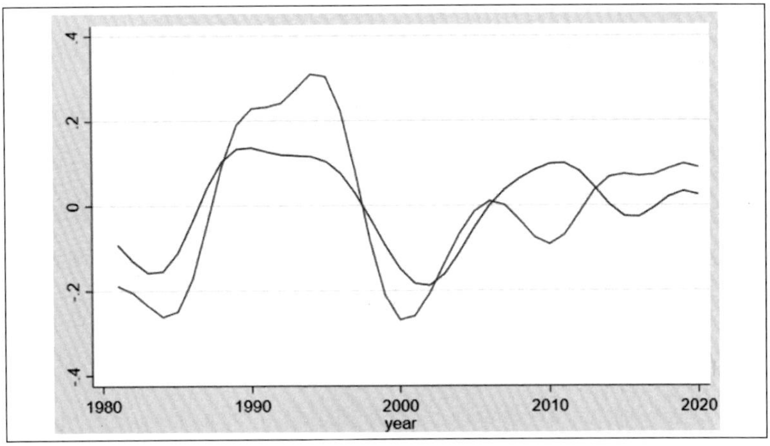

그림 주석: 빨간색(한국), 파란색(전세계).

〈그림 5-2〉 1980-2020의 경기 변동 지수 추이 (한국과 미국)

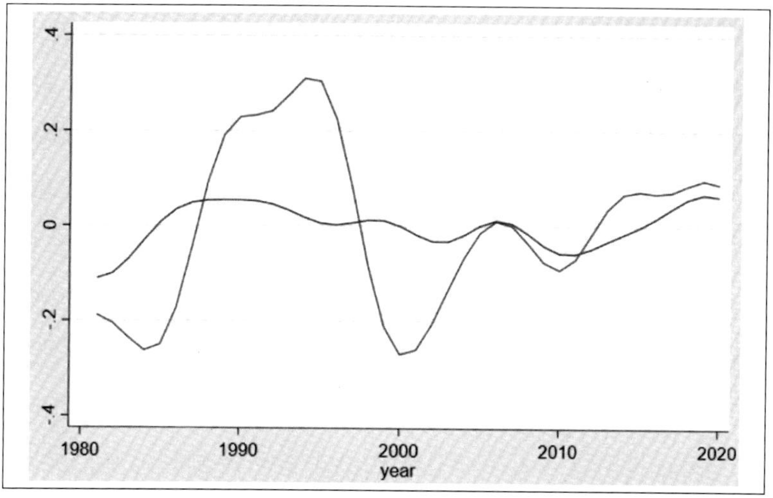

그림 주석: 빨간색(한국), 파란색(미국)

〈그림 5-3〉 1980-2020의 경기 변동 지수 추이(한국과 일본)

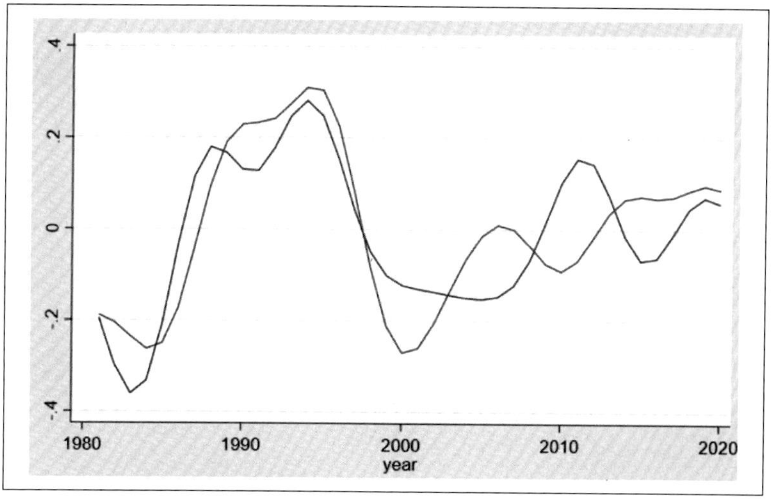

그림 주석: 빨간색(한국), 파란색(일본)

〈그림 5.4〉의 한국의 경기변동을 중국의 것과 비교할 경우 1990년대 후반까지는 경기 변동 지수는 전혀 관계가 없이 움직였다. 그러나, 1997년 아시아 금융위기 시점 이후 한국과 중국 모두 경기 불황을 함께 겪었다. 글로벌 금융위기가 시작되는 2008년 이전 2000년대 중반까지 한국이 경기 변동에서 중국에 선행하며 동조성이 높게 변동하였다. 그러나, 2008년 이후 한국은 글로벌 금융위기 이후 급격한 불황을 겪었으나 중국은 2000년대 중반의 호황을 2010년대 이후에도 이어갔다. 따라서, 2010년 초중반 한국과 중국의 경기 변동은 반대 방향으로 움직이는 듯 보이나 한국도 2010년대 후반 호황에 접어들면서 한국과 중국의 경기 동조성은 2010년 후반 커졌다. 〈그림 5.5〉는 한국과 미국, 일본, 중국, 전 세계 경기변동지수를 10년 단위의 상관관계 지수 값을 발표하고 있다. 2010년대 들어서 한국에 대한 미국을 제외한 나라의 경기변동 지수의 상관관계 계수 값은 크게 감소하였다. 2010년대 들어 일본은 상당 기간 불황기를 겪었고 중국은 호황의 정도가 줄었으나 한국과 미국은 불황에서 벗어나면서 변동지수가 부(-)의 값에서 양(+)값으로 전환되었다. 따라서, 2010년대에는 한국과 미국의 경기 변동 값만 높은 동조성 지수를 보여주었다.

〈그림 5-4〉 1980-2020의 경기 변동 지수 추이(한국과 중국)

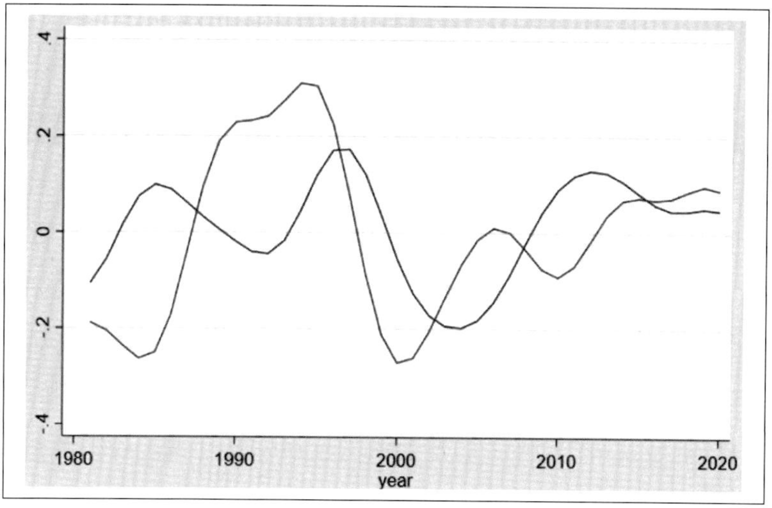

그림 주석: 빨간색(한국), 파란색(중국)

〈그림 5-5〉 10년 단위 경기 변동 지수 상관관계 (1980s ~ 2010s)

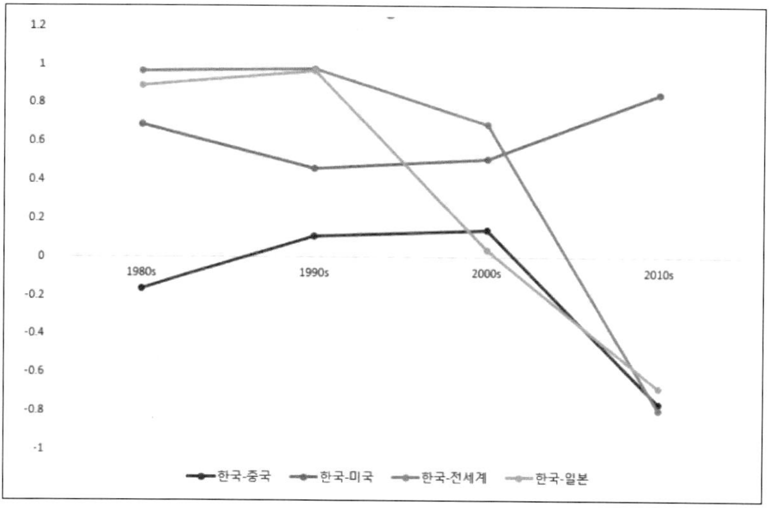

3. 국가 간 무역의 실질 경기 동조성에의 영향

3.1. 국가 간 무역량의 확대 추이

1990년대 중국의 세계무역기구 (World Trade Organization) 가입을 비롯하여 1990년대 중반 들어서 쌍무적 자유무역협정과 다자간 자유무역협정을 모두 포함하는 지역 단위의 무역협정 (예 - EU, NAFTA, ASEAN 등)의 급격한 증가로 국가 간 무역량은 꾸준히 증가하였다. 무역의 혜택을 확대하기 위한 전 세계적인 노력은 자유무역협정을 체결하는 국가들 쌍의 숫자의 급격한 증가를 통해서 볼 수 있다. 예를 들어, 〈그림 5.6〉을 보면 2000년대 들어 4000쌍까지 증가한 지역무역협정 체결 국가 쌍은 최근 들어서는 8000쌍을 넘어서면서 전 세계 국가들은 관세철폐 등 자유무역을 확대를 위해 크게 노력했음을 보여주고 있다. 2000년대 들어 다국적기업들이 비용절감과 해외시장 개척을 위해 현지 아웃소싱 등을 시작하면서 해외직접투자 (Foreign Direct Investment)의 증가를 통한 글로벌 분업화는 세계적으로 확산되었으며, 글로벌 가치 사슬의 확대를 통해 최종 상품에 다수의 국가가 생산에 함께 참여하면서 중간재의 수출과 수입이 꾸준히 증가했고 국가 간 중간재를 통한 상품 교역도 크게 증가하였다.

〈그림 5.7〉에서 WTO(2021)의 자료를 이용하여 전 세계의 상품 무역량(merchandize trade volume)의 추이를 나타내고 있다. 전 세계의 상품 무역량은 2015년 이후 꾸준한 증가 추세에 있었으나 코로나-19에 의한 판데믹 확산에 따라 2020년 전 세계의 무역량이 아주

크게 감소하였다. 코로나-19 이후 무역량의 증가율을 년 도별로 세분화해서 보면, 2020년 전 세계 상품 무역량은 5.3% 감소하였으나 2021년 8%의 양의 성장률로 반등하였고 WTO의 예측 추정치에 의하면 2022년에는 전 세계 상품 무역량이 4% 대의 양의 성장을 보일 것으로 예상되고 있다. 6개월 전 WTO의 예측 추정치는 전 세계 상품 무역량이 위기 시점으로부터 어느 정도 회복이 되긴 하지만 판데믹의 영향은 계속되어 판데믹 이전의 성장 추이로의 회복은 아주 어려울 것(하늘색 점선 이전 추정치)으로 예상하였으나 2021년 연말 추정치는 전 세계 상품 무역량은 위기 이전의 추세(파란색 점선 가장 최근 추정치 — 2021년 12월)로 완전히 회복 할 것으로 예상하고 있다.

〈그림 5-6〉 지역무역협정 채결 국가 쌍 숫자 추이 (1981~2020)

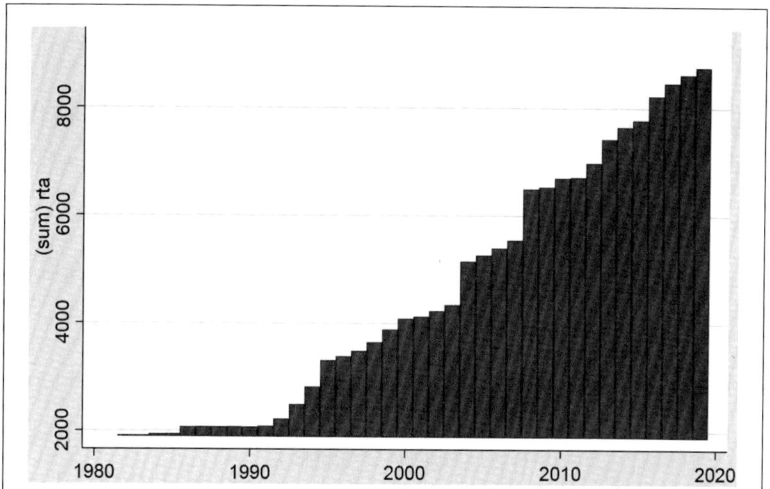

참고: 한 국가쌍이 한 개 이상의 자유무역협정 체결 시 중복 계산함.

〈그림 5-7〉 전 세계 상품 무역량 추이 (2015Q1~2021Q2)

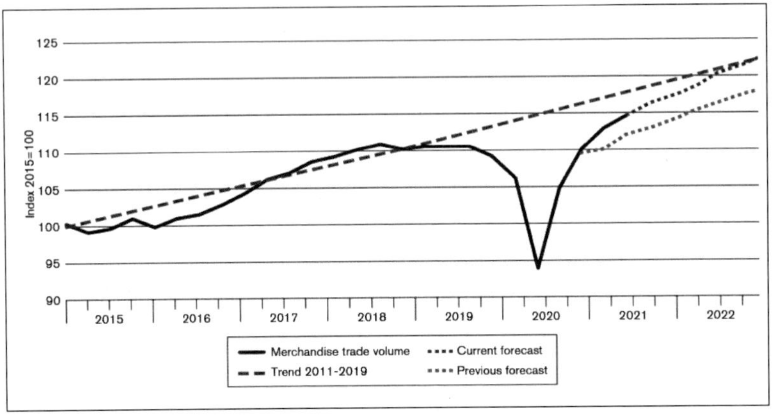

참고: WTO와 UNCTAD의 무역 데이터; 2021Q3 이후 값은 WTO가 예측한 추정치.

3.2. 국가 간 무역량의 경기변동 동조성에의 영향

2000년대 접어들면서 국가 간 상품 무역량의 급격히 증가하면서 무역이 경기변동에 미치는 효과를 규명하려는 연구가 등장하였다. 특히, 국가 간 쌍무적 무역량 증가가 국가 간 경기변동의 동조성 증가로 이어지는지 실증적으로 규명하려는 문헌이 등장하였다. 선행연구를 보면 French and Poterba(1991)와 Tesar and Werner(1995)는 국가 간 상품 무역량의 증가가 국가 간 경기변동 동조성을 증가시킬 수 있다는 가설이 제기된 이후 Frankel and Rose (1998)과 Calderon et al.(2007)을 포함한 많은 후속연구에서 국가 간 무역 규모가 확대될수록 경기변동의 동조성이 강화되는 실증분석 연구결과를 제시하였다. 그러나, 최근 Saiki and Kim (2014)의 실증 분석 연구에서는 지역 내 국가 간(예 - 동아시아 지역)에는 산업 내 무역의 확대로 지역

내 국가 간 경기 변동의 동조성이 커졌으나 지역 역외 국가와의 무역 증가는 대부분 산업 간 무역의 확대에 기인하였고 이러한 지역 내 국가와 지역 외 국가 간 무역의 증가는 오히려 국가 간 경기 변동의 동조성이 약화시키는 것으로 밝혀졌다. 따라서, 무역이 증가하더라도 무역의 형태에 따라 경기 변동의 동조성이 강화될 수도 약화될 수도 있음을 실증적으로 보여주었다. 한국의 데이터를 사용한 신관호(2012)에서는 국가 간 무역의 증가할 때 경기 변동의 동조성을 강화하는 실증연구 결과를 보여주었다. 또 산업 내 무역과 산업 간 무역을 구분하는 한국의 자료를 이용한 실증 연구인 김경훈・김성현(2015)에서는 오직 산업 내 무역 규모가 증가할 때 경기변동의 동조성이 심화되는 결과를 보여 주어 기존 문헌의 결과를 다시 확인하였다.

이번 절에서는 한국과 주요 교역파트너 국가에 초점을 맞추어 분석한다, 특히, 한국과 동아시아의 국가 간의 경기변동 동조성과 최근의 경향을 세밀하게 분석하기 위해 한국과 미국, 한국과 중국, 한국과 일본, 한국과 전 세계 등 국가 쌍(country pair)의 쌍무적 무역(bilateral trade) 규모의 변화가 국가 간 쌍무적 경기 변동의 동조성에 미치는 상관관계 효과를 기간 별로 분석한다. 상관관계 분석을 위해 국가 쌍(country pair)의 무역량을 주요 정책변수로 그리고 10년 단위별 경기 변동(business cyle)의 동조성(correlation coefficient) 추정치 값을 주요 종속변수로 사용하는 선형 회귀모형 추정을 하였다. 첫째, 국가별 실질 GDP 자료에 Christiano-Fitzgerald의 필터링을 사용하여 경기변동 지수를 국가별로 구하였다. 둘째, 국가별로 구한 경기변동 지수 값을 사용하여 국가 쌍에 대한 년도별 경기변동 동조성 지수를 식(3)의 추정 식을 사용하여 구하였다.

$$Comove_{i,j,t} = Corr(c_{i,t}, c_{j,t}) \quad (3)$$

t-10 부터 t까지의 자료를 사용하여 경기변동 동조성 지수 값을 년도별로 구하였다. 정책변수로는 UNSD(United Nations Statistics Division)의 쌍무적 무역(bilateral trade)데이터를 사용하였다. 1970년 이후 동조성지수와 쌍무적 무역자료가 가용한 61개국1) 국가 쌍 자료를 식 (4)의 추정모델에 적용하였다.

$$comove_{i,j,t} = \beta_0 + \beta_1 \ln(trade)_{i,j,t} + \beta_2 \ln(distance)_{i,j} + RTA_{i,j,t} + v_{i,t} + u_{j,t} + e_{i,j,t} \quad (4)$$

여기서 i는 수입국을, j는 수출국을, t는 년 도를 나타낸다. $v_{i,t}$는 수입국-년도 고정효과를 $u_{j,t}$는 수출국-년도 고정효과를 나타낸다. 쌍무적 무역 증가를 통한 경기 동조성의 확대는 β_1 계수 값을 추정하여 구한다.

---

1) 샘플에 포함되는 61개국의 국가별 ISO3코드를 표시하면 다음과 같다.

ALB,	ARG,	AUS,	AUT,	BEL,	BGR,	BOL,
BRA,	CAN,	CHE,	CHL,	CHN,	COL,	CRI,
DEU,	DNK,	DOM,	ECU,	EGY,	ESP,	FIN,
FRA,	GBR,	GRC,	GTM,	HND,	HTI,	HUN,
IND,	IRL,	ISL,	ISR,	ITA,	JPN,	KOR,
LBN,	LBR,	LKA,	LUX,	MEX,	MNG,	NIC,
NLD,	NOR,	NPL,	NZL,	PAN,	PER,	PHL,
POL,	PRT,	PRY,	SAU,	SLV,	SWE,	THA,
TUR,	TWN,	URY,	USA,	ZAF		

〈표 5.1〉의 61개국 모든 국가 쌍(61*60=3,660개 국가쌍)의 1981년부터 2020년까지의 년 데이터를 사용하여 추정하였다. 전체 국가 쌍을 사용할 경우 (5) 컬럼의 전체 기간의 경우엔 쌍무적 무역의 증가가 경기 동조성에 유의하게 양의 효과를 미치는 것으로 나타났다. 쌍무적 무역의 경기 동조성에의 양의 효과는 1990년대에 가장 크게 나타났다. 다만, 1990년대와 2000년대에 컷던 효과는 2010년대에 들어서는 그 효과가 완전히 사라졌다. 기존 문헌에서 추정되었던 무역 규모가 증가할 때 경기변동의 동조성이 심화되는 결과는 본 연구의 추정에서도 확인되었다.

그러나, (4)식의 추정 값은 다양한 특성과 환경의 3,660개 국가 쌍 평균적인 효과 값이다. 김경훈・김성현(2015), 신관호(2012)에서처럼 무역의 형태 및 국가 쌍의 특성과 환경에 따라 무역이 경기 동조성에 미치는 영향은 상이할 수 있다. 따라서, 한국과 교역하는 국가의 특성에 따라 효과가 어떻게 다른지 살펴볼 필요가 있다. 그림 8에서는 (4)식의 추정을 10년 단위로 국가 쌍(country pair)의 자료를 사용하여 수행하였다. 국가 쌍 마다의 이질적 효과는 교차항(interaction term)을 사용하여 추정하였다. (4)식에서 β_1의 추정치 계수값(무역량 증가가 경기 동조성에 미치는 효과 값)을 그림 8의 수직 축에 표시하였다. 첫째, 한국과 미국의 무역의 경기 동조성에의 양의 상관관계는 2000년대 들어서 커졌으며 2010년대 들어서는 약간 감소하였으나 여전히 영향히 유의미하고 크게 나타났다. 둘째, 한국과 중국간 쌍무적 무역이 경기 동조성에 미치는 양의 상관관계는 2000년대까지 아주 미미하였으나 2010년대 들어서는 아주 커졌으며 미국보다 무역을 통한 동조성의 영향이 더욱 커졌다. 셋째, 한국과 일본의 무역의 경기 동조성에의 양의 상관관계는 2000년대까지 아주 미미하였으나 2010년대 들어서는 유의미한 영향을 보여주기 시작했다. 쌍무적 무역 증가의 경기 동조성에의 양의 효과는 2010년대 들어서 유의미해졌다. 한국과 일본의 경우엔 최근 들어서 무역의 경기 동조성에의 영향이 커진 것을 볼 수 있으나 미국과 중국에 비하면 영향력의 크기는 작다.

한국과 주요교역국의 결과를 요약하면, 2000년 대 미국에서 시작된 한-미 쌍무적 무역의 양국의 경기 동조성에의 양의 효과는 2010년대 들어 미국 뿐 아니라 일본과 중국에도 확대되었다. 한국과 중국과 쌍무적 교역의 경기변동에의 양의 영향이 2010년 들어 아주 커졌으며 그 규모에서 미국과의 교역의 영향을 넘어섰다. 가장 최근 10년의 자료에서는 무역을 통한 경기변동의 동조화는 한국과 중국 간에 그 정도가 가장 크다. 한국에 대해 무역을 통한 경기변동의 영향은 중국으로부터 가장 크게 받을 뿐 아니라 한국이 중국과의 무역으로부터 영향은 전례가 없이 큰 영향력으로 나타났다. 끝으로, 유럽연합(EU)과 아세안의 경우 무역을 통한 경기 동조성에의 영향은 과거 40년 동안 아주 미미했다. 모든 추정에서 영향을 추정하는 계수 값은 절대적인 값이 작을 뿐 아니라 통계적으로 유의미하게 나타나지 않았다. 자유무역 협정을 체결한 이후인 최근의 10년 자료를 사용하는 경우에도 유럽연합(EU)과 아세안이 무역을 통해 한국 경제의 경기변동에는 미치는 영향은 통계적으로 유의하지 않을 뿐 아니라 그 계수 값도 거의 0에 가깝게 나타났다.

〈표 5.1〉의 결과에서 주목할 점은 전 세계 모든 국가의 자료를 모두 사용한 추정에서 자유무역협정(Free Trade Agreement)과 관세동맹(Custom Union)을 포함하는 국가 간 지역무역협정 (Regional Trade Agreement)의 체결은 경기 동조성에 아주 큰 양의 효과를 보이는 것으로 나타났다. 지역무역협정은 관세와 비관세 무역 장벽을 낮추거나 없애는 역할도 하며 무역 이외의 다른 경로를 통해서도 국가 간 경기 변동의 동조성에 영향을 미칠 수 있다. 2010년대에 들어서 지역무역협정은 크게 확대되었는데 이는 전 세계적인 경기변동의 동조성에 영향을 미친 것으로 나타났다.

2021년 한국은 역대 최대 규모의 수출을 달성하였으며 세계 8대 무역국으로 도약하였다. 한국은 내년에도 2% 이상의 성장률을 달성할 것으로 전망되어 무역의 비중은 더 늘어날 것으로 전망된다. 한국무역협회와 통계청의 자료에 의하면 한국은 G20선진국 중 수출의존도(38%)가 3위이며 수입의존도(31%)는 4위로 무역의존도가 아주 높다. 본 장의 연구 결과로 부터 무역에 대한 의존도의 심화는 무역을 통한 해외 국가의 경기변동으로 부터 영향을 앞으로 더욱 크게 받을 것임을 의미한다. 2019년 기준 한국무역협회와 관세청의 수출입자료를 살펴보면 한국의 10대 수출국은 중국(25.1%), 미국(13.5%), 베트남(8.9%), 홍콩(5.9%), 일본(5.2%), 대만 (2.9%), 인도(2.8%), 싱가포르(2.4%), 멕시코(2.0%), 말레이시아(1.6%)이다. 2019년 기준 한국의 10대 수입국은 중국(21.3%), 미국(12.3%), 일본(9.5%), 사우디아

라비아(4.3%), 베트남(4.2%), 호주(4.1%), 독일(4.0%), 대만(3.1%), 러시아(2.9%), 카타르(2.6%)로 나타났다.

최근의 수출 및 수입의 주요 무역 상대국을 보면 상품 무역을 통한 경기변동에의 영향은 중국과 미국으로부터 가장 크게 영향을 받을 것으로 예상된다. 특히, 중국과의 무역으로부터의 영향은 무역의 중간재 부품 조달의 국가의 다변화를 위한 노력에도 불구하고 중국으로부터의 영향력은 아직까지는 압도적으로 크게 나타났다. 미국에 의한 영향력은 꾸준히 감소했으나 여전히 수출과 수입에 있어 13.5%와 12.3%로 여전히 큰 비중을 차지하고 있어 미국의 충격에 의해 크게 영향을 받을 것으로 예상된다. 최근에는 일본과 무역을 통한 교역수준은 상당히 감소하여 일본과의 무역에 의한 경기변동의 동조성을 많이 약화된 것으로 보인다. 요약하면, 중국을 대체할 수입 및 수출 대상 국가의 다변화 노력으로 베트남과 말레이시아 등과 무역의 비중이 증가했음에도 불구하고 여전히 아세안이나 유럽국가와의 무역을 통한 동조성에의 영향은 아주 미미하게 나타났다. 앞으로도 중국에 대한 수입과 수출에 대한 의존도가 급격히 낮아질 조짐이 보이지 않으므로 중국발 위기에 대해서 대체 공급 기업 확보와 대체 판매 시장 확보 등 충분한 대비를 할 필요가 있는 것으로 보인다.

〈표 5-1〉 무역의 경기 동조성에의 효과 추정

	(1)	(2)	(3)	(4)	(5)
	1980s	1990s	2000s	2010s	전체기간
ln(무역량)	−0.005	0.017***	0.010***	−0.000	0.005**
	(0.003)	(0.005)	(0.004)	(0.005)	(0.003)
RTA	0.203***	0.247***	0.062***	0.167***	0.164***
	(0.020)	(0.026)	(0.018)	(0.020)	(0.013)
_cons	0.956***	0.582***	1.138***	1.274***	0.997***
	(0.110)	(0.164)	(0.122)	(0.149)	(0.086)
N	26073	30275	33332	26923	116603
R−sq	0.533	0.279	0.531	0.396	0.440

참조: *** p<0.01, ** p<0.05, * p<0.1을 나타낸다.

〈그림 5-8〉 쌍무적 무역의 경기 동조성에의 효과 (1980s, 1990s, 2000s, 2010s)

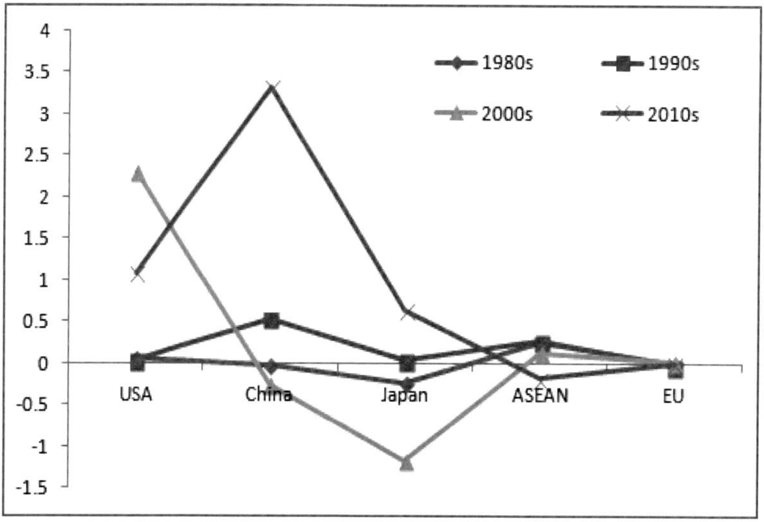

참조: 저자 직접 추정.

3.3. 코로나19 이후 전망

앞 절의 연구로부터 국가 간 교역은 국가 간 경기변동의 동조성에 양의 상관관계를 나타내는 것으로 나타났다. WTO의 추정치에 의하면 코로나19가 발생한 2020년 세계 경제성장은 마이너스 3.5%를 기록했고 세계 무역(상품 및 서비스)은 9.6% 감소했다. 그러나, 2021년 코로나19 판데믹으로부터 세계 경제가 회복하면서 세계 무역은 전년 대비 23% 상승하였다. UNCTAD(2021)의 전망에 따르면 상품과 서비스 무역의 확대 중 서비스 부분의 국가 간 무역의 확대는 그 추세에 있어 앞으로도 더욱 크게 성장할 것으로 예상하였다. WTO의 자료를 활용한 〈그림 5.9〉에서와 같이 2007-2008년의 글로벌 금융위기 이후에 무역량이 급격히 감소했으나 2014년까지 급속도로 꾸준히 증가하였다. 이후 2020년 코로나19 판데믹의 영향으로 세계 무역량은 급격히 감소했으나 단 1년 만에 다시 성장세를 회복하여 2021년엔 위기 이전 수준까지 거의 회복하였다. 최근의 전 세계적인 위기로 부터의 회복 현상을 보면 오늘날 교역을 통해 아주 끈끈히 연결된 세계 경제는 개별 국가의 충격을 서로 전파하면서 개별 국가의 충격에 전 세계의 국가를 더 취약하게 만들었지만 회복 시에도 서로 영향을 주고받으면서 충격에 대해 더욱 탄력적으로 반응할 수 있게 된 것으로 보인다.

지금까지의 세계 경제의 경험을 포괄적으로 종합하는 연구를 살펴보면 국가 전체로 보면 쌍무적 무역량의 확대는 **경기변동의 동조성을 심화**시키는 것으로 나타났다. 특히, 글로벌 가치 사슬 성장에 대해서 연구하는 문헌에서는 글로벌 가치 사슬 확대에 의한 중간재 교역의 확대는 특히 부의 충격이 있을 때 경기변동의 동조성을 심화시기키는 것으로 나타났다. 예를 들면, 부의 충격에 의해 글로벌 가치 사슬 내의 중간재 투입물이 갑작스럽게 차단되면 이는 글로벌 가치 사슬 내 전체 생산에 영향을 미칠 수 있는 것으로 나타났다. 예를 들면, 글로벌 가치 사슬의 하나의 " 링크"에 상대적으로 작은 충격에도 상호 연결된 생산 및 유통 네트워크 전체를 일시적으로 차단하거나 중단할 수 있다. Carvalho et al., (2021)과 Tokui, Kawasaki 및 Miyagawa, (2017)의 글로벌 가치 사슬의 영향을 분석하는 연구에서는 2011년 일본 도호쿠 지진이 발생했을 때 재해 공급업체의 부품을 사용하는 기업의 성장률을 3.6% 포인트 감소시킨 것으로 추정되었다.

하지만 글로벌(다자간 무역파트너 다변화) 무역량 확대는 개별 국가의 위기로부터 위험을 분산시키는 효과도 또한 기대할 수 있다. 이는 글로벌 가치 사슬의 심화를 통한 무역의 확대가 경기변동의 동조성을 약화시킬 수도 있음을 의미하는데 예를 들면 국내 부의 충격은 국내의 확립된 공급 관계가 방해를 받게 될 때 해외의 기업으로 공급 대상을 변경할 수 있다. 따라서, 국내 기업은 이러한 국내 충격을 해외 공급 대상의 확보를 통해 대응할 수 있다. 특히 수출에 참여하는 기업은 내수기업보다 해외의 다양한 시장에 접근할 수 있음을 고려하면 글로벌 가치 사슬 참여를 통한 중간재 사용은 내수 요인의 경기 침체에서 살아남을 가능성을 높인다. 최근의 현상을 보면 기존과는 달리 무역에 참여를 통해 위험을 분산(hedging)할 수도 있어 글로벌 가치 사슬의 참여를 통해 경기 변동의규모 자체를 감소시키는 역할을 할 수 있다. 〈그림 5.10〉은 교역 형태 중에서도 무역파트너를 다각화하면 경기 변동 위험을 분산 시키는 역할을 할 수 있음을 보여준다. 무역 파트너 수는 GDP변동성과는 음의 상관관계가 나타나 무역 파트너 대상수가 많아질수록 음의 충격으로 부터의 탄력성이 더 높음을 추론할 수 있다. 따라서, 절대적인 해외 국가와의 무역의 비중이 높아지는 것은 교역 국가와의 경기변동의 동조성을 높여 외부의 부의 충격(예- 금융위기, 외환위기 등)에 동일한 영향(금융위기의 확산)을 받을 가능성이 커지지만 교역 대상국을 다각화하는 형태의 교역은 충격을 흡수하고 탄력성 있게 반응할 가능성도 커진다.

다음으로 무역과 함께 고려해야하는 최근의 중요한 이슈는 전자상거래(e-Commerce)의 성장이다. 〈그림 5.11〉에 Statista의 전 세계 전자상거래는 큰 성장을 보였으며 성장추이를 보면 최근의 폭발적인 성장을 앞으로도 계속 이어나갈 것으로 보인다. 무역협회의 자료에 따르면 세계 최대 전자상거래 시장은 중국 (2019년 말 기준 7,324억 달러이며 전체 시장의 37%)으로 2010년대 들어 알리페이, 위챗페이 등 간편 모바일 결제서비스를 발달시키며 전자상거래 성장을 주도했다. 그 외에도 알리바바 그룹, 징둥, 핀둬둬 등도 중국의 거대 내수시장을 놓고 치열하게 경쟁하면서 다양한 정보기술을 도입하였고 이를 음식배달, 차량호출 등 다양한 서비스를 제공에 활용하면 전자상거래 시장의 성장을 이끌고 있다. 중국에 이어서 전자상거래 시장의 규모가 높은 나라는 미국으로, 아마존을 필두로 이베이, 월

마트, 애플 등이 미국의 대표 전자상거래 기업이다. 한국은 전자상거래 시장 규모는 전 세계 5위이며, 소매시장에서 전자상거래가 차지하는 비중은 28.2%로 전 세계에서 가장 높은 수준으로 한국에게 있어 전자 상거래를 통한 무역의 증가가 경제에 미치는 영향을 분석하는 것이 중요하다. 김한수(2020)에 의하면 2020년 기준으로 전자상거래는 글로벌 소매유통시장의 13.2%를 차지하고 있는데, 2020년 코로나19의 확산으로 대면 접촉에 의한 거래가 제한되면서 현재는 전자상거래가 핵심적인 상품 거래의 수단으로 부상했으며 앞으로 지속적인 성장에 예상된다. 특히 판데믹 상황에서 외출이 제한된 소비자들이 스마트폰을 통한 온라인 쇼핑을 적극적으로 활용하면서 세계 곳곳에서 전자상거래 주문량이 급증했다. 유로모니터의 분석에 의하면 정보통신기술 발전과 스마트폰 보급 확산, 안전하고 편리한 결제 시스템 발달 등의 요인으로 전자상거래는 향후 5년간 연평균 14.4%의 고속성장을 지속해 2024년에는 소매유통시장 내 비중이 19.4%에 이를 것으로 전망했다. 전자상거래의 성장과 이로 인해 무역이 증가하는 시대에 기업은 내수 요인에 의한 경제 충격이 발생할 때 전자상거래를 통한 세계 곳곳으로 다각화된 해외 수요를 기반으로 해서 내수의 경기침체를 극복할 수 있다. 이러한 요인을 감안하면, 기존의 상품 무역과는 다르게 전자상거래를 통한 무역의 확대는 거래대상의 다각화 측면에서 경기변동의 충격을 약화하는 영향을 줄 수도 있는 것으로 기대할 수 있다.

미국의 경우 1930년대 경제 대공황의 극복이 결국 유럽에서의 수요 확대에 의한 수출의 증가가 큰 역할을 했으며, 한국의 경우에도 1997년 외환위기의 극복을 결국은 수출을 통한 회복이 가장 큰 역할을 한 것으로 밝혀졌다. 따라서, 교역이 금융위기 및 경제위기 극복을 하는 데 큰 역할을 하는 역사적 경험은 많이 존재한다. 최근 세계은행의 연구에 따르면 수출 측면에서 지속적인 해외 수요와 수입 측면에서 중간재 재화와 서비스를 통한 교역으로 위기에서 경제 회복을 가속화 하는 데 기여하는 것으로 나타났다. 무역은 확장적 재정 정책에 기반하여 경기 회복을 추진하기 어려운 개발도상국에게 특히 중요한 경제 회복의 수단이 될 것으로 보인다. 과거 수많은 경제 위기에서 수출이 경기 회복의 근간이 된 것으로 입증되었으며 코로나19 판데믹 경제에서도 무역이 경기 회복을 주도한 것으로 나타났다. 2020년의 코로나19 충격이후 상품의 국가 간 교역을 통한 거래는 GDP보다 훨씬 빠르게 회복되었다. 〈그림 5.12〉을 보면 무역의 회복력은 GDP 성장률과 양의 상관관계를 보인다. 다수의 국가들이 무역을 통한 경기회복을 달성하기 위해 2020년 이후 많은 무역 개방 조치를 적극적으로 적용하면서, 상품 무역은 코로나19 판데믹 대유행이 시작한지 1년 후 거의 위기 이전 수준으로 회복되었고, 이를 통해서 경제는 양의 GDP 성장률을 달성하였다.(WTO, 2021). 특히, 전자상거래 등 디지털 무역의 확대는 코로나19 판데믹 상황에서 경제 회복을 달성하는데 큰 역할을 수행한 것으로 나타났다.

따라서, 새로운 형태의 교역의 확대는 동조성을 약화(공급 측면에서 부품제공 기업의 다변화, 수요측면에서 최종수요 고객 다변화)시키고 충격의 위험을 분산시키는 헤징의 역할을 수행할 수도 있어 과거의 양의 상관관계(쌍무적 무역량과 경기변동 동조성) 연구결과가 새로운 형태의 무역에서도 지속될 지는 불확실하다.

〈그림 5-9〉 전 세계 무역량 추이 (2005 ~2021)

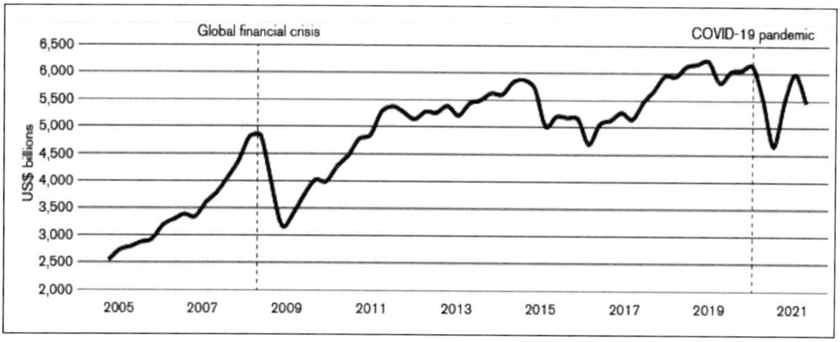

참조: 데이터 출처는 WTO trade data (https://data.wto.org)이다.

〈그림 5-10〉 수출국의 다각화와 GDP 변동성의 관계 (2008~2017)

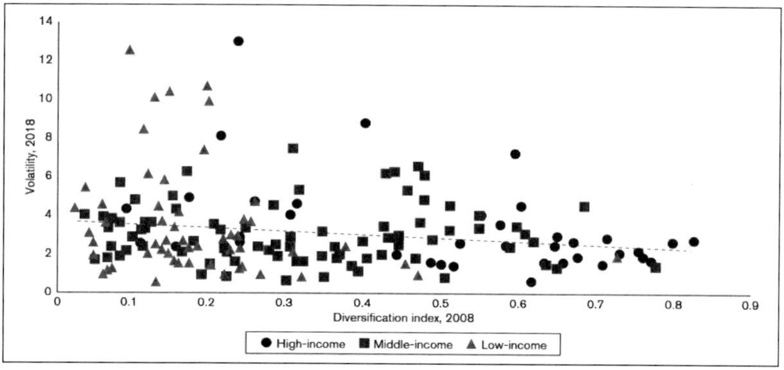

참조: GDP의 변동성 지수는 IMF World Economic Outlook Databases의 자료로부터 계산하였고 2008년부터 2017년까지 년 GDP 의 분산 자료를 사용하여 계산하였고 and 무역 다각화 지수(Diversification Index)는 CEPII의 BACI 자료를 사용하여 계산함.

〈그림 5-11〉 전 세계 전자상거래 규모 추이 - 2014년 ~ 2024년(추정치)

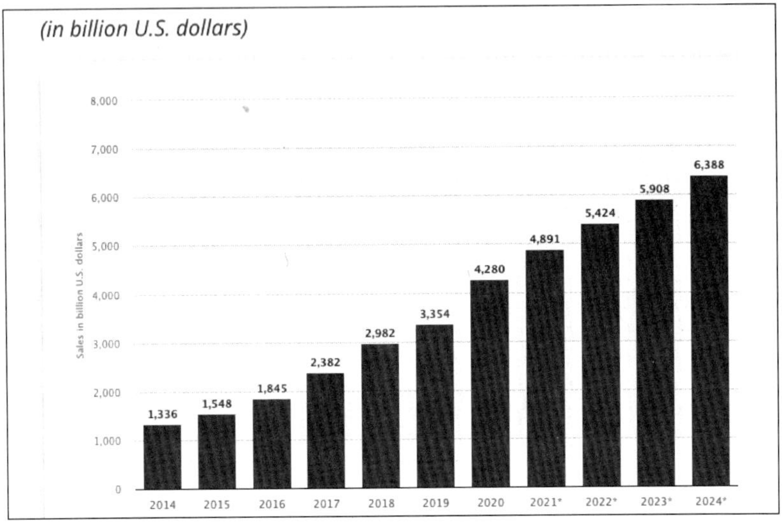

출처: Statista 2020.

〈그림 5-12〉 무역 회복(recovery)과 GDP 성장률의 관계

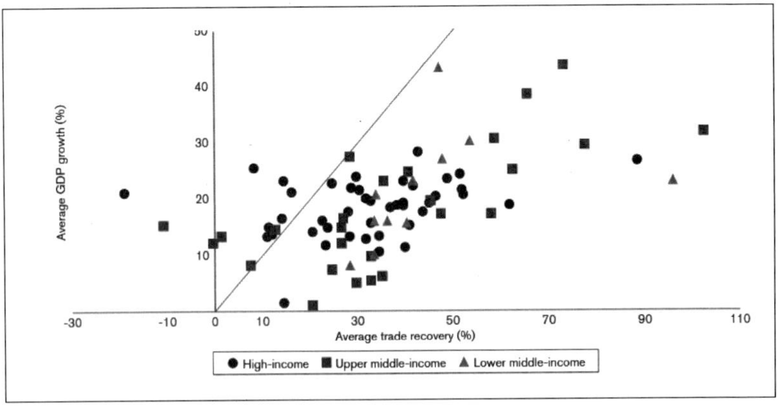

참조: 데이터 출처는 World Bank GDP data (https://data.worldbank.org)와 WTO trade data (https://data.wto.org). 2020년 2분기에서 4분기 동안의 성장률을 계산하였음.

4. 금융부문 연관성과 실질 경기 동조성

4.1 세계 주요국 분석

1990년 세계 여러 국가에서 자본자유화가 도입된 이후 채권시장 및 주식시장 등 주요 금융시장에서 국가 간의 교역은 크게 증가하였다. 예컨대, Lane and Milesi-Ferretti (2007)에 의하면 1980년대 중반이후 2010년대 중반까지 GDP 대비 해외 자산 보유량은 1980년대 중반 이후 3배 이상 증가하였고 2010년 이후 민간부문의 해외 주식시장의 투자 확대로 인해 해외금융부문의 역할은 더욱 크게 성장하였다. 이에 따라 국가 간 금융 부분의 연관성은 높아지면서 실질 경기의 연관성도 높아질 가능성이 제기 되었다. 기존 문헌에서는 여러 형태의 금융시장에 대해서 국가 간 연관성을 분석하였는데 대표적인 연구로 채권시장 간의 연관성 (Felices, Grissee, and Yang, 2009), 주식시장 간의 연관성 (Borclay, Litzenberger, and Warner, 1990; 이대기, 유병학, 2009; Huyghebaert and Wang, 2010), 자산시장 간의 연관성(Rigobon, 2003; Ehrmann and Fatzscher, 2004; 이기성, 유재원, 2006)을 분석한 연구가 있다.

금융 부분의 연관성에 대한 대표 연구는 금융위기를 중심으로 부의 충격이 국가 간 금융부문에 전파 되는지를 확인하기 위해 연구가 수행되었다. 특히, 한국이 직접적으로 경험한 1997년 태국에서 촉발된 동아시아 외환위기와 2007-2008년 미국의 서브 프라임 모기지 사태로 시작된 글로벌 금융위기가 국가 간 금융 부분의 연관성을 분석한 대표적인 연구이다. 예를 들면, Huyghebaert and Wang(2010)은 1997년 동아시아 외환위기 발생 시점을 기준으로 분석 기간을 이전, 도중, 이후의 3개의 기간으로 나누어 동아시아 7개국의 주식시장 상호 의존성에 대하여 분석하였다. 분석결과 동아시아 국가들의 주식시장의 동조성은 시점마다 크게 다르게 나타나는 것으로 밝혀졌다. 1997년 동아시아 외환위기 이전에는 동아시아 주식시장 간에는 서로 간의 상호 작용이 크지 않았지만 동아시아 금융위기 동안에는 동아시아 국가 들은 동아시아 다른 국가의 주식시장의 충격에 크게 반응했다. 또한 위기 이후에는 동아시아 국가들의 주식시장 충격은 중국을 제외한 다른 동아시아 국가의 주식시장에 큰 영향을 미쳐 위기이후 금융부문의 동조성이 크게 심화되었다. 또한 2000년 대 이후에 동아시아 국가의 주식시장과 미국의 주식시장과의 관계를 모면 동아시아 국가의 주식시장에서의 충격은 미국의 주가에 큰 영향을 미치지 못했으나 반대로 미국의 주식시장 충격의 동아시아 국가의 주식 수익률에 큰 영향을 미치는 것으로 나타났다. Younis, Longsheng, Basheer and Joyo (2020)는 아시아 국가의 자료를 이용하여 1997년의 동아시아 금융위기, 2007-2008년 (미국의 서브프라임 모기지에 사태에 기인한) 글로벌 금융위기 및 2015년의 미국 증시 폭락 기간의 세 개의 커다란 금융부문 위기를 사용하여 미국과 아시아 국가의 주식 수익률에 동조 패턴을 분석한 결과 각 각의 금융위기마다 주식 시장의 동조성이 크게 증가함을 보였다. 또한 금융부문 동조성의 증가가 실물경기 동조성에 미친 영향도 함께 분석하였는데 금융 위기 기간에 경기

변동의 동조성 또한 크게 증가하는 것이 발견되었다. 최근의 자료를 사용하여 중국의 주식 시장이 아시아 국가의 주식시장에 미치는 영향력을 분석하였는데 중국 주식시장의 영향력이 동아시아 뿐 아니라 남아시아 국가의 주식 시장에 미치는 영향도 커진 것으로 나타났다. Imbs(2010)는 2007-2008년의 미국에서 시작된 서브 프라임 모기지 위기가 글로벌 금융위기가 된 이유를 국가 간 금융시장의 동조성 때문이라고 주장하였으며 Acharya and Schnabl(2010)은 2007-2008년 글로벌 금융 위기 시점의 자료를 사용하여 미국에서의 금융위기가 상업 어음 시장을 통해 국제적으로 확산되는 결과를 보여주었고 Cetorelli and Goldberg(2010)는 다국적 은행과 다국적기업의 계열사를 통해 미국에서의 금융위기가 국가 간에 확산되는 모습을 보여주었다.

기존의 연구 결과들을 종합해보면, 매번의 금융위기는 국가 간 금융 시장의 동조성이 더욱 심화시킨 것으로 나타났으며 한 국가에서 시작되는 금융 위기가 주식시장, 채권시장, 다국적기업을 통해 전 세계 국가로 확산되면서 경기침체가 여러 국가로 확산되었다. 그러나, 금융부분에서의 국가 간 동조성이 실물 경제의 경기 동조성에도 이어졌는지에 대한 연구는 연구마다 그 결과가 다르게 나타났다. 예컨대, Imbs (2004), Imbs (2006), Kose et al. (2003) 그리고 Kose et al., (2008)에서는 금융부문의 동조성 심화가 국가 간 경기변동 동조성을 심화시키는데 양의 상관관계를 보였다. 그러나, Kalemli-Ozcan et al. (2013)은 금융 동조성의 심화가 경기의 동조화를 약화시키는 상관관계를 발견했고, Heathcote and Perri(2003)와 Heathcote and Perri (2004)에서도 미국과 다른 국가와의 자료를 사용하여 최근 미국과 상대 교역국가 간의 경기 동조성은 약화의 원인으로 금융부분의 동조성 심화를 그 원인으로 지목하였다. Bordo와 Helbling (2003)에서도 자본 자유화를 통한 금융부분의 통합이 경기 변동의 동조성 심화에 영향을 미쳤다는 증거를 찾지 못하였으며, 최근의 Kalemli-Ozcan et al. (2012)의 연구는 2007-2008년 이전에는 금융부분의 동조성의 심화가 경기 변동의 동조성에 부정적인 영향을 미쳤으나 2007년 이후에는 양의 방향의 영향을 미친 것으로 주장하였다. 이러한 시점에 따른 상반되는 실증적 결과와 서로 다른 유형의 금융부분의 통합이 경기변동의 동조화에 서로 다른 영향을 미칠 수 있다는 연구 결과는 금융부문을 포괄해서 금융부문 동조성과 실물경기 동조성에 일반적인 결론을 도출할 수 없음을 암시한다.

따라서, 최근의 연구는 금융부문 유형에 따라 금융부문 동조성이 실물부문 동조성에 어떻게 상이하게 영향을 미치는지를 분석하였는데, 대표적인 연구인 Davis (2014)에서는 국가 간 주식시장(equity market)의 교역 확대에 기인한 금융부분의 동조성의 심화는 국가 간 경기변동의 동조성을 약화시키지만 국가 간 채권시장(Debt market)의 부채 총량 확대에 기인한 금융부문 동조화 향상은 국가 간 경기변동의 동조성을 심화시키는 것으로 나타났다.

BIS, IMF와 IIF의 글로벌 부채 자료에 의하면 2021년 현재 전 세계의 부채 (total Debt)의 총량은 판데믹 이후 급격히 증가하여 〈그림 5.13〉에서와 같이 $300,000,000,000,000 (300 trillion US dollar)에 근접하였으며 GDP 대비 부채의 비중은 코로나-19의 판데믹 이후 250%를 훌쩍 넘게 되었다. 또한, 총부채를 공공부문과 민간부문을 나눈 〈그림 5.14〉에서 보면 공공부문의 부채는 전 세계 총부채의 거의 40%를 차지하고 있으며, 이는 1960년대 중반 이후 가장 높은 비율이다. 2007년 이후 공공부채는 2007-2008년의 글로벌 금융 위기와 코로나19 팬데믹에 기인하여 크게 증가하였는데, 특히 2020년 28조 달러에 달하는 부채 급증의 90% 이상은 선진국과 중국에 의하여 발생하였다. 중국과 선진국의 팬데믹 기간 동안의 대규모 부채 증가는 저금리를 이용한 이들 국가의 적극적인 부채 매입의 결과로 나타나게 되었다. 2020년 중국과 많은 선진국은 경기 침체로 인한 세수 축소와 코로나19 확산에 따른 확장적 재정 수요에 대한 조치로 부채를 발행하며 재정 적자가 급증했으며 특히 공공 부분의 부채는 2020년에 한해에만 GDP의 19%p가 증가했는데, 이는 2008년과 2009년의 2년 동안 글로벌 금융 위기 때의 규모와 맞먹는 대규모의 부채 증가였다. 민간부문의 부채 또한 2020년 단 한해에만 GDP의 14%p가 증가했는데 이는 코로나19 팬데믹 기간 동안 정부가 민간부문의 생계를 보호하기 위해 민간 부문의 추가 차입 또한 적극 지원한 결과로 볼 수 있다. 기존 문헌 결과를 종합해 보면 최근의 급격한 부채 증가에 의한 국가 간 채무의 확대는 경기 변동의 동조성을 크게 증가시킬 것으로 예상된다. 특히, 한 국가 및 한 지역에서의 외환위기나 금융위기와 같은 부의 금융 충격은 글로벌 부채량의 증가에 의해 국가 간에 더 빠르고 강하게 전파될 것으로 보여 이에 대한 대책이 필요할 것으로 보인다. 1997년 외환위기를 겪은 이후 한국은 외환보유고를 확대하고 부채의 발행국가를 다변화하는 등 금융위기 확산에 대한 위험을 줄이는 노력을 하였다. 이러한 경험을 살려 글로벌 수준의 금융위기의 위험이 높아진 현재 시점에 정부와 금융기관의 위험에 대비한 각별한 조치가 요구되는 시점이다.

2020년대 들어 중국의 대내외 부채 비율을 급격한 상승 보였고 이를 통해 채권 시장을 통한 금융부문의 동조성 심화에 의해 중국과 상대 교역 국가 간의 경기변동의 동조성은 더욱 심화되었을 것으로 예상할 수 있다. 따라서, 중국의 경제 금융부문의 위험이 발생한다면 인접국가 및 교역국가로 확산되어 적지않은 충격을 줄 수 있음을 예상할 수 있다. 코로나19 판대믹 이후 선진국 중심의 채권시장에서의 부채의 증가는 국가간 경기변동의 동조성을 크게 심화시켰을 것으로 예상되어 코로나19 이후 국가 서로 서로가 상대국의 금융부문의 위기에 동일한 방향으로 영향을 받을 가능성은 더욱 심화되었을 것으로 예상된다.

〈그림 5-13〉 전 세계 부채 총량과 GDP대비 부채 비율 추이

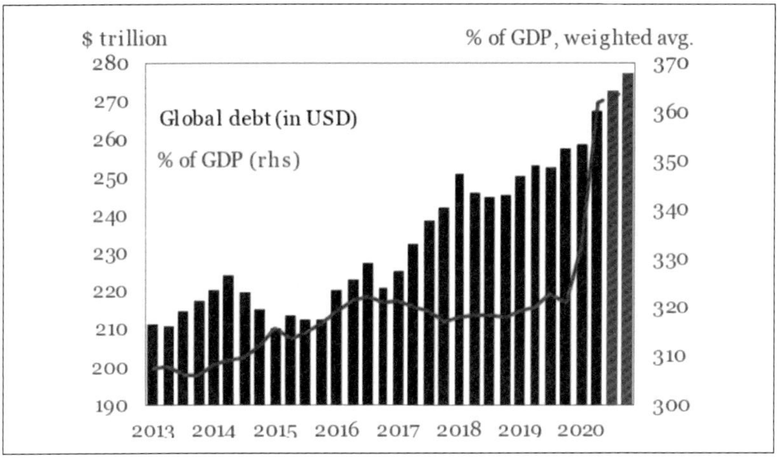

출처: BIS, IMF와 IIF (2021).

〈그림 5-14〉 항목별 부채(공공부채, 가계부채, 비금융 기업부채, 총부채)

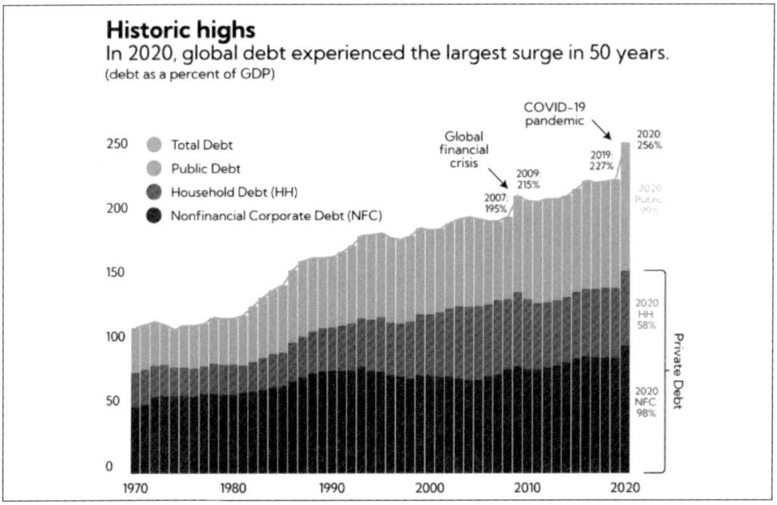

출처: IMF (2021).

4.2 한국과 동아시아 주요국 주식시장 분석

한국의 국내투자자의 해외주식투자는 매우 빠른 속도로 증가하고 있다. 2019년 기준 국내투자자의 해외 주식투자 잔액은 약 3,200억 달러로 글로벌 금융위기 대비 10년 동안 3배 이상 증가하였다. 국내투자자의 해외주식 보유 잔액은 연기금 등 공공부문의 해외주식투자 확대와 더불어 빠르게 증가하고 있으며 이중 정부부문의 해외주식투자는 약 61%를 차지하고 있다. 개인투자자들에게 가상화폐에 대한 투자의 부상과 전자거래가 용이해지고 증권투자에 대한 관심이 커지면서 〈그림 5.15〉를 보면 2020년과 2021년 동안 민간부문은 국내투자자의 해외주식투자는 기록적인 성장을 기록하였고 앞으로도 해외주식의 스마트폰을 통한 전자거래가 가능해 짐에 따라 앞으로 더욱 성장할 것으로 기대된다. 주식투자의 다각화 측면에서 보면 현재는 국내투자자의 투자대상 국가는 미국으로 집중되어 있다. 〈그림 5.16〉에서 보면 2019년 기준 국내투자자가 보유하고 있는 해외주식 보유 잔액의 약 절반(47%)을 미국이 차지하고 있다. 이어서 국내투자자는 중국(7.1%), 일본(5.7%), 영국(5.4%) 등 국가 주식투자 비중이 높은 것으로 나타나고 있다. 2019년 기준 국내투자자의 상위 10개 투자 대상국 주식 보유 비중은 약 76% 수준이다. 주목할 점은 2010년대 들어 중국에의 투자비중이 크게 준 것이다. 이는 민간부문의 투자 비중이 높았던 2007년에 국내투자자의 중국주식 보유 잔액은 전체 해외주식투자 잔액 대비 37%를 차지하였으나, 정부 부문의 해외주식 투자 확대세가 시작한 2010년 이후로는 대미 주식투자 비중 높아지면서 중국에 투자 비중은 감소하였다. 따라서, 금융부문에서 주식시장의 비중은 증가하고 있는 추세이며 앞으로 대내외 충격이 주식시장을 통해 영향력을 확대할 것으로 예상된다.

한국과 동아시아 주요국에 대한 주식시장의 동조성에 따른 선행연구를 보면, 최승욱, 강상훈(2014)은 2007-2008년의 글로벌 금융위기 이전과 이후로 기간을 나누어 중국을 중심으로 중국과 한국과 중국과 미국, 그리고 중국과 일본의 주식 시장간 동조화 현상에 대한 분석을 수행하였다. 분석결과 금융위기 이전에는 한국과 일본의 주가 간에는 동조현상이 나타났으나 미국 주식 시장과의 동조현상은 미미했다. 이로 인해 동아시아 국가 간 주식 시장의 동조성은 강화되고 미국의 주식시장과의 동조성은 약화되는 디커플링 현상이 제기 되었다. 그러나, 금융위기 이후에는 중국의 주식시장은 미국과 일본의 주식시장으로부터 양방향으로 영향을 주고받는 것으로 나타났으며 중국의 주식시장의 변동성이 한국의 주식시장의 변동성에 양의 영향을 주는 것으로 나타나 주식시장의 동조화 현상이 지속되고 있는 것으로 보인다. 또한 시간이 지남에 따라 중국 주식 시장의 동아시아 주요국의 주식시장에 미치는 영향이 점점 커진 것으로 나타났다. 반면, 한국과 일본의 주식시장의 동조성은 시간이 지남에 따라 상대적으로 약화되고 있는 것으로 나타났다. 조대형, 최경욱(2016)에서도 2007-2008년의 글로벌 금융위기 이후에 주가의 동조성은 한국, 미국, 중국 간에 양방향으로 나타나고 있음을 보였다. 요약하면, 한국의 주식시장은 미국, 중국, 일본의 주요국과 높은 동조성을 보이나 시기별로 그 정도는 상이하게 나타난다. 글로벌 금융위기 시점인 2007-2008년 전후로 기간을 나누어 수행한 분석에서 한국과 미국 그리고 한국과 일본의 주식 시장의 동조성은 금융위기 시점 이후에 상대적으로 감소한 반면, 한국과 중국의 주식시장 동조성은 크게 증가한 것으로 나타났다.

Davis (2014)와 김경훈, 김성현(2015)에서는 국가 간 주식시장(equity market)의 동조화에 기인한 금융부분의 동조성의 심화는 국가 간 경기변동의 동조성을 약화시키는 방향으로 나타난다는 것을 보여 주었다. 해외 주식투자를 특히 여러 국가에 대해서 다각화 하면, 주식의 분산투자를 통한 위험을 헤징하는 효과를 얻을 수 있음을 보여 주었다. 따라서, 기존의 연구를 통해 해외의 한 국가 혹은 한 지역의 금융 위기로부터 분산투자를 통해 크게 영향을 받지 않을 수 있음을 보여 해외 주식 투자를 하는 경우 분산 투자가 경기변동의 동조성을 약화시키는데 큰 역할을 할 수 있음을 알 수 있다.

〈그림 5-15〉 개인투자자의 해외주식투자 추이 (2011~2021년)

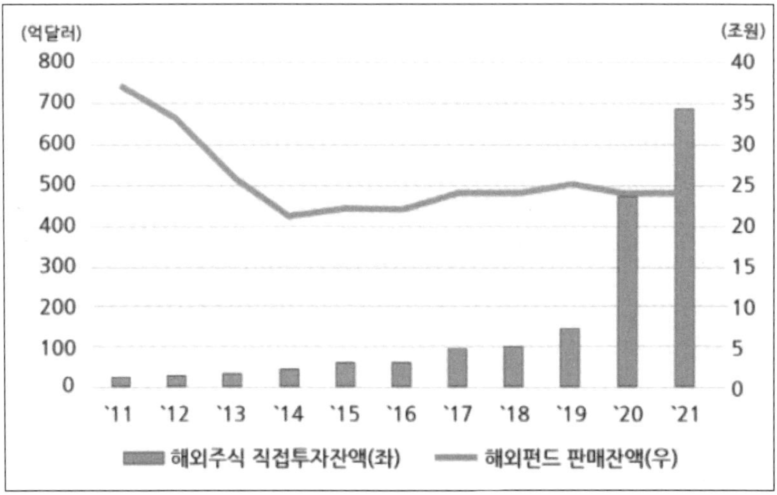

출처: 김한수 (2021) 자본시장 연구원 이슈보고서.

〈그림 5-16〉 국내투자자의 투자대상 국가 추이 (2007~2019)

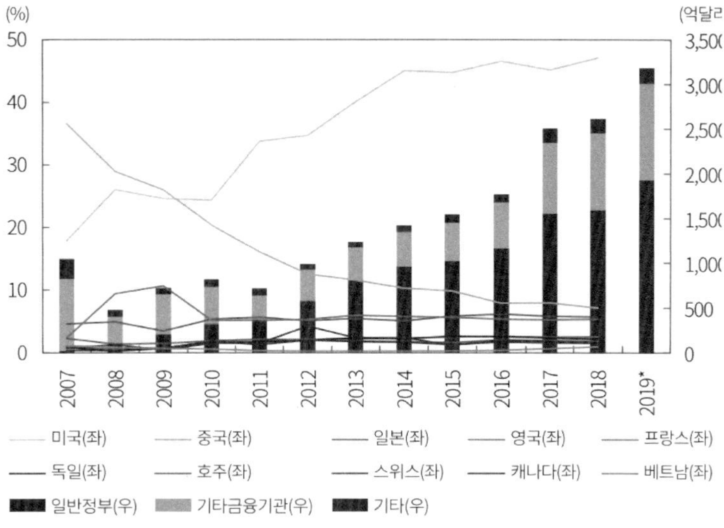

출처: 김한수 (2020b) 자본시장 연구원 이슈보고서.

4.3 한국과 동아시아 주요국 채권시장 분석

기존문헌의 금융부문의 동조성에서 채권시장(Debt market)에서의 거래를 통한 경기 동조성 심화 가능성에 대한 연구도 큰 관심을 받았다. 특히, 한 국가에서의 금융부문의 위기가 다른 국가로 전파되는데 있어 위기 국가와 공통적인 채권국을 보유하고 특히 높은 채무의존도 보이는 국가로 금융위기가 전파될 가능성이 높은 것을 보이는 연구가 등장하면서 금융위기의 원인으로 채권시장의 거래가 주목을 받았다. 1994년의 멕시코 금융위기, 1997년의 태국의 금융위기 그리고 1998년의 러시아의 금융위기는 채권을 통해 금융위기가 주변국으로 전파되는 대표적인 예로 볼 수 있다.

한국과 주요국의 채권시장의 국가 간 금리의 상관관계를 분석한 연구를 보면 김병준(2014)은 한국과 중국의 채권 시장에서의 시장 동조화가 2008년의 글로벌 금융위기 이후에 더욱 심화된 것을 보였고 특히 금융위기와 같은 부의 충격(negative shock)의 전이효과(spillover effect)가 크게 나타나는 것을 확인하였다. 2008년 이후에는 아시아 지역의 국가들이 전반적으로 채권시장에서 동조성이 심화된 것으로 나타났다. 김경훈, 김성현(2015) 에서는 주식시장의 국가 간 거래확대는 소비위험 분산을 통해 경기변동의 동조성을 약화시킨 반면 국가 간 채권거래의 확대는 경기변동의 동조성을 심화시키는 것으로 나타나 Davis (2014)와 동일한 실증분석 결과를 보여주었다. 자본시장의 통합이 경기변동 동조성에 미치는 영향은 자본의 유형(주식, 채권)에 따라 상이한 결과가 나타나는 것이 동아시아 국가를 대상으로 한 분석에서도 동일하게 나타났다.

(1) 한국

경기 동조성을 심화시키는 채권 거래에 대한 금융 감독원의 자료에 의하면 2019년 말 기준으로 보면 한국의 전체 채권발행 잔액은 대략 2,000조원이며, 이 중 외국인이 소유하는 채권은 127조원 수준으로 전체 채권 발행액의 6.4%를 차지하고 있다. 〈그림 5.17〉을 보면, 한국의 GDP 대비 대외부채 비율은 1997년 40%에서 외환위기 이후에 급격히 감소하여 20% 미만으로 유지되었으나 2005년 이후 2009까지 다시 증가하여 33%에 도달했고 이후 2017년까지 완만한 감소세에 있었다. 그러나, 2018년의 25%의 최저점을 찍은 이후 다시 증가하여 코로나19 이후인 2020년에는 33%에 도달했고 2021년 3사분기에는 35.5%까지 높아져서 현재는 대외부채가 꾸준한 증가추세에 있다. 세계은행(World Bank)의 자료에 따르면, 2020년 기준 한국의 GDP대비 대외 부채의 비율(33.5%)은 중국(16.3%)보다는 높지만 프랑스(282.3%), 독일(177.7%), 스웨덴(104.7%), 미국(102.0%) 등 주요 선진국들에 비하면 현저히 낮은 수준이다. 다만, 한국의 경우에도 현재의 경제 발전 양상을 볼 때 앞으로도 대외부채의 비율이 꾸준히 늘어날 가능성이 높다.

(2) 중국

중국의 경우 2010년대 들어 총부채가 이미 GDP 대비 200%를 넘어서 OECD 평균 보다 훨씬 더 많은 부채를 가지고 있었다. 특히, 중국은 코로나19 시작 시점에 정부가 적극적인 개입을 통해 경기 위축에 신속하게 대처했으나 그 과정에서 완화적 금융정책으로 기업 부채를 키웠으며 은행의 대출 규모가 전년 대비 16% 포인트 늘어났다. 〈그림 5.18〉을 보면 2020년 말 중국은 국내총생산(GDP) 대비 총 부채 비율(정부, 비금융 기업, 가계 합산)은 270.1%로 전년 말보다 24.7% 포인트나 급증했다. 이는 274조 4,200억 위안(약 4경 2,600조 원)에 해당하는 금액이다. 총 부채 비율 중 가장 큰 것이 기업 부채로 그 비율이 GDP 대비 162.3%나 됐다. 이는 전년 대비 11%포인트 늘어난 것이다. 중국의 이러한 대출을 통한 부채 증가로 아주 우려스러운 부분은 대출로 확보된 자금의 상당 부분이 부동산 시장으로 흘러가 부동산 가격 상승으로 이어졌다는 점이다. 다만, 중국의 경우 총 부채 중 대외 부채의 비중은 16.3%로 다소 낮다. 그러나, 중국의 대규모 GDP와 GDP 대비 거의 300%에 달하는 총부채의 총량을 감안하면, 채무시장을 통한 금융부문 교역 국에의 영향은 아주 크게 나타날 수 있을 것으로 예상한다. 따라서, 앞으로 중국이 경제 위기를 겪을 경우 중국발 위기가 주변국으로 채무시장을 통해서 전파될 위험이 아주 커진 상황이다.

(3) 전 세계 총 부채

〈그림 5.19〉와 〈그림 5.20〉은 각각 전 세계 부채 총액과 전 세계 GDP 대비 전 세계 부채 총액을 나타내고 있다. 〈그림 5.20〉에 의하면 GDP의 356%에 달하는 부채는 경제학자들이 경고한 수준보다 훨씬 높기 때문에 매우 심각한 상황으로 볼 수 있다. IIF에 의하면 현재의 부채 수준은 글로벌 금융위기가 본격적으로 시작된 2008년경과 비교해도 그 증가율이 훨씬 높다. 2020년 한해에 부채는 24조 달러(약 2536조 3200억엔) 증가했는데 이는 지난 10년간 늘어난 부채 잔액 88조 달러(약 930조5440억엔)의 4분의 1에 해당하는 규모이다. 코로나19 판대믹 시작된 2020년 이후 금융부분의 부채를 통한 국가 간

위기의 전파와 부의 충격의 확산에 의한 경기 동조화는 크게 심화되었을 것으로 예상한다.

〈그림 5-17〉 한국의 GDP 대비 대외채무(부채) 비율 추이 (1994~2020)

출처: 한국은행 (2021).

〈그림 5-18〉 중국의 GDP 대비 부채비율 (2015~2020)

〈그림 5-19〉 전 세계 총부채 추이 (2013~2020)

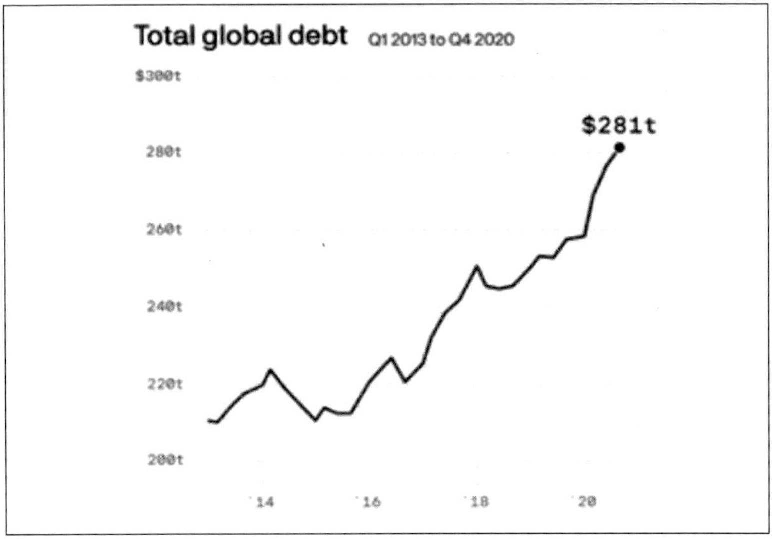

출처: Axios와 IIF(Institute of International Finance) 보고서 (2021).

〈그림 5-20〉 전 세계 GDP대비 전 세계 총부채 추이 (2013~2020)

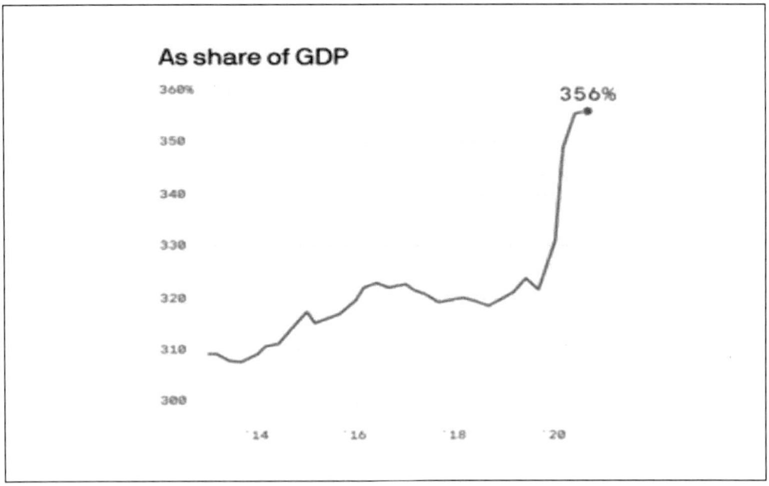

출처: Axios와 IIF(Institute of International Finance) 보고서 (2021).

4.4. 시사점

기존의 실증분석 결과에 의하면 국가 간 무역의 확대는 국가 간 경기 변동의 동조성을 높이는 것을 보여주는 많은 연구가 있다. 다만, 최근의 연구는 무역의 형태에 따라 글로벌 가치 사슬에서 무역 상대국의 다각화 정도에 따라 무역량 증가가 경기 동조성에 미치는 영향은 그 결과가 아주 다를 수 있음을 보여주고 있다. 계속해서 성장할 것만 같았던 글로벌 가치 사슬을 통한 중간재 무역은 최근 글로벌 가치 사슬에의 적극적인 참여가 특정 국가에 대한 의존도가 높아져서 커지는 위험을 보여주는 연구도 등장했다. 글로벌 가치 사슬의 네트워크에 포함되는 경우 특정 지역에서의 위기가 네트워크 전체에 빠르고 강도 높게 확산되어 위험의 기폭제 역할을 할 수 있다는 연구도 등장하였다. 또한, 최근의 디지털화의 심화와 함께 전자상거래의 성장은 기업에게 더 다양한 수출시장에 대한 접근성을 높여 주는 역할을 하여 경기 변동의 위기를 분산시키는 역할을 할 수 있는 것으로 나타났다. 역대 최고의 세계 전체의 상품 무역량을 달성한 올해 다각화된 대상의 온라인 거래의 활성화로 해외부문의 성장이 경기변동의 동조성을 더욱 심화시킬 것인지는 불확실성이 커졌다.

상품 거래의 국가 간 교역과 함께 금융 부문의 국가 간 교역도 최근 더욱 심화되었다. 특히, 코로나19 위기를 겪으면서 중국 정부부문의 부채가 아주 커졌고 이를 인해 중국과 선진국 국가의 경기 변동 동조성이 심화될 것으로 예상된다. 기존 연구는 채무 시장을 통한 부채가 늘어날수록 국가 간 경기변동의 동조성은 심화될 것으로 추정(Davis, 2014; 김경훈, 김성현, 2015)하고 있어 국제 채권시장의 규모가 커지면서 앞으로 채권시장을 통해 경기 변동의 동조성은 강화될 것으로 예상할 수 있다. 코로나19에서의 전 세계적인 확장적 재정정책으로 다수의 선진국에서 대외 채무가 크게 늘어난 점을 고려하면, 해외부문의 위기가 채무시장을 통해 확산이 될 가능성은 그 어느 때 보아진 것으로 예상된다. 따라서, 외환보유고 확보와 부채의 국가별 다각화를 통해 위험에 대비해야하는 필요성이 그 어느 때 보다도 높은 시점이다.

| 참고문헌 |

김경훈, 김성현. 2015, 동아시아 지역에서의 무역 및 금융시장 통합과경기변동 동조성, 국제경제연구, vol.21, no.4 pp.29-54.

김병준. 2014, 한-중 채권시장내 변동성 전이효과, 금융지식연구, vol.12, no.1 pp.29-50.

김한수. 2020. 국내투자자의 지역별 해외주식투자 현황 및 특성 분석, 자본시장연구원, 이슈보고서 20-2.

김한수. 2020. 국내투자자의 해외주식투자 편향도 점검, 자본시장연구원, 이슈보고서 20-3.

김한수. 2021. 국내투자자의 해외주식 직접투자 접근성 분석 및 시사점, 자본시장연구원, 이슈보고서 21-30.

이기성, 유재원. 2006, 외환위기 이후 국내외금융시장의 상호연관성분석, 금융연구, vol.11, no.1 pp.159-183.

이대기, 유병학. 2009, 한국금융시장의 국내외 연관성 분석, *East Asian Economic Review*, vol.13, no.2 pp.145-172.

신관호, 2012. 무역 및 금융연계성이 경기변동 동조성에 미치는 영향: 패널 연립방정식 접근, 금융연구, vol.26, no 3, pp.155-190.

최승욱, 강상훈. 2014, 한국 · 중국 · 일본 · 미국 주식시장 간 동조화 현상: 글로벌 금융위기 전 · 후를 중심, 국제지역연구, vol.18, no.3 pp.67-88.

Acharya, V.V. and Schnabl, P., 2010. Do global banks spread global imbalances? Asset-backed commercial paper during the financial crisis of 2007-09. *IMF Economic Review*, 58(1), pp.37-73.

Barclay, M.J., Litzenberger, R.H. and Warner, J.B., 1990. Private information, trading volume, and stock-return variances. *The Review of Financial Studies*, 3(2), pp.233-253.

Bordo, M.D. and Helbling, T., 2003. Have national business cycles become more synchronized?. NBER.

Calderon, C., Chong, A. and Stein, E., 2007. Trade intensity and business cycle synchronization: Are developing countries any different?. *Journal of International Economics*, 71(1), pp.2-21.

Carvalho, V.M., Nirei, M., Saito, Y.U. and Tahbaz-Salehi, A., 2021. Supply chain disruptions: Evidence from the great east japan earthquake. *The Quarterly Journal of Economics*, 136(2), pp.1255-1321.

Cetorelli, N., Goldberg, L., 2010. Global banks and international shock transmission: evidence from the crisis. National Bureau of Economic Research (NBER) Working Paper Series No. 15974.

Christiano, L., and Fitzgerald, T, 1999, The Band Pass Filter, No 7257, NBER Working Papers, National Bureau of Economic Research.

Davis, J.S., 2014. Financial integration and international business cycle co-movement. *Journal of Monetary Economics*, 64, pp.99-111.

Ehrmann, M. and Fratzscher, M., 2004. Taking stock: Monetary policy transmission to equity markets. *Journal of Money, Credit and Banking*, pp.719-737.

Felices, G., Grisse, C. and Jing, Y., 2009. International financial transmission: emerging and mature markets.

Frankel, J.A. and Rose, A.K., 1998. The endogenity of the optimum currency area criteria. *The Economic Journal, 108*(449), pp.1009-1025.

French, K.R. and Poterba, J.M., 1991. Investor diversification and international equity markets. *The American Economic Review, 81*(2), pp.222-226.

Heathcote, J. and Perri, F., 2003. Why has the US economy become less correlated with the rest of the world?. *American Economic Review, 93*(2), pp.63-69.

Heathcote, J. and Perri, F., 2004. Financial globalization and real regionalization. *Journal of Economic Theory, 119*(1), pp.207-243.

Huyghebaert, N. and Wang, L., 2010. The co-movement of stock markets in East Asia: Did the 1997-1998 Asian financial crisis really strengthen stock market integration?. *China Economic Review, 21*(1), pp.98-112.

Imbs, J., 2004. Trade, finance, specialization, and synchronization. *Review of Economics and Statistics, 86*(3), pp.723-734.

Imbs, J., 2006. The real effects of financial integration. *Journal of International Economics, 68(2)*, pp.296-324.

Imbs, J., 2010. The first global recession in decades. *IMF economic review, 58*(2), pp.327-354.

Kalemli-Ozcan, S., Sorensen, B. and Yesiltas, S., 2012. Leverage across firms, banks, and countries. *Journal of international Economics*, 88(2), pp.284-298.

Kalemli-Ozcan, S., Papaioannou, E. and Perri, F., 2013. Global banks and crisis transmission. *Journal of International Economics, 89*(2), pp.495-510.

Kose, M.A., Prasad, E.S. and Terrones, M.E., 2003. Financial integration and macro-economic volatility. *IMF Staff papers, 50*(1), pp.119-142.

Kose, M.A., Otrok, C. and Prasad, E.S., 2008. *Global business cycles: convergence or decoupling?* (No. w14292). National Bureau of Economic Research.

Lane, P.R. and Milesi-Ferretti, G.M., 2007. The external wealth of nations mark II: Revised and extended estimates of foreign assets and liabilities, 1970–2004. *Journal of International Economics, 73*(2), pp.223-250.

Rigobon, R., 2003. On the measurement of the international propagation of shocks: is the transmission stable?. *Journal of International Economics, 61*(2), pp.261-283.

Saiki, A. and Kim, S.H., 2014. Business cycle synchronization and vertical trade integration: A case study of the Eurozone and East Asia.

Tesar, L.L. and Werner, I.M., 1995. Home bias and high turnover. *Journal of International Money and Finance*, 14(4), pp.467-492.

Tokui, J., Kawasaki, K. and Miyagawa, T., 2017. The economic impact of supply chain disruptions from the Great East-Japan earthquake. *Japan and the World Economy*, 41, pp.59-70.

UNCTAD 2021, Global Trade Update, November, *UNCTAD/PRESS/MA/2021/MA/019* https://unctad.org/webflyer/global-trade-update-november-2021

WTO, 2021. World Trade Report 2021 – Economic Resilience and Trade, World Trade Report.

Younis, I., Longsheng, C., Basheer, M.F. and Joyo, A.S., 2020. Stock market co-movements among Asian emerging economies: A wavelet-based approach. *Plos one, 15*(10).

6

동북아 주요국의 디지털 화폐 도입 현황 및 정부 정책

6장
동북아 주요국의 디지털 화폐 도입 현황 및 정부 정책

이 솔

일반적으로 화폐는 상품의 교환, 유통을 원활하게 하기 위한 교환 수단으로 서비스를 포함한 상품의 가치를 나타낼 수 있는 표준 단위를 말한다. 주로 각 국가의 중앙 은행에서 발행하는 은행권, 즉 현금통화를 말하며 앞서 언급된 지불 수단과 가치의 척도를 나타내는 수단일 뿐 아니라 부의 가치를 나타내는 저장 수단, 채무 변제를 위한 지급 수단 등의 기능을 한다. 과거에는 현금통화만이 화폐로 불리었지만 오늘날에는 금융 관련 정보기술(핀테크, Fintech)의 발전에 따라 화폐의 종류도 다양해지고 온라인상에서 활용가능한 형태의 화폐까지 화폐의 범위도 넓어졌다. 이제는 보편화되어버린 카드 결제를 위한 은행 예금도 화폐라고 볼 수 있으며 간편 결제를 위한 각종 페이 서비스 역시 화폐의 종류로 볼 수 있다. 본 챕터에서는 새로운 형태의 화폐로 주목받고 있는 '디지털 화폐'에 대해서 다뤄보고자 한다. 1장에서는 디지털 화폐의 정의를 포함하여 암호화폐와 중앙은행 디지털 화폐(CBDC)에 대해 비교해보고 CBDC의 필요성에 대해 다룰 예정이다. 2장에서는 디지털 화폐 도입에 대한 한미일 3국의 견해를 살펴보고 각 국가가 추구하고 있는 정책의 방향 차이에 대해 분석해볼 예정이다. 3장에서는 한미일 3국의 민간 발행 암호화폐와 CBDC 사업 추진 현황에 대해 살펴보고, 마지막 장에서는 디지털화폐의 전망에 대해 논해보기로 한다.

Ⅰ. 디지털 화폐 정의 및 필요성

1) '디지털 화폐'의 정의와 분류

'디지털 화폐'란 디지털 방식으로 사용할 수 있는 형태의 모든 화폐를 일컫는 단어로, 금전적인 가치를 전자 형태로 저장하여 사용할 수 있는 통화를 말한다. 발행주체가 금융회사 또는 전자금융업자로 현금이나 예금을 전자 형태로 교환하여 사용하는 전자화폐(Electronic currency)를 포함하여, 가상화폐(Virtual currency), 암호화폐(Cryptocurrency), 스테이블 코인(Stable coin), 중앙은행 디지털 화폐(CBDC; Central Bank Digital Currency) 등 다양한 범위의 화폐들을 모두 포괄하는 개념이다. 디지털 화폐는 크게 발행 주체, 활용기술, 안정성, 접근성을 기준으로 〈표 6.1〉과 같이 분류할 수 있다.

발행 주체에 따라서 크게 민간에서 발행하는 디지털 화폐와 중앙은행에서 발행하는 CBDC로 나뉘어 진다. 실생활에서 가장 쉽게 접할 수 있는 형태의 디지털 화폐인 각종 페이 시스템을 일컫는 전자화폐와 암호화폐는 대부분 민간에서 발행하는 디지털 화폐에 속한다. CBDC라고 통용되는 중앙은행 발행 디지털 화폐도 국가마다 활용하는 기술에 따라 발행 방식과 운영 방식이 다르기 때문에 세분화하면 여러 유형의 CBDC가 존재할 수 있다. 단일원장기술이란 강력한 권한을 가진 중앙조직이 거래 내역 등의 화폐 관련 데이터를 수직적으로 통제하며 데이터가 독점기관 서버에만 저장되는 방식으로(김유리 외, 2020), 국내에서는 네이버페이, 카카오페이와 같은 민간 기업에서 독점적으로 관리하는 페이 시스템이 단일원장기술을 사용한다. 반대로 분산원장기술(DLT; Distributed Ledger Technology)은 분산 네트워크 참여자가 암호화 기술을 사용하여 거래 정보를 검증하고 합의한 원장을 공동으로 분산, 관리하는 방식을 말하며, 모든 데이터에 접근가능한 중앙 관리자나 중앙 데이터 저장소가 없고 모든 참여자에게 데이터가 분산되어 관리되기 때문에 위조를 방지할 수 있다(한국정보통신기술협회 발행 정보통신용어사전 참고). 암호기술을 기반으로 데이터 블록들을 체인으로 연결한 블록체인(Blockchain)이 DLT를 구현한 대표적인 예로, 가장 널리 알려진 암호화폐인 비트코인(Bitcoin)이 DLT를 활용한 디지털 화폐에 속한다. 디지털 화폐의 안정성을 판단하는 기준은 발행 주체에 따라 다르게 볼 수 있다. 민간에서 발행하는 디지털 화폐의 경우에는 기존 화폐 및 자산과 연결되어 관리되는지 여부에 따라 결정되는 가격의 안정성을 기준으로 나뉜다. 반면 가치가 고정되어 변동성이 없는CBDC는 거래 정보의 추적이 가능한지 여부에 따라 안정성을 판단한다. 신원확인을 필요로 하는 계좌 기반 CBDC는 개인 식별과 계좌 정보 추적이 가능하기 때문에 안정성이 높은 디지털 화폐에 속한다. 토큰 기반 CBDC는 디지털 서명을 가진 누구나 접근이 가능하기 때문에 익명으로 거래가 가능한 반면 안정성이 낮은 편이다. 마지막으로 전자화폐, 가상화폐, 암호화폐, 스테이블 코인 등 대부분의 디지털 화폐가 모든 경제 주체들의 일반적인 거래에 사용될 수 있는 소액결제 방식을 따른다. 거액결제 방식은 은행 등 금융기관간 거래에 사용되는 디지털 화폐에 적용되는 방식으로 거액결제를 효율적이면서 안전하게 처리할 수 있다는 점에서 많은 중앙은행들의 주목을 받고 있다.

본 챕터에서는 이처럼 다양한 디지털 화폐 중 스테이블 코인을 포함한 암호화폐와 CBDC를 중심으로 각 디지털 화폐의 특성에 대해서 비교해 볼 예정이다. 또한, 한미일 3국에서 암호화폐들을 받아들이는 견해와 규제 현황, CBDC관련 프로젝트 추진 현황에 대해 비교해보고자 한다.

〈표 6-1〉 디지털 화폐 분류 기준

<table>
<tr><td>발행 주체</td><td colspan="4">민간 발행 / 중앙은행 발행</td></tr>
<tr><td>활용 기술</td><td colspan="4">단일원장기술 / 분산원장기술</td></tr>
<tr><td rowspan="3">안정성</td><td colspan="2">민간 발행 디지털 화폐</td><td colspan="2">중앙은행 발행 디지털 화폐</td></tr>
<tr><td colspan="2">가격의 안정성 ↔ 불안정성</td><td colspan="2">정보의 추적 가능성 ↔ 익명성</td></tr>
<tr><td>기존 화폐 및 자산 연결</td><td>기존 화폐 및 자산 미연결</td><td>계좌</td><td>토큰</td></tr>
<tr><td>접근성</td><td colspan="4">소액결제 방식 / 거액결제 방식</td></tr>
</table>

출처: 김유리 외 (2020)

2) 암호화폐, 스테이블 코인, 그리고 CBDC

비트코인, 이더리움, 리플, 라이트코인, 도지코인. 요즘 투자에 관심있는 사람이라면 익숙한 코인들이다. 이와 같은 코인들은 흔히 가상화폐라고 통용되며 암호화폐에 속한다. 2017년 암호화폐 투자 열풍이 불었다가 잠잠해지더니 2020년 하반기 다시 주목받기 시작하면서 나날이 상한가를 달성하며 계속해서 암호화폐에 투자하는 규모와 사람 수가 증가하고 있다. 2021년 2월 말 기준으로 암호화폐 투자자는 250만 명에 달했으며 거래 금액은 2021년 1분기(1~3월) 총 거래금액은 1486조2,768억원으로 지난해 연간 거래금액(357조3,449억원)을 돌파했다(〈그림 6.1〉).

〈그림 6-1〉 암호화폐 투자자 및 거래금액 추이

(기준: 국내 4대 거래소(빗썸, 업비트, 코빗, 코인원))

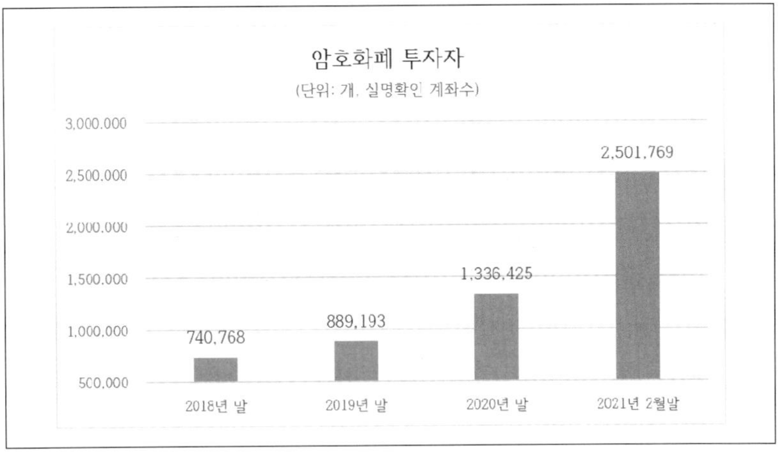

자료: 김병욱 더불어민주당 의원실, 금융위원회

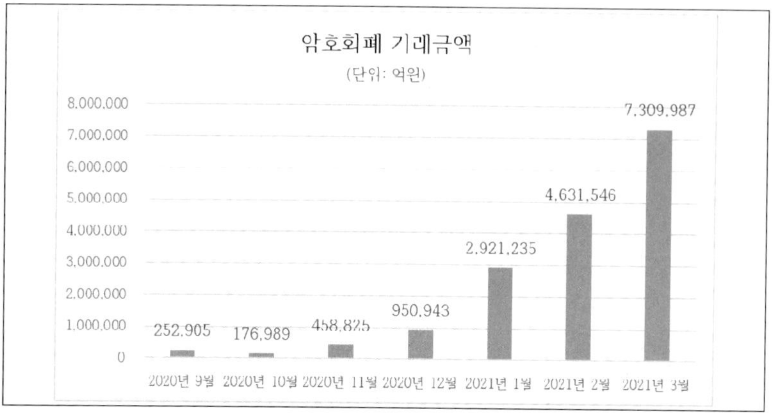

자료: 성일종 국민의힘 의원실, 금융위원회

암호화폐에 대한 관심이 점점 많아질수록 암호화폐가 가지고 있는 안정성, 익명성 등에 관련된 문제점 역시도 주목받기 시작했다. 이런 문제점들을 해결하기 위하여 민간에서는 스테이블 코인을, 정부 차원에서는 CBDC를 발행계획을 발표하였다. 이번 장에서는 암호화폐, 스테이블 코인, 그리고 CBDC에 대한 개념을 명확히 구분해보고 암호화폐의 문제점이 무엇인지 스테이블 코인과 CBDC는 어떻게 그 문제점을 해결할 수 있는지 알아보고자 한다.

암호화폐 혹은 암호자산[1]은 민간에서 발행된 DLT를 기반으로 만들어진 디지털 화폐로 일정한 네트워크 안에서 화폐로 사용할 수 있는 전자자산을 말한다. 초기에는 가상화폐로 통용되었지만 유럽중앙은행이나 미국 재무부의 가상화폐 정의에 따르면 암호화폐는 개발자에

1) 최근 중앙은행들은 암호화폐로 명명되는 디지털 화폐가 화폐와의 유사성이 부재하다는 이유로 '암호화폐(Crytpocurrencies)' 대신 '암호자산(Cryptoassets)'이라는 표현을 사용함(김유리 외, 2020). 본문에서는 다른 디지털 화폐와 비교를 목적으로 하기 때문에 '암호화폐'라는 표현을 사용.

의해 발행 및 관리되지 않으며 사용가능한 범위가 온·오프라인을 모두 포함하고 있기 때문에 암호화폐는 가상화폐에 속하지 않는다[2]. 하지만 우리나라에서는 2021년 3월 개정된 특정금융정보법에서 암호화폐를 '가상자산'이라고 규정하여 가상화폐, 가상통화로 불리기도 한다. 최초의 암호화폐는 우리가 잘 알고 있듯이 '비트코인'이다. 비트코인은 2008년 10월 31일 논문 'Bitcoin: A Peer-to-Peer Electronic Cash System'을 바탕으로 만들어져(Nakamoto, 2008) 2009년부터 발행되기 시작했다. 이후 2011년 10월 7일 라이트 코인을 시작으로 비트코인을 기반으로 한 암호화폐들이 발행되기 시작하였는데, 이런 후발 암호화폐들을 알트코인(Alt-coin; Alternative coin)이라고 부른다. 이더리움, 리플, 라이트 코인 등 비트코인을 제외한 모든 암호화폐를 알트코인으로 보고 있다. 그 중 가장 유망하고 거대한 규모를 자랑하여 '이더리움'은 2015년 7월 30일 비탈릭 부테린(Vitalik Buterin)을 중심으로 개발되기 시작하였다. 이더리움은 블록체인 기반으로 하되 적용범위가 비트코인보다 넓다는 차이가 있다. 비트코인은 결제나 거래와 같이 화폐의 역할에 집중되어 있는 반면, 이더리움은 거래나 결제 뿐 아니라 계약서, 이메일 등 추가 정보를 활용할 수 있다는 점에서 다양한 어플리케이션에도 확장하여 적용할 수 있다.

암호화 과정을 통해서 디지털 환경에서도 안전하게 정보를 보호하

2) 유럽중앙은행(ECB), 유럽은행감독청(EBA), 미국 재무부에서 내린 정의에 따르면 가상화폐란 정부에 의해 통제 받지 않는 디지털 화폐의 일종으로 개발자가 발행, 관리하며 특정 커뮤니티에서만 사용할 수 있는 결제수단을 말함.

고 거래하기 위한 수단으로 만들어진 암호화폐는 화폐의 가치가 기존 화폐 및 자산과 연결되지 않았기 때문에 가격 변동성이 높다는 문제점이 있다. 국내 비트코인 거래 가격만 보더라도 2017년 초 500만원이었던게 2017년 말에는 2,000만원을 돌파하면서 '비트코인 광풍'이라고 불릴 정도로 코인 투자가 과열되었다. 이처럼 계속해서 높아지던 비트코인 가격은 2017년 말 정부에서 암호화폐 규제를 강화하면서 계속 하락하여 코인 투자에 대한 관심이 낮아지기 시작하였다. 2020년 코로나19의 영향으로 대부분의 국가 경제가 무너졌고, 특히 미국의 경제가 흔들리면서 바이든 행정부에서는 대규모 경기부양책을 발표할 것이라고 밝혔다. 이에 따라 암호화폐가 금과 같은 '대안자산'으로 주목받으면서 인플레이션이 발생 시 코인의 가치가 높아질 것이라는 전망에 따라 2020년 하반기 비트코인의 가격이 폭등하기 시작했다. 그 이후 일론 머스크의 발언, 글로벌 기관의 코인 투자 등이 관심을 받으면서 비트코인 가격이 폭등과 폭락을 반복하는 추세가 계속되고 있으며, 2021년 12월 15일 현재 시점에는 4만 7000달러(약 5,581만원)에 거래되고 있다. 이렇게 암호화폐의 가격 변동폭이 다른 화폐에 비해 크고 빠르다는 부분이 강조되면서 투자가 아니라 투기로 보는 시선도 많아지고 있다. 중국인민은행은 2021년 9월 24일 "가상화폐는 법정화폐와 동등한 법적 지위를 보유하지 않는다"며 가상화폐 관련 거래를 모두 불법행위로 규정하겠다고 발표했다.

높은 가격 변동성을 가질 뿐만 아니라 객체 기반 지급이 가능하여 익명성이 보장되는 만큼 사용처에 대한 문제점도 제기된다. 금융거래 추적이 어렵다는 특성을 이용하여 불법적으로 자금세탁을 위해 사용되거나 마약, 도박, 음란물 등을 거래하는 다크웹(Dark web) 사이트에서 결제 수단으로 사용되는 등 이른바 '코인 범죄'라 불리는 암호화폐를 통한 불법행위가 문제가 되고 있다. 노벨경제학상 수상자인 폴 크루그먼 뉴욕시립대 교수는 뉴욕타임스(NYT) 기고문에서 "투기 수단 외에 가상화폐가 사용되는 곳은 돈세탁이나 불법적인 분야 뿐"이라고 비판했다. 이와 같이 암호화폐가 디지털 화폐의 기능을 인정받기 위해서는 가치 안정성과 범죄에 사용되기 쉽다는 문제점을 해결할 필요가 있는 상황에서, 암호화폐의 대안으로 스테이블 코인이 등장하였다. 스테이블 코인은 암호화폐와 달리 그 가치가 기존 화폐 및 자산에 연결되어 있어 가치 안정성을 확보할 수 있다는 장점을 갖는다. 그러나 스테이블 코인 역시 민간에 의해서 발행된다는 점에서 사이버 범죄, 위조 등 불법 행위에 대한 위험성이 높을 뿐 아니라 중앙은행의 통화지배권 상실에 대한 우려가 제기되면서, 각 국의 중앙은행을 중심으로 CBDC 발행 계획을 발표하였다.

〈표 6-2〉 암호화폐, 스테이블 코인, CBDC 특징 비교

	암호화폐	스테이블 코인	CBDC
발행 주체	민간	민간	중앙은행
활용 기술	분산원장방식	분산원장방식	단일/분산원장방식
화폐단위	독자 단위 (수요/공급에 따라 결정)	독자 단위 (법정화폐와 1:1 비율)	법정화폐 단위 (액면 고정)
안정성	낮음	높음	높음
익명성	완전 익명	식별 가능한 익명 (조건부)	식별 가능한 익명 (조건부)
정보 추적 가능성	낮음	낮음	높음
예	비트코인, 이더리움	테더, USD코인	e-크로나(스웨덴), 디지털 위안화(중국)

스테이블 코인이란 앞서 간단히 언급한 것과 같이 기존의 암호화폐가 결제 수단으로 사용되지 못했던 가격 변동성을 최소화한 암호화폐를 말한다. 스테이블 코인의 가치는 미국의 법정통화인 1달러와 1:1비율로 고정되어 있다. 또한 가상자산에 속하므로 국가에 상관없이 언제 어디서든 교환이 빠르고 쉬어서 블록체인 업계에선 스테이블 코인에 많은 관심을 갖고 있으며 실제로 가상자산 시장에서는 달러를 대신하여 사용되고 있다. 대표적인 스테이블 코인으로는 테더(Tether)와 USD코인(USDC)가 있다. 테더는 전 세계에서 가장 많이 쓰이는 스테이블 코인으로 2020년 1분기 기준 전체 스테이블 코인 중 약 80%에 달하는 공급 점유율을 보유하고 있다(박상혁, 2020). 테더는 미국 달러 뿐 아니라 유로화(EUR₮), 엔화(JPY₮), 위안화(CHN₮), 금(XAU₮)과 가치를 고정시켜 발행되고 있다. 미국 달러와 페그된 테더인 USD₮는 2021년 12월 20일을 기점으로 시가총액이 760억 달러를 넘어섰으며 암호화폐 비트코인(BTC), 이더리움(ETH), 바이낸스 코인(BNB)에 이어 네 번째로 거래되고 있다[3]. 하지만 2019년 4월 테더 발행량과 달러가 1:1비율로 존재하지 않는다는 사실이 밝혀지면서 테더의 자금운용 투명성과 신뢰도에 대한 문제가 불거졌다(김유리

---

3) https://cryptoslate.com/coins/ (2021년 12월 20일)

외, 2020)[4]. 사건이 있을 때마다 테더의 가치가 크게 변동되면서 스테이블 코인이라고 하더라도 가격 안정성이 완전하게 보장되지 않는다는 문제점이 드러났다. 스테이블 코인의 가격 안정성과 자금운용 투명성을 증명하고자 두번째로 규모가 큰 USD코인의 발행사 서클(Circle)에서는 USD코인 투자 구성 정보를 공개하기로 결정하였다. 이에 더불어 2021년 8월 테더에서도 자체 보고서를 통해 보유고 구성 관련 구체적인 수치를 제시하기 시작했다. 이는 스테이블 코인 발행사간 투명성 경쟁이 본격적으로 시작된 것으로 보인다. 실제로 2020년 하반기 이후 USD코인이 성장하면서 테더의 공급점유율이 지속적으로 감소하고 있다. 그림2에서 알 수 있듯이 2021년 테더의 점유율은 50%까지 감소하였다. 이는 테더의 규제 문제가 계속되면서 2021년 중순 테더의 추가 발행이 없었던 것도 영향을 미쳤겠지만, USD코인이 디파이(DeFi; Decentralized Finance, 탈중앙화금융)[5] 산업에서 차지하는 비중이 커지면서 이더리움 계열 스테이블 코인 강자로 급부상하여 나타난 현상으로 보인다.

---

4) 2019년 4월 30일 뉴욕대법원의 스튜어트 호그너 진술 참고. https://www.coindesk.com/tether-lawyer-confirms-Stablecoin-74-percent-backed-by-cash-and-equivalents. 당시 테더 옴니 익스플로러에는 약 28억 달러의 테더가 발행되어 있었음. 또한 테더를 대표하는 모건 루이스의 변호사 조 필립스도 “테더가 USD 1달러당 현금으로 1달러를 보유해야 한다는 주장은 여러 가지 차원에서 잘못됐다”며 테더가 사용자들의 상환을 보장하기 위해 1USDT당 1달러를 보유할 필요가 없다고 언급.

5) 탈중앙화금융은 중개, 거래소 또는 은행과 같은 중앙 금융 중개자에 의존하지 않고, 대신 블록체인에서 스마트 계약을 활용하는 블록체인 기반의 금융 형태를 말함(Kruppa and Murphy, 2019).

〈그림 6-2〉 스테이블 코인 공급 점유율

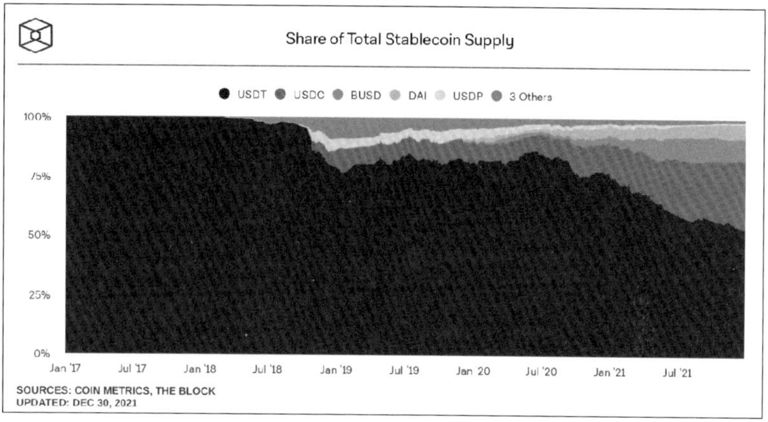

스테이블 코인이 가상자산 시장에서 자리를 잡으며 성장하는 와중에 2019년 6월 페이스북에서 2020년까지 스테이블 코인 '리브라(LBR; Libra Coin)'를 발행하겠다고 발표하였다. 리브라는 여러 통화 가치에 바스켓[6] 형태로 고정된 스테이블 코인 형태로 리브라의 바스켓은 미국 달러, 유로, 엔화, 영국 파운드, 싱가포르 달러로 구성될 것으로 예상된다. 페이스북은 리브라를 통해서 환전하는 과정 없이 사용자간 공급과 일반 물품 구매가 가능한 '글로벌 디지털 화폐' 및 금융인프라를 구축하겠다고 밝혔다. 리브라는 기존의 암호화폐와 달리 전 세계 24억 명이 사용하는 세계 최대 규모의 페이스북 플랫폼을 활용할 수 있어 높은 접근성과 대중성을 지닌다는 면에서 전 세계 경제와 상거래에 큰 영향을 미칠 것으로 전망된다. 이에 따라 각국

6) 통화 바스켓이란 여러 법정화폐와 자산을 하나로 묶어 가치를 유지하는 방식을 의미함.

규제당국과 금융기관은 민간에서 발행하는 리브라가 기존 금융시스템의 안정성을 침해할 것이라며 반대입장을 발표하였다. 국제적으로 리브라 규제에 관한 논의가 계속되자 페이스북 CEO마크 저커버그는 2019년 10월 미 의회 청문회에서 "규제당국과 의회의 우려를 완전히 잠재우고 필요한 승인을 모두 받기 전까지는 리브라를 출시하지 않겠다"고 밝혔고, 2020년 4월 17일에는 리브라 백서 2.0을 통해 기존 바스켓 통화 외에도 단일 화폐와 연동되는 복수의 스테이블 코인을 발행하는 방향으로 수정된 계획을 발표하였다. 리브라 백서 2.0에 따르면 2020년 11월 즈음 리브라 결제 시스템을 선보이기로 하였으나 주요국의 반대와 규제에 부딪히면서 페이팔 등 파트너 기업이 이탈하자 기존에 기획했던 단일 코인 체제에서 각 국가의 법정화폐와 연동되는 방식으로 전환하였다. 또한, 금융안정위원회에서 지정한 자금세탁방지와 테러자금조달금지 등을 위한 규정을 준수하겠다고 밝히며, 향후 누구나 리브라 네트워크에 참여할 수 있도록 한 퍼블릭 블록체인(Permissionless, 공개형)으로 전환하려던 계획도 포기했다(김병철, 2020a). 목표를 하향 조정한 리브라는 이름도 '디엠(Diem)'으로 변경하여 페이스북 플랫폼 내에서 활용할 수 있는 스테이블 코인의 형태로 2021년 연말까지 출시할 것을 목표로 하고 있다(서양희, 2021). 글로벌 시장을 공략했던 리브라와 달리 디엠은 제한된 영역에서 제한된 계층을 상대로 유통될 예정이지만, 페이스북 생태계 안에서 디지털 지갑 '노비(Novi)'를 이용할 경우 큰 가격 변동없이 언제나 안정적으로 거래할 수 있다는 점에서 암호화폐를 이용한 디지털 거래의 새로운 지표를 열 것으로 예상된다.

〈표 6-3〉 리브라 출시에 대한 주요국 및 주요 기관의 반응

국가 및 기관	반응 및 대응
G7	- [G7 워킹그룹] 글로벌 스테이블 코인이 통화정책, 금융안정, 국제 통화시스템, 공정경쟁에서 위험을 초래할 수 있고, 적절한 규제로 해결되기 전까지는 운영되어서는 안됨(2019.10).
금융안정위 (FSB)	- 글로벌 스테이블 코인은 국내통화 대체문제, 소비자 및 투자자 보호, 데이터 프라이버시 및 보호, 자금세탁 방지(AML), 테러자금 조달방지(CFT), 반독점법 문제 등에 많은 도전을 제기하며, 높은 규제기준 및 철저한 감독을 받아야 함(2020.10).
미국	- [의회] 2019년 7월 10일 미 의회 청문회에서 리브라가 미 달러에 미치는 영향, 시스템 위험성, 자금세탁, 데이터 프라이버시 보호 등에서 우려를 표명.
영국	- [정보위원회] 리브라 개인정보 취급 관련 정보공개를 요구하는 공동성명 발표(2019.8). - [BoE 금융정책위] 스테이블 코인을 사용하는 결제망은 전통적인 결제망과 동일 수준으로 규제되어야 함(2019.12).
독일 · 프랑스	- [재무부] 통화주권 침해와 금융리스크를 우려하며 공동반대성명 발표(2019.9). - 프랑스 재무장관은 리브라가 EU에서도 사용되어서는 안 된다고 밝힘(2019.9).
스위스	- [금융감독청] 리브라 등 스테이블 코인 규제 프레임워크 발표(2019.9). - 리브라는 스위스 금융감독청 규제하에 결제시스템 업체 라이선스를 신청한 상태(2019.9).
한국	- [한국은행] 주요국 중앙은행과 국제결제은행(BIS), 금융안정위원회(FSB) 회의 참여 등을 통해 국제사회의 리브라 규제 논의에 적극 참여할 계획을 밝힘(2019.10).

출처: 김유리 외 (2020)

페이스북의 리브라 발행 계획 발표는 글로벌 디지털 화폐 시장을 흔들어 놓았으며 중국과 미국을 포함한 주요국들의 CBDC 발행 계획을 앞당겼다. CBDC란 중앙은행이 보증하는 법정 디지털 화폐로 정부

가 그 가치를 보장한다. 기존의 법정통화와 동일하게 법정 화폐로의 상환을 보증하거나 그 자체가 독자적인 화폐 단위가 될 수 있다. 따라서 법정화폐와 같은 신뢰도를 가지며 액면가가 고정되어 있고, 별도의 결제체계를 거치므로 법정화폐로의 환전이 필요 없다. CBDC는 은행 등 예금취급 금융기관에서만 발행하는 '도매 디지털화폐(Wholesale CBDC)'와 개인 등 민간 경제주체들에게도 발행하는 '소매 디지털화폐(Retail CBDC)'로 나뉜다. 도매 CBDC의 경우 개인은 중앙은행으로부터 CBDC를 공급받은 은행을 통해 간접적으로 CBDC를 획득할 수 있다. 주요국 중에서는 중국과 스웨덴이 가장 발빠르게 움직이고 있으며, 최근 코로나19의 여파로 인해 비대면 금융거래가 급증하면서 일본, 한국 등 다른 국가에서도 CBDC에 대한 논의가 활발하게 진행되고 있다. 중국 인민은행은 2014년부터 디지털 화폐 발행 관련 연구를 시작하였으며, 2019년 들어 CBDC 연구개발을 본격적으로 추진한 결과 2020년 10월 12일 광둥성 선전시 시민 5만 명에게 200위안(약 3만 4천원)씩 '디지털 위안화'를 지급하고 사용하도록 하는 시범운영을 시작하였다. 중국의 디지털 위안화는 소액결제 거래에만 사용할 수 있어 소액 현금거래를 대체하는 용도로 개발되었다. 하지만 장기적으로는 국가간 무역 대금 결제와 해외 송금 등에도 활용할 수 있도록 확장될 가능성도 있다. 스웨덴 중앙은행(Riksbank)은 중앙은행에 개인이 계좌를 보유하는 방식인 계좌기반 e-크로나와 카드나 모바일 어플리케이션에 유닛을 저장하는 방식인 가치기반 e-크로나를 기획하였고, 블록체인 자문 그룹 액센추어(Accenture)와 함께 2020년 2월 가치기반 e-크로나 시범사업 및 연구를 시작하였다. 이 후 2021년 1월 스웨덴 중앙은행 세실리아 스킹슬리(Cecilia Skingsley) 부총재는 “CBDC 개념증명 차원에서 분산원장기술을 연구하고 있다”고 발표했다. 부총재는 아직 e-크로나 발행에 대한 확실한 결정을 내린 것은 아니며 어떻게 하면 현실에서 e-크로나를 효과적으로 사용할 수 있는지, 어떤 속성이나 기능을 중심으로 구성할지 등에 대해서 계속해서 연구하고 있다고 밝혔다. 또한, 2020년 1월 21일 캐나다, 영국, 일본, 유럽연합, 스웨덴, 스위스를 포함한 7개국 중앙은행이 CBDC 연구그룹을 구성하여 관련 연구를 활발히 진행중이다. 특히 현금거래를 선호하는 일본에서도 2020년 10월 디지털 화폐 발행 관련 보고서를 발행하며 적극적으로 CBDC 실증실험을 진행 중이다. 한국에서도 2020년 4월 CBDC 파일럿 테스트 추진 계획 및 일정을 발표하고 2021년 7월부터 CBDC 모의 실험을 진행 중이다. 미국은CBDC 발행 계획을 따로 발표하지는 않았으나, 2020년 8월부터 매사추세츠공과대학(MIT)과 함께 디지털 달러 기술 연구 프로젝트 ‘프로젝트 해밀턴(Project Hamilton)’을 진행 중이다. 2021년 9월 미국 CBDC의 잠재적 모델 역할을 하는 오픈소스가 포함된 프로젝트 해밀턴의 첫 단계가 거의 완료되었다고 밝혔다. 미국은 대량 거래 처리를 위한 시스템에 초점을 맞추고 연구를 진행 중이다.

3) 디지털 화폐의 필요성 - 왜 여러 국가에서 CBDC를 발행하려고 하는가

페이스북의 리브라처럼 민간 기업을 중심으로 더 많은 사람들이 손쉽게 사용할 수 있는 디지털 화폐가 발행되고 비트코인과 같은 암호화폐를 이용한 디지털 거래가 점진적으로 도입되기 시작하자 국제적으로 디지털 화폐 발행 및 사용에 대한 논의가 지속적으로 제기되었다. 대부분의 국가에서는 화폐 발행 주체가 흔들리면 화폐 주도권을 뺏길 것을 우려하여 민간 발행 디지털 화폐 규제를 강화하면서 CBDC 발행 계획을 앞당겼다. 전세계 중앙은행들을 중심으로 '현금 없는 사회' 실현을 위해 CBDC 발행 시범사업에 열을 올리는 것인지 살펴보고자 한다.

현금 없는 사회에서는 화폐 제조비용과 유통·관리 비용을 줄일 수 있다는 점에서 경제적일 뿐 아니라 사회적인 측면에서까지 다양한 장점이 존재한다. 첫 번째로 현금과 관련된 모든 비용을 획기적으로 줄일 수 있다. 한국은행에 따르면 국내 현금 사용이 급감하면서 2018년 지폐와 동전을 포함한 화폐 제조비용은 1,104억 원으로 신권이 나온 이래 가장 적은 비용으로 집계되었다(이승철, 2019). 이처럼 무현금화가 지속되면서 화폐 발행 추이는 지속적으로 감소하고 있지만 여전히 매년 1,000억 원 정도의 제조비용이 소요되고 있다. 제조비용뿐 아니라 화폐 유지보수를 위한 비용으로 손상화폐 폐기 규모와 그에 따른 재발행 비용이 해마다 증가하고 있는 점도 주목할 만하다. 2020년 한국은행 자료에 따르면 손상화폐 폐기 규모는 해마다 증가하여 2019년에는 총 4조3,540억 원으로 지난 2011년 1조 7,350억 원을 기록한 것과 비교하여 해마다 큰 폭으로 증가하고 있다. 이처럼 화폐 폐기가 늘어갈수록 대체 발행 비용도 큰 폭으로 증가하고 있는데 2019년에는 화폐 폐기에 따른 재발행 비용이 903억원에 달했다(김진솔, 2020). 화폐 제조 및 유지 비용을 줄이는 것만으로 불필요한 재정

지출을 줄일 수 있다는 점에서 중앙은행 입장에서는CBDC 도입을 서두르고 있는 추세이다. 중앙은행 뿐 아니라 현금을 관리하고 유통하는 모든 금융기관에게도 CBDC 도입은 비용 절감의 효과를 가져온다. 현금 인출 및 이체 등을 위해 존재했던 현금자동지급기(CD)와 현금자동입출금기(ATM) 관리 비용을 포함하여 현금 보관 및 거래에 관련된 모든 비용을 줄일 수 있다(김상진, 2020). 뿐만 아니라 현금 위조에 대한 문제에서도 자유로울 수 있다. 위조지폐 문제는 모든 나라에서 빈번히 발생하는 국제적인 문제인 만큼 블록체인을 기반으로 한 디지털 화폐로의 전환이 화폐 위조 대책을 위한 비용 절감에 효과적일 것으로 예상된다.

CBDC는 민간이 발행하는 디지털 화폐와는 다르게 중앙은행의 공신력을 기반으로 발행되므로 경제 주체들에게 편리하고 안전한 결제수단으로의 역할을 할 수 있을 것으로 보인다(이승호, 2021). CBDC를 사용하면 소유자와 거래 내역이 기록으로 남기 때문에 거래 투명성이 향상될 수 있다. 중앙은행이 구축하고 관리하는 유통망을 따라 거래되어 화폐 이동에 대한 모든 정보 추적이 가능해져 자금 세탁 등 불법 행위를 방지할 수 있다. 또한, CBDC의 유동성과 안전성을 기반으로 신속하고 효율적인 거래가 가능해진다. 카드 결제가 보편화됨에 따라 거래의 신속화는 진전되고 있긴 하지만 여전히 현금 의존도가 높은 나라나 교통수단을 이용하기 위해서는 티켓을 구매해서 사용해야 하는 나라에서는 디지털 화폐로의 전환이 거래의 신속화에 도움이 될 것이다. 뿐만 아니라 서로 다른 화폐를 사용하는 국가간 거래

시 환전하는 과정이 불필요하기 때문에 효율적인 거래가 가능하다. 디지털 화폐를 도입하면 은행 계좌 없이 금융상품과 서비스 이용할 수 있기 때문에 은행 방문이 어렵거나 계좌 개설이 어려운 금융 취약 계층의 금융 서비스 접근성 또한 높일 수 있다.

중앙은행에서 모든 거래 내역을 감독할 수 있다는 면에서 실시간 경제 동향이나 소비 패턴을 파악하여 효과적인 통화정책이 가능할 것으로 예상된다. 정책의 목적에 따라서 이자 지급, 보유한도 설정, 이용시간 조절 등 관리가 쉬우며 기존 화폐와 비교하여 정부 차원에서 화폐 발행량 조정도 용이하다. 더욱이 민간 경제주체에 양적완화(quantitative easing)와 같은 신속한 유동성 공급 수단을 확보하여 즉각적인 대응이 가능하다(이승호, 2021). 코로나19 로 인해 정부에서 재난지원금과 같은 유동성을 공급할 때 금융기관의 개입없이 정부에서 개인에게 곧바로 CBDC 형태로 지급할 수 있어 통화승수효과가 발휘되는 데 소요되는 시간을 단축할 수 있을 것이다. 뿐만 아니라 실물화폐와 다르게 디지털 화폐에 대해서는 마이너스 금리를 직접 적용할 수 있다. 이는 금융불안 확대와 같이 특수한 상황에서 실물경제와 직접적으로 연결된 통화정책을 실시함으로써 정책의 효과 제고가 용이해질 것으로 예상된다.

마지막으로 각 국가에서 다른 종류의 디지털 화폐를 규제를 강화하면서 까지CBDC 발행에 적극적인 이유는 중앙은행이 가지고 있는 화폐 주도권을 유지하기 위함이다. CBDC의 선두국인 중국은 2021년 9월 24일 암호화폐 관련 거래를 모두 불법행위로 규정하며 관련된 모든 업무를 전면 금지하였다. 중국인민은행은 24일 홈페이지에 발표한 암호화폐 거래 관련 통지문을 통해 “암호화폐는 법정화폐와 동등한 법적 지위를 보유하지 않는다. 암호화폐 관련 업무 활동은 불법적인 금융활동에 속한다”고 발표했다. 그러면서 “암호화폐는 화폐로서 시장에서 유통되거나 사용돼서는 안 되며, 될 수도 없다”고 강조했다(윤상언, 2021). 이는 디지털 위안화를 도입하기 앞서 다른 종류의 디지털 화폐의 유통 및 사용을 금지하여 주도권을 중앙은행으로 가져오는 목적이 있을 뿐 아니라 암호화폐로 인한 사회문제를 해결하기 위한 강경조치로 보인다. 이처럼 중국만큼 강경하게 입장은 아니지만 대부분의 나라에서 암호화폐 규제에 대해서 비슷한 견해를 보이며 CBDC 발행을 추진하고 있다. 특히 투기, 돈세탁 등과 같이 불법적인 분야에서 암호화폐의 악용 사례가 늘어나는 것을 우려하여 가격변동이 심한 민간 암호화폐와 달리 액면가가 고정되어 있으며 중앙은행에서 통제할 수 있는 CBDC 발행을 서두르는 이유라고 볼 수 있다.

Ⅱ. 한미일 3국의 디지털 화폐에 대한 정부 규제 비교

다양한 종류의 디지털 화폐가 발행되고 거래에 사용됨에 따라 그로 인해 발생되는 사회 문제들이 제기되고 있다. 특히, 암호화폐는 거래의 익명성을 보장하기 때문에 자금세탁, 탈세, 마약 및 무기 밀매 등 불법적인 거래에 활용될 우려가 있으며, 민간 가상화폐의 특성상 가격급락 등 금융 불안정을 초래할 수 있다. 또한, 새로운 유형의 화폐에 대해 과세를 어떻게 적용할지도 고려해야 한다.

〈그림 6-3〉 세계 각국의 암호화폐 규제 현황 (2021년 5월 기준)

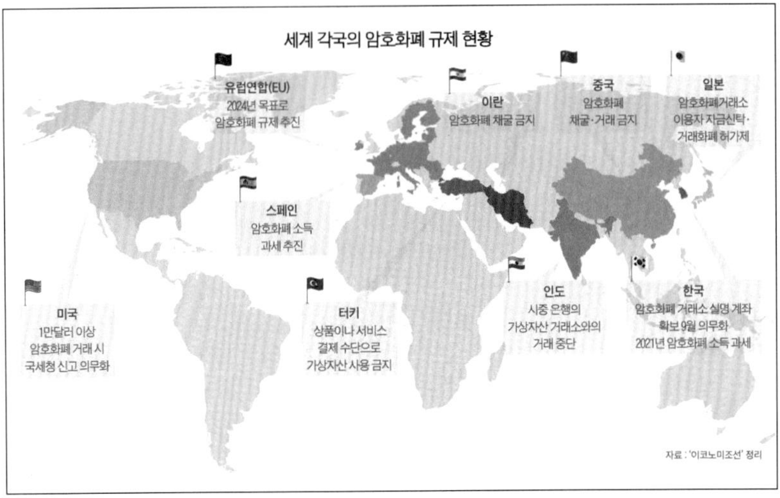

출처: 이소연 (2021)

그림 3과 같이 암호화폐의 안전한 거래를 위해 주요국들은 독자적인 규제를 마련하여 운용 중에 있다. 가장 강경한 입장을 보이고 있는 중국은 2021년 5월 암호화폐 채굴을 전면 금지하고, 같은 해 9월에는 암호화폐에 관련된 모든 거래를 금지하는 등 암호화폐 자체를 중국 내에 배제시키려는 움직임을 보이고 있다. 한미일 3국 모두 암호화폐에 대한 규제를 강화하고 있는 모습을 보이며 3국 중에는 미국이 가장 먼저 암호화폐에 대한 규제 체계를 마련하였으며 일본이 암호화폐에 대한 모든 활동에 대해서 가장 엄격하게 규제하고 있다. 한국은 미국 특히, 뉴욕 주의 비트라이센서(BitLicense)와 일본의 자금결제법을 참고하여 암호화폐에 대한 규제 방안을 마련해 나가고 있는 상황이다. 한국과 일본은 암호화폐를 부르는 명칭은 다르지만 두 국가 모두

화폐가 아닌 '자산(한국: 가상자산, 일본: 암호자산)'이라고 부르고 있으며, 미국에서는 공식적으로 규정하진 않았지만 정부 발표와 같은 공적인 문서에서 '가상화폐(virtual currency)'라고 부르고 있다. 한국과 일본은 실명확인 등과 같은 필요조건을 충족하는 거래소에 대해서만 사업자 신고를 허용하는 방식을 취하고 있다. 연방국가인 미국은 연방차원에서는 암호화폐 거래소를 자금서비스업으로 등록하도록 하고 있으며, 주 차원에서는 주별 규제 방침에 따라 별개의 라이선스를 발급받거나 연방차원의 규제를 따라가는 식으로 주마다 다른 거래소 등록제를 시행 중이다. 3국은 과세에 대해서도 조금씩 다른 입장을 보이고 있는데, 미국과 일본은 암호화폐 과세에 대해서 강경한 모습으로 이미 과세를 부과하고 있을 뿐만 아니라 과세 부과를 위한 규제 방안까지도 고려하고 있는 상황이다. 이와 달리 한국은 아직까지 암호화폐에 대한 과세 방안을 시행하고 있지 않으며 다른 국가에 비해 구체적인 사항에 대한 논의도 충분히 이뤄지지 않고 있다. 본문에서는 한국, 미국, 일본을 중심으로 각 국에서 디지털 화폐를 바라보는 시각과 관련 규제 현황을 자세히 살펴보고자 한다 (〈표 6.4〉 참고).

〈표 6-4〉 한미일 3국 암호화폐 규제 현황 비교

	한국	미국	일본
명칭	가상자산 (2021년 개정)	암호화폐, 가상화폐	암호자산(2019년 개정)
법제화 모델	미정 – 2022년 가상자산법을 통해 규제할 예정. 증권형 가상자산은 자본시장법, 비증권형 가상자산은 가상자산법에 따라 규제할 것으로 예상됨	증권형 가상자산은 증권법에 따라, 비증권형 가상자산은 상품거래법으로 규제.	모든 가상자산을 금융상품으로 보고 금융상품거래법에 따라 규제.
거래소 등록제	특정금융정보법에 따라 실명확인 입출금계정 서비스와 정보보호관리체계 인증 등을 갖추고 금융위 금융정보분석원에 신고한 거래소에 대해서만 사업 가능 (2021년 시행).	연방차원 – FinCEN에 자금서비스업으로 등록 후 거래소 영업 가능 (2013년) 주 차원 - 뉴욕 주 금융감독국에서 'BitLicense'를 제정하여 거래소 규제체계 마련 (2015년).	자금결제법 개정안에 따라 가상통화 거래소 등록제 신설하여 필요 조건 충족시에만 가상통화교환업자로 등록할 수 있도록 함 (2017년 시행).
과세	2020년 세법개정안을 통해 암호화폐 과세 방안을 발표. 가상자산에 대해 20%(지방세 2% 추가, 총 22%)의 양도소득세 부과 예정. 2023년 시행 예정.	2014년 미국 연방 국세청에서 암호화폐 관련 지침을 수립하여 과세를 부과하고 있음. 암호화폐를 '자산'으로 취급하여 양도차익에 대해 자본이득 세율 20%를 적용하여 과세. 2022년 개정 예정 (장기 이익에 대해 세율 인상 방안 검토 중).	2017년 암호화폐 세무처리 지침에 따라 암호화폐로부터 얻은 이익을 기타소득으로 간주하여 소득세 과세 구간에 따라 최대 55%(주민세 포함의 세금 부과. 암호화폐 교환 뿐 아니라 채굴, 소유 등 모든 활동에 대해 세금 부과.

1) 한국

한국은 기존에 디지털 화폐 및 관련 거래업에 대한 명확한 정의가 없고 법적 기준이 마련되어 있지 않았으나, 2017년 7월 가상자산 거래에 세금 부과 및 거래인가제를 도입하는 내용의 금융전자거래법 개정안을 발의하는 것을 시작으로 가상자산과 관련한 불법 행위 차단 및 건전한 거래를 위한 제도적 기반을 마련하기 시작했다. 이는 가상자산을 악용한 불법거래, 사기범죄 등으로부터 소비자를 보호하고 가상자산 거래가 무분별하게 이루어질 경우 금융거래 질서에 부정적 영향을 방지하고자 2017년 9월 1일 처음으로 정부, 금융위원회 등 가상통화 관계기관 합동 TF 회의가 개최되었다. 합동 TF 회의에서는 가상자산 투명성 확보 및 보호 장치에 대한 검토가 이뤄졌으며, 가상자산 투자를 사칭한 유사수신행위규제법상 근거를 명확화하고 처벌 수준을 강화하는 등 건전한 거래질서 확립을 위해 법제도를 정비해 나갈 계획이라고 발표했다(금융위원회, 2017). 첫 회의를 시작으로 2017년 9월 초기 코인 공개(ICO; initial coin offering)[7]를 전면 금지하였으며 2018년 1월에는 불법자금세탁방지(AML; anti-money laundering) 가이드라인을 발표하는 등 가상자산 관련 규제를 놓고 지속적인 논의 및 법률 개정을 진행하고 있다. 2017년 12월 법무부에서 가상통화 대책 TF를 발족하고 법무부, 기획재정부, 금융위원회, 국무조정실 등 범정부 입법 논의를 본격화하여 가상자산 거래를 엄정 규제하는

7) 초기 코인 공개란 블록체인 기술을 기반으로 새로운 암호화폐를 만들기 위해 불특정 다수의 투자자들로부터 초기 개발 자금을 모금하는 과정을 말함. 주식 공개 모집을 의미하는 IPO에서 파생된 단어.

방안을 조속히 검토하겠다고 밝혔다. 같은 달 최종구 금융위원장의 기자 간담회를 통해 '비트코인 거래 전면금지를 포함한 규제안을 검토 중'이라는 발표와 더불어 정부에서는 가상통화 투기 근절을 위한 특별대책 발표와 함께 주요 가상자산 거래소 가상계좌 발급을 중지하는 등 가상자산 거래에 대하여 부정적인 입장을 고수했다. 하지만 한편에서는 강경한 규제 방안에 대해서 확정된 것은 없다며 기획재정부, 법무부, 금융위원회 등 가상통화 관계기관 내에서도 의견 차이가 좁혀지지 않는 듯 보였다. 이런 분위기는 국내 가상자산 시장에도 큰 영향을 미쳤다. 정부의 강경한 대응책으로 인해 거품이 가라앉은 국내 가상자산 시장은 무관심 속에 방치되었다. 2018년 1월 30일 암호화폐 거래실명제를 실행한 후로 정부에서는 이렇다할 규제 방침을 내놓지 않았으며 여러 차례 거래소 해킹 사고가 발생했음에도 불구하고 대응책이나 별도의 투자자 보호 장치 마련에 대한 제도화에 나서지 않았다.

이후 가상자산에 대한 관심이 거의 없어질 즈음 2020년 3월 5일 가상자산 거래소 신고제를 도입하는 내용의 '특정금융정보법(특금법)' 개정안이 국회 본회의를 통과했다(김세진, 2020). 가상자산의 제도권 진입을 의미함과 동시에 규제에 따라 신고요건을 갖추지 못한 중소 거래소들의 폐업으로 이어질 수 있음을 의미한다. 이는 금융위원회 청부입법으로 제윤경 더불어민주당 의원이 2018년 3월 대표발의한지 2년만에 이뤄진 성과이다. 개정된 특금법에 따라 가상자산 사업자는 '실명확인 입출금계정 서비스(가상자산 거래 실명제)'와 '정보보호관리 체계(ISMS) 인증' 등을 갖추고 금융위 금융정보분석원(FIU)에 신고해야만 거래소 사업을 할 수 있다. 따라서 시장 건전화를 통해 투자자 피해를 줄이는 효과를 기대할 수 있다. 하지만 특금법 시행령에 따라 블록체인 산업의 구조조정도 진행될 것으로 예상된다. 소관부처인 금융위가 시행령에서 가상자산 거래소 사업자의 범위를 얼마나 넓게 설정할 것인지에 따라 '실명확인 입출금계정 서비스' 의무 대상이 정해지는데 특금법이 시행된 후 두 조건을 모두 만족하지 못한 경우 '자격 미달'의 거래소로 분류되어 가상자산 시장에서 퇴출될 가능성이 높아졌다. 특히, 실명확인 입출금계정 서비스를 위해서는 은행의 협조가 필수적인데 은행들이 실명계좌 발급에 보수적이다. 이는 특금법 제5조2항에 따라 은행이 실명계좌를 발급해준 거래소의 안정성을 보증해야 하는 연대 책임 구조를 가지고 있기 때문에 신뢰할 수 있는 대형 거래소 외에는 실명계좌 발급을 거부하는 모습을 보였다. 2021년 9월 25일 금융위 FIU에 따르면 국내 가상자산 거래소 중 업비트, 빗썸, 코인원, 코빗 4개의 국내 거래소에서만 원화로 코인을 거래할 수 있는 원화마켓을 운영할 수 있으며, ISMS 인증은 받았지만 실명확인 입출금계정 발급 확인서가 없는 25개 거래소는 가상자산 간 거래만 지원하는 코인마켓 사업자로 신고를 진행하였다(이봄, 2021). 이로 인해 세계 1위 가상자산 거래소인 '바이낸스' 역시 영업 신고 대상으로 규정되어 한국인을 위한 원화 거래 서비스를 종료하였다.

가상자산 제도권 진입을 통한 거래소 규제와 더불어 2020년 7월 22일 기획재정부에서는 가상자산 과세 방안을 포함한 '2020년 세법 개정안'을 공개했다(기획재정부, 2020). 개정된 세법에 따르면 2022년 1월 1일 이후 거래되는 가상자산에 대해 정부는 20%의 세율(지방세 2% 추가, 총 22%)의 양도소득세를 부과한다. 가상자산 양도 소득을 '기타 소득'으로 분류하여 과세할 계획이라고 밝혔다. 또한, 기획재정부는 2020년 세법 개정안의 '가상자산 거래소득 과세 지침'에 대해 "소득세법과 법인세법에는 개인(거주자, 비거주자)와 외국법인의 가상자산 거래 소득이 세목에 포함되어 있지 않다"면서도 "그러나 해외 주요국의 관행과 주식, 파생상품과 같은 기타 소득에 대한 과세 상황으로 판단할 때 공정성을 보장하기 위해 정부는 이 부분의 소득에 대해 세금을 부과할 필요가 있다"고 밝혔다. 투자자가 해외거래소를 이용해 조세를 회피하는 상황을 감안해, 개정안에서는 투자자의 해외거래소득을 납세 신고 범위에 포함하도록 명시했고, 그렇지 않을 경우 최대 60%의 미신고 과장금을 부과할 수 있다. 하지만 가상자산 투자자들의 반발로 인해 여야 정치권에서 가상자산에 대한 과세를 유예하자는 개정안을 지속적으로 제기되었다. 2021년 9월 고위당정청협의회를 통해 과세 시기를 유예하지 않기로 결론 내렸다고 알려졌지만, 11월 30일 국회 기획재정위원회 전체 회의에서 가상자산에 세금을 부과하는 시기가 2023년으로 1년 미뤄진다는 내용을 포함하는 '2021년도 세법 개정안'이 의결되었다(임현우, 2021). 정부의 반대에도 불구하고 여야에서 가상자산 과세 1년 연기를 밀어붙인 것으로 보여진다. 이번 개정안을 통해 과세 시행 시점이 2023년으로 미뤄지면서 실제 세금을 내야 하는 시기도 1년 뒤인 2024년으로 늦춰졌다.

시행 시점 외에 가상자산 과세 내용에 대한 부분은 동일하게 진행될 예정이다.

2021년 9월 28일 특금법 시행령 개정안을 통해 코인 거래소의 임직원들의 내부거래와 거래소 자체 코인 발행이 법적으로 금지되었다(김제이, 2021a). 이는 가상자산 사업자의 시세조종 등으로 인한 소비자 피해 방지 및 가상자산 거래의 투명성 제고를 위한 조치로 보인다. 뿐만 아니라 9월 30일부터는 업비트를 필두로 국내 4대 거래소들이 본격적으로 실명 거래를 시작하였다. 특금법에 따라 가상자산 신고수리증을 받는 즉시 고객 확인 인증(KYC; Know Your Customer)제도를 시행해야 하기 때문이다(김제이, 2021b). 기존 거래소 고객들 가운데 KYC 인증을 완료한 고객들만 정상 거래가 가능하다. 다만 거래소마다 고객 확인 인증을 완료하는 시점도 다를 뿐 아니라 인증 고객과 미인증 고객간의 코인 거래 등에 대한 세부 지침들이 아직 미비한 실정이다. 이에 금융위 FIU 에서는 KYC 인증과 관련한 자세한 규정들을 마련해 나가고 있는 중이라고 밝혔다. 뿐만 아니라 그동안 특금법을 통한 거래 규제와 세법 개정안과 같은 가상자산 관련 규제 외에는 디파이, 스테이블 코인, P2P와 관련된 직접적인 법률이나 규정은 따로 논의되고 있지 않았으나 2022년을 기점으로 가상자산 관련 금융산업에 대한 규제가 본격적으로 진행될 것으로 보인다. 2021년 12월 17일 금융위원회는 '가상자산 이용자보호 등에 관한 법률(가상자산법) 기본 방향 및 쟁점'이라는 보고서를 통해 가상자산 발행(ICO) 요건 과 함께 표 5와 같이 가상자산의 종류에 따른 대응 방침을 발표하면서 가상자산 상장과 관련된 규제 시스템을 만들 예정이라고 밝혔다(조귀동, 2022). 이를 통해 가상자산 발행이 공식적으로 허용됨에 따라 국내에서도 가상자산 관련 사업들이 본격화될 가능성이 클 것으로 예상된다.

〈표 6-5〉 2022년 한국 금융 당국의 가상자산 대응 방침

항목	내용
가상자산 정의	현행 특금법 + α: 글로벌 동향과 특금법 등을 감안해 포괄적으로 정의하되, 규제 대상으로 삼기 어렵거나 타법률의 규제를 받으면 가상자산에서 배제
증권형 토큰	원칙적으로 가상자산법을 적용하되 증권의 경우 자본시장법 적용
스테이블 코인	가상자산법 적용
디파이(DeFi)	업으로 영위하는 경우 규율
대체 불가능 토큰(NFT)*	가상자산 정의에 부합할 경우 적용

*대체 불가능 토큰: 블록체인에 저장된 데이터 단위로, 고유하면서 상호 교환할 수 없는 토큰을 말함. 사진, 비디오 등 디지털 아이템의 소유권을 기록하는 암호화 자산.

자료: 금융위원회 '가상자산 이용자보호 등에 관한 법률 기본 방향 및 쟁점' 보고서

2) 미국

미국은 암호화폐 규제에 대해 가장 활발히 논의하고 있는 국가 중 하나이다. 연방차원에서는 2013년 금융범죄단속반(FinCEN; Financial Crimes Enforcement Network)에서 암호화폐 중개기관을 자금서비스업(money service business)으로 등록하도록 하였다. 이는 미국의 자금세탁방지법(Bank Secrecy Act of 1970)을 적용하기 위한 절차로 암호화폐를 특수한 통화의 한 형태로 인정하고 있다. 선물거래위원회

(CFTC; Commodity Futures Trading Commision)은 2015년 9월 17일 유권해석을 통해 암호화폐가 상품거래법 상 상품(commodity)의 정의에 포함된다는 점을 명시하였다(CFTC, 2015). 이후 2017년 10월 17일 암호화폐가 상품을 기초로 한 파생거래가 아닌 암호화폐 현물 거래에서도 주(state)간 상거래에서 발생되는 암호화폐의 사기 및 시세조종에 대해서 감독권을 행사할 수 있는 법적 근거를 마련하였다(CFTC, 2017). 주 차원에서는 뉴욕 주와 같이 별도의 법규정을 통해 암호화폐 관련 사업을 규제하는 방식과 워싱턴, 뉴멕시코 주와 같이 기존의 자금서비스업법상 사금송금에 암호화폐를 포함시켜 규제하는 방식으로 분류할 수 있다. 뉴욕, 코네티컷, 조지아 등은 주 인가 라이선스 없이는 제 3자를 위한 암호화폐 거래를 불허하고 인가 시 계약이행보증 등을 요구하고 있다. 2015년 6월 뉴욕 주 금융감독국(NYDFS; New York State Department of Financial Services)은 'BitLicense'를 제정함으로써 주 차원에서 최초로 암호화폐 거래소를 포함한 가상통화 중개기관에 대한 규제 체계를 마련하였다(천창민·배승욱, 2018). BitLicense는 가상통화업자에게 적용되는 최저자본금요건, 고객자산별도관리, 사이버보안과 자금세탁방지프로그램 운영의무, 광고규제 등을 규정하고 있다. 또한, BitLicense는 중개기관에 대한 면허제를 도입하여 면허를 받지 못한 사업자는 암호화폐 관련 사업을 금지하고 있다. 뿐만 아니라 가상통화업자에게는 언제나 감독기관이 감독할 수 있도록 감독기관의 검사를 허용하고 조력하도록 하는 의무가 있음을 명시하고 있다. 이와 같이 뉴욕 주에서 규정한

가상통화 중개기관에 대한 전반적인 규제 체계는 통일가상통화업규제법(Uniform Regulation of Virtual-Currency Business Act)에도 영향을 미쳤다. 2017년 7월 미국 통일법위원회(Uniform Law Commision) 연례회의에서 의결된 해당 법을 통해서 미국은 암호화폐의 재산법적 측면의 이전 및 중개기관의 도산 시 투자자의 재산권보호에 관한 근거를 세계 최초로 규정하였다. 더불어 해당 법은 연방국가인 미국 내에서 가상통화업자가 여러 주에 면허를 신청해야 하는 행정적 불편함을 덜어주기 위하여 준상호승인규정(reciprocity provision)을 포함하고 있다.

2023년부터 암호화폐 과세 시행을 시작할 예정인 한국과 달리 미국은 2014년부터 이미 미국 연방 국세청(IRS; Internal Revenue Service)에서 관련 지침을 수립하고 암호화폐 거래에 세금을 부과하고 있다. 2014년 4월 IRS는 암호화폐 거래, 지불과 채굴 등의 관련 활동과 암호화폐 과세 방안을 포함하고 있는 암호화폐 세무 가이드라인을 발표하였다[8]. 하지만, 미국에서도 조세 당국과 암호화폐 투자자들 사이의 의견 차이 및 세법 집행의 혼선에 따라 아직 실효성있는 과세 체계가 정착되지 못하고 계속해서 관련 규정을 추가, 수정하고 있다. IRS의 지침에 따르면 연방세법 체계 상 암호화폐는 '자산'으로 취급된다. 따라서 자산 매각을 통해 발생하는 양도차익에 대해 과세할 의무가 있을 뿐 단순히 보유하고 있을 경우에는 과세가 유보되며 손실을 본 경우에는 과세 대상에서 제외된다. 조세 당국은 암호화폐

---

8) https://www.irs.gov/irb/2014-16_IRB#NOT-2014-21 (2021년 1월 7일)

매수 후 매도까지 걸린 기간이 1년 미만일 경우에는 단기이익으로 그 이상일 경우 장기이익으로 구분하며, 자본이득 세율(Capital Gain Tax)과 동일하게 소득 구간에 따라 차별 적용된다. 암호화폐 거래와 달리 채굴 활동은 소득세 항목으로 적용되어 과세되고 있다. 하지만, 암호화폐 과세 기준과 방법을 인지하지 못한 투자자들이 조세를 회피하는 상황이 발생하자 IRS는 2019년부터 연방소득세 신고양식(1040호)에 암호화폐 거래 여부를 묻고 이로 인해 발생한 이익을 기타소득으로 신고하도록 하였다. 그 외에도 2020년 12월 소득신고서 약식 첫 페이지에 암호화폐 거래 여부를 기입하도록 명시하고, 2021년 5월에는 법원명령에 따라 암호화폐 거래소에서 발생한 2만 달러 이상의 모든 거래 내역을 제출 받아 과세 대상 추적하는 등 암호화폐 관련 세금 징수를 위해 노력하고 있다. 미국 내 암호화폐 과세는 2022년 더욱 강화될 예정이다. 2021년 5월 20일 재무부에서 발표한 '2022년 예산 계획안 설명서'를 통해 암호화폐 관련 세제 개정안을 공개하였다. 개정안에 따르면 개인 또는 기업에 한 해 600달러 이상 암호화폐를 거래할 경우 해당 수익과 입출금 내역을 의무적으로 신고하고 1만 달러(약 1,140만원)이상의 암호화폐 거래의 경우 암호화폐 중계업자가 거래계좌 내역을 신고하도록 할 예정이다. 게다가 바이든 정부는 장기 자본이득에 부과하는 최고 세율을 현재 20%에서 39.6%까지 인상하는 방안을 검토 중이라고 밝혔으며, 이에 따라 암호화폐 세율도 동일하게 인상될 여지가 있다(이정민, 2021). 이처럼 정부의 강경한 정책에 따라 의회에서도 암호화폐 과세 개정 입법을 서두르는 듯 보인다. 개인 또는 기업이 1만 달러 이상 암호화폐 거래 시 IRS에 거래 내역을 신고하고 암호화폐 중계업자는 주식 중계업자와 동일한 방식으로 연간 수익을 산정해 납세자와 IRS에 제공하도록 규정하는 초당적 기반시설 투자 법안(인프라법, Infrastructure Bill)이 2021년 11월 7일 하원에 의해 가결되었다. 바이든 대통령이 법안에 서명하게 되면 암호화폐 거래소들은 투자자들의 이름과 주소를 '1099호' 양식이라는 보고 서류에 기재해 당국에 제출해야 하며, IRS는 암호화폐 거래소들을 상대로 280억달러의 추가 과세가 가능하게 되었다(전지성, 2021).

최근 미국은 암호화폐 뿐 아니라 스테이블 코인에 대한 규제 움직임도 나타나고 있다. 2021년 7월 19일 재닛 예런 미국 재무부장관이 스테이블 코인에 대한 규제 방안을 마련할 것을 조 '바이든 대통령 산하 금융시장 실무그룹(PWG; the President' s Working Group on Financial Markets)'에 촉구하였으며, 이에 따라 11월 1일 PWG에서 스테이블 코인이 금융시장에 미칠 위험성을 평가하고 대안을 제시한 보고서를 공개하였다[9]. 보고서에 따르면 미국 행정부는 스테이블 코인 발행자를 은행처럼 취급해 규제하는 입법을 의회에 제안했다. 이는 사실상 예금 보호 대상 은행만 스테이블 코인을 발행할 수 있도록 제한하는 것과 다름없으며, 미국 증권거래위원회(SEC)와 CFTC가 증권과 파생상품으로서 스테이블 코인을 규제할 권한을 가져야 한다는 내용도 보고서에 담겨있다. 한편 11월 24일 미국 금융당국이 내년도

9) https://home.treasury.gov/system/files/136/StableCoinReport_Nov1_508.pdf (2021년 1월 7일)

가상자산 규제 관련 로드맵을 제시했다(FDIC, 2021; 표 6.6 참고). 블룸버그에 따르면 23일(현지시간) 미국 연방준비제도(Fed)・연방예금보험공사(FDIC)・통화감독청(OCC)은 공동성명을 내고 " 2022년까지 규제 기관은 은행이 수행하는 가상자산 관련 활동이 법적으로 허용되는지를 보다 명확하게 제공할 계획"이라고 밝혔다. 세 기관은 지난 5월부터 가상화폐 관련 현안을 논의하기 위해 '가상자산 정책공조팀'을 구성하고 합동으로 규제의 틀을 마련해 왔다. 공동 성명에 따르면 은행의 가상자산 수탁 관리 방법, 가상자산 거래와 담보 대출 활동, 스테이블 코인의 발행 및 배포, 가상자산 보유 규정 등에 대해 지침을 발표할 예정이라고 설명했다. 해당 지침에 따라 규제 불확실성이 해소되면 은행이 가상자산 사업을 할 수 있게 되면서 미국 전통 금융기관의 진출이 활발해질 것으로 예상된다.

〈표 6-6〉 2022년 미국 은행감독기관 가상자산 관련 사업 로드맵

암호화폐 정책공조팀 공동 성명 및 향후 진행방향
Fed・FDIC・OCC는 은행이 수행하는 가상자산 관련 활동이 법적으로 허용되는지 여부와 관련된 안전성 및 건전성, 소비자 보호, 기존 법률 및 규제 준수에 대한 지침을 명확하게 제공할 계획이다.
핵심 내용
은행에서 가상자산 관련 사업을 실시하기 위해서는 규제기관의 승인이 필요
은행이 수행하는 가상자산 사업과 관련된 공통 용어 개발
은행이 수행할 수 있는 가상자산 업무에 관련된 안전성 및 건전성, 소비자 보호, 기존 법률 및 규제 준수에 대한 리스크 평가
기존 법률 및 규제의 적용 가능성을 분석하고 추가적인 규제가 필요한 영역에 대한 논의
은행 대차대조표 상 가상자산 표기 방법에 대한 명확성 제공
스테이블 코인 발행・배포 방법 및 가상자산 거래 방법 등에 대한 기준 제공

자료: FDIC (2021)

3) 일본

일본은 2016년 5월 25일 가상통화 거래에 대한 규제 및 이용자 보호의 법적 근거를 마련하기 위한 자금결제법 개정안와 자금세탁방지를 위한 범죄수익이전방지법 개정안을 마련하여 2017년 4월 1일부터 가상통화법을 시행하였다(金融庁, 2017). 개정된 자금결제법에 따르면 세계 최초로 가상통화를 자산과 같은 가치로 인정하고, 이용자 보호를 위해 가상통화 거래소 등록제를 신설하여 일정 필요조건을 충족시에만 가상통화 거래 사업자로 등록할 수 있도록 하고 있다. 다만 일본의 자금결제법은 가상통화를 '법정화폐'로 인정하는 것이 아닌 단순히 재산적 가치를 가진 지급결제수단으로 인정하고 있다. 개정된 자금결제법에서는 가상통화 거래소를 '가상통화교환업자'라고 명명하며, 내각 총리대신의 등록을 받도록 하는 등록제를 시행하고 있다. 가상통화교환업자는 내각에서 정하는 일정 수준의 자본금(1,000만엔 이상)을 보유한 주식회사 및 일본 내 지점을 보유한 외국 거래업자 등으로 제한하며, 이용자의 개인정보 및 자산 보호를 위해 교환업자가 준수해야할 안전, 보안, 재무관리 분쟁해결 등의 의무를 규정하여 관리 괌독하고 있다(표 6.7 참고). 또한, 일본 금융청을 교환업자에 대한 감독기관으로 지정하고 관련 감독 및 벌칙 규정을 신설하였다. 금융청은 거래소에 대한 현장 검사를 실시하고 필요에 따라 행정명령을 통해 규제를 가할 수 있도록 권한을 부여하였으며, 거래소는 가상통화가 불법적인 행위에 악용되는 것을 방지하기 위한 제반 활동을 의무적으로 수행해야 한다(황종모 · 한승우, 2017). 뿐만 아니라 범죄수익이전방지법 개정을 통해 한국보다 5년 앞서서 가상통화 계좌 개설 시 KYC인증을 필요로 하도록 하였다. 다만, 2016년에는 가상통화의 지급결제성에 초점을 맞춰 자금결제법을 개정하였다. 가상통화의 정의를 매우 광범위하게 규정하고, 가상통화교환업의 정의에 가상통화거래소 개념에 해당하는 가상통화 매매의 '매개'를 포함함으로써 지급결제성과 투자성에 대한 부분을 모두 감안하고는 있지만, 가상통화의 투자성에 관련한 불공정거래에 대한 법적규제는 전무하였다(천창민 · 배승운, 2018).

〈표 6-7〉 일본 가상통화 관련 주요 규제

구분	내용
컴플라이언스	- 가상통화 사업자는 자금세탁 및 테러자금조달 방지를 위해 KYC 제도를 준수 - 의심스러운 거래 발견 시 감독당국에 신고 - 가상통화 거래에 관련한 기업 내부 정책과 교육 등을 마련하고, 조직 운영상 발생하는 문제는 감독기관에 보고
사업변경내용 보고	- 서비스, 사업 등을 변경할 경우 감독기관에 보고
장부와 기록 의무	- 사업자는 가상통화 거래에 대한 회계 장부를 기록하고 보관
감독기관의 조사권	- 감독기관은 사업자를 모니터링하며, 필요시 조사, 사업정지, 수정명령을 할 수 있음
재무보고서 제출	- 사업자는 감독기관에 매년 감사 보고서를 제출
광고 및 마케팅 제한	- 일본에서 해외 가상통화 사업자가 관련 사업을 하기 위해서는 일본 내에 사무소를 설립해야 함 - 설립된 사무소는 일본인을 대표자로 지정 - 등록이 완료되기 전까지 일본에 거주하는 사람들에게 마케팅 불가

소비자 보호조치 및 자산보호	- 고객 서비스 제공을 위한 정성적인 기준을 마련 - 외부 감사자에 의한 회계감사 및 관련 보고서 작성 - 가상통화 거래 문서 및 거래 내역, 거래 수수료 등을 고객에게 공개 - 고객정보보호/아웃소싱관리 기준을 마련
분쟁 해결 정책	- 발생한 분쟁사항 해결을 위해 금융청으로 부터 검증받은 자율규제조직을 기업내부에 설립

출처: 황종모・한승우, 2017

2018년 10월 일본가상화폐거래소협회(JVCEA)를 자금결제법상 자율규제기관으로 인증하여 거래소에 대한 관리 및 감독 규제권한을 부여하였다(신상화・홍성희・정훈, 2018). 그럼에도 불구하고 일본 내 가상통화 거래소 해킹 사건이 끊임없이 발생하고 암호화폐가 투기대상이 되는 상황이 발생하자 일본 금융청은 암호화폐 시장 규제를 더욱 강화하려는 움직임을 보였다. 2019년 3월 일본 금융청에서는 이용자 보호에 초점을 맞춘 금융상품거래법[10] 및 자금결제법 개정안을 발표하였으며, 이 개정안은 2020년 5월 1일부터 시행되었다. 개정된 자금결제법을 통해 '가상통화'라는 용어를 '암호자산'으로 공식적으로 변경하였다(공병선, 2021). 또한 암호자산(가상통화)교환업자의 범위에 암호자산보관업자도 포함시켰다. 이는 기존 자금결제법에서는 지급결제성에만 집중하여 암호화폐를 지불수단으로 보았으나, 사실상 일본 내 암호화폐 거래의 80%가 파생상품 거래임(金融庁, 2018)을 고려하였을 때 암호화폐의 투자성을 중심으로 규제할 것이라는 의미를 담고 있다. 뿐만 아니라 금융상품거래법 개정을 통해 암호

10) 한국의 자본시장법에 해당.

화폐를 금융상품으로 규정하여 현물거래와 파생상품 거래 모두 규제 대상으로 포함시켰다. 이를 통해 암호화폐를 이용한 증거금 거래를 규제할 수 있게 되었고, ICO 방식 중 증권형 토큰 공개(STO; Security Coin Offering)도 규제 대상에 포함되었다(김병철, 2020b). 또한, 일본 금융청은 '퍼블릭 코멘트'라는 제도를 통해 암호자산 마진거래[11]의 레버리지 최대 배율을 2배로 제한하기로 하는 등 암호화폐 시장에 대한 규제를 강화하는 모습을 보였다. 이에 따라 일본 내 암호화폐 거래가 상당히 줄어들었지만, 히미노 료조 신임 일본 금융청장이 2020년 8월 6일 로이터와의 인터뷰에서 "비트코인이나 이더리움처럼 특정 금융통화에 고정되지 않은 암호화폐의 이용을 촉진시키는 것보다 CBDC 개발에 중점을 두는 것이 필요하다"며 암호화폐 시장 촉진을 위한 어떠한 조치도 취할 생각이 없음을 밝혔다. 2020년 5월 1일 기준 일본 가상화폐거래소협회에 등록된 거래소는 총 17곳이며 상장된 암호화폐는 22종 뿐이다[12](김병철, 2020b).

2017년 4월 일본은 비트코인 판매에 소비세를 면제하는 '지불 서비스 법안'을 공표했다. 지불 서비스 법안은 2016년 개정된 자금결제법에 영향을 받아 가상통화를 지불결제 수단으로 인정하여 엔화로 가상통화를 구매할 경우 소비세를 면제해주고 있다. 다만, 가상통화로 실제 상품을 구입할 경우에는 엔화로 구매하는 경우와 마찬가지로 소비세를 내도록 하고 있다. 뿐만 아니라 같은 해 일본 국세청에서 발표한 '암호화폐 세무처리 지침'에 따르면 비트코인과 같은 가상통화

11) 한국에서는 마진거래 서비스를 도박으로 규정하여 사실상 금지되어 있음.
12) 2021년 12월 29일을 기준으로 29곳의 거래소가 등록되어 있음.

에 대한 투자나 거래로 얻은 이익은 기타소득으로 간주되어 소득 신고에 포함하여 관련 규정에 따라 세금을 내야만 한다. 하지만 주식으로 얻은 기타소득에 대해서는 분리과세가 적용되어 20%의 세금을 부과하는 것과 달리 암호화폐로 인한 이익은 종합과세로 분류되어 소득세와 주민세를 합해 과세 구간에 따라 최대 55%의 세금을 내야 한다. 또한, 일본 내에서 주식에 적용되는 손실이월제도도 가상통화에는 적용되지 않는다. 손실이 발생한 후에 투자 이익이 발생하면 이전 손실분만큼 뺀 금액에만 세율을 적용하는 손실이월제도를 가상통화 투자에는 적용하지 않는 것이다. 이후 2018년 11월 일본 국세청은 가상통화 과세에 대한 세부 질의응답자료(FAQ)를 발표하여 자발적 신고에 따른 과세가 이루어지고 있다(공도윤, 2020). 일본 국세청은 가상통화를 법정통화인 엔화로 교환하는 시점 뿐 아니라 가상통화를 판매, 증여, 매매하거나 가상통화간의 교환거래를 포함하여 교환하거나, 가상통화를 이용해 재화나 서비스를 구매하는 경우 등 가상통화가 교환되는 모든 경우에 소득세 납세 의무를 명시하고 있다. 게다가 가상통화를 채굴하여 획득한 경우에도 채굴에 소요된 전기요금 등의 비용을 제하고 소득세를 부담해야 한다. 더불어 일본은 일본 내 거주자가 보유한 모든 가상통화에 대한 재산채무조서의 제출의무를 부여하여, 일본 내 거주자가 보유하고 있는 해외 거래소의 암호화폐에 대해서도 재산채무조서를 제출하고 금액에 따라 납세할 의무가 있다. 이처럼 가상통화에 대한 납세의무를 엄격히 규제하고 있는 일본 국세청은 납세자가 편리하게 가상통화 관련 교환 소득을 계산하여 납부할 수 있도록 자동계산응용프로그램을 도입하였으며, 2018년 12월 14일 소득세법상 암호화폐 취득가액의 산정방법을 명문화하는 내용을 포함한 '2019년 세제개정대강'을 발표하였다(신상화・홍성희・정훈, 2018). 이 같은 높은 세율과 엄격한 규제로 인해 일본 내에서도 가상통화에 대한 과세 규정을 개정해야 한다는 의견이 나왔지만 2021년 지금까지 관련 세율에 대한 조정은 이뤄지지 않았다.

이처럼 일본 내에서는 암호화폐에 대한 모든 사업 영역을 엄격히 규제할 뿐 아니라 암호화폐 소유 자체에도 세금을 부과하는 등 암호화폐 규제를 계속 강화해 나가는 모습을 보이고 있다. 일본암호자산비즈니스협회(JCBA)가 2021년 11월 15일 발표한 보고서를 통해 일본의 스테이블 코인 금융법제 적용에 불분명한 점이 존재한다며 자금세탁방지제도 측면에서도 관련 법제 정비가 시급하다고 주장했다(코인니스, 2021a). 이는 일본 내 암호자산 규제가 비트코인과 같은 암호화폐에 중점을 두고 있어 스테이블 코인과 같은 다른 유형의 암호자산이 지급결제수단으로 사용될 때 발생할 수 있는 문제점에 대해서 지적하였다. 게다가 2021년 11월 16일 일본 재무성은 현행 외환법을 개정하여 암호화폐를 자본 거래 규제 대상으로 추가한다고 발표함에 따라 일본 거주자 및 비거주자의 암호화폐 거래를 자본거래 규제 대상으로 지정하고 자산 동결 조치 가능 여부를 검토하게 되었다. 이를 위해 재무성은 은행이나 암호화폐 거래소들이 자금세탁방지기구 권고에 의거해 자산 동결 조치를 원활하게 진행하고 있는지를 평가하고 강제할 수 있는 기준을 만들 예정이다(코인니스, 2021b). 뿐만 아니라 암호화폐 전문 미디어 크립토뉴스(cryptonews)에 따르면, 최근 일본 국세청에서 업데이트한 암호화폐 과세 FAQ에 따르면 가상통화 스테이킹[13])과 대출에 대해서도 채굴과 유사한 방식으로 과세가 적용될 것이라고 예상된다. 과세 시 암호화폐 취득 당시의 엔화 가격을 기준으로 과세를 진행할 예정이다. 또한, 2021년 12월 10일 통과된 일본 2022 회계연도 과세안에 따르면 암호화폐 발행업체는 실제 암호화폐의 판매 여부를 떠나서 보유하고 있는 모든 암호화폐에 대해 약 35%에 달하는 세금을 내야 한다. 이와 같이 일본은 암호화폐에 대한 규제는 강화하는 추세이며, 암호화폐 뿐 아니라 스테이블 코인, 디파이, NFT 등 다른 유형의 가상자산에 대해서도 규제 체제를 마련할 예정으로 보인다. 뿐만 아니라 일본 금융청은 2022년 실증실험 후 2023년 도입을 목표로 하고 있는 디지털화폐 포럼의 디지털 화폐 'DCJPY'에 대응하여 이용자 보호 등 새로운 규제 방안도 고려 중인 것으로 알려졌다.

Ⅲ. 디지털 화폐 관련 사업 현황 - 중앙은행 CBDC를 중심으로

국제결제은행(BIS)에서 2020년 65개국을 대상으로 조사한 결과 응답국 중 86%가 CBDC 관련 프로젝트를 진행 중인 것으로 나타났다 (Boar and Wehrli, 2021; 그림 4참고). 같은 조사에서 CBDC의 실현 가능성을 검증(PoC; Proof of Concept)하는 단계에 해당된다고 응답

13) 스테이킹(Staking)이란 보유하고 있는 암호화폐 중 일정 지분량을 고정하는 것을 의미. 암호화폐 가격의 등락과 상관없이 암호화폐를 예치하고 예치 기간 일정 수준의 이익을 얻을 수 있음.

한 국가는 60%, 개발과 파일럿 단계에 있는 국가는 14%에 달하였으며 이는 2019년에 비해 증가된 수치로 지속적으로 CBDC 관련 연구가 확대되고 있음을 보여준다. 본문에서는 그 중에서도 그동안 다른 국가에 비해 적극적이지 않았던 한국과 미국, 그리고 일본에서 CBDC 발행을 위한 연구가 어떻게 진행되고 있는지 살펴보고자 한다.

〈그림 6-4〉 주요국 중앙은행의 CBDC 연구 진행 사항

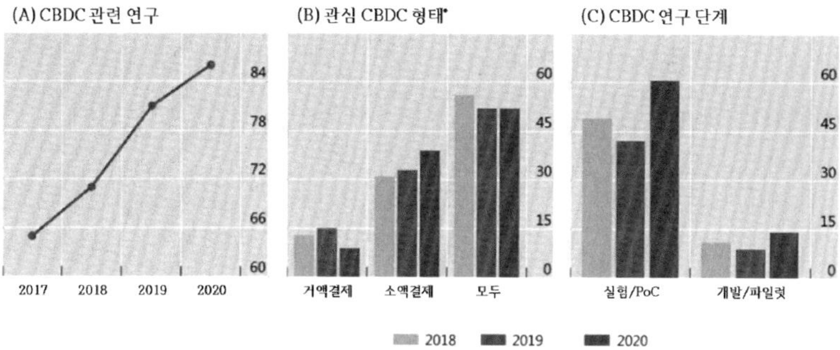

*CBDC 연구를 진행 중인 국가 중 비율
자료: BIS central bank survey on CBDCs

1) 한국

BIS 등 국제기구와 주요국들의 중앙은행의 CBDC 사업추진과 발맞춰 2018년 1월 9일 한국은행을 중심으로 '가상통화 및 CBDC 공동연구 TF'의 첫 회의가 개최되었다. 해당 TF는 가상통화가 지급결제시스템 및 금융시스템 전반에 미치는 영향 등 중앙은행 차원에서의 관시사항을 점검할 계획이며, 중앙은행의 CBDC 발행 관련 이슈에 대한 연구도 함께 진행할 계획이라고 발표했다(한국은행, 2018). 이후 2019년 1월 그간의 연구결과를 바탕으로 중앙은행 차원에서 CBDC의 기본개

념과 구현방식, 중앙은행 책무에 미치는 영향 등 관련 주요 이슈를 정리한 '중앙은행 디지털화폐'라는 연구 자료를 발간하였다(한국은행, 2019). TF 자료에 따르면 CBDC발행이 지급결제 등 중앙은행업무 전반에 긍정적인 영향을 미칠 수 있으므로 CBDC 발행 검토 시 이들 영향과 관련 법적쟁점 사항을 종합적으로 감안할 필요가 있다고 발표했다. 또한 해당 시점에서는 CBDC 발행 논의에 보다 적극적인 일부 국가들의 발행동기가 우리나라에는 적용되기 어렵다는 점을 강조하며 우리나라가 가까운 장래에 CBDC를 발행할 필요성은 크지 않다고 판단된다고 하였다. 그러나, 기술발전에 따른 현금이용 비중의 지속적인 하락 및 CBDC 발행비용 감소 등 지급결제 환경 변화에 대비하여 CBDC 관련 연구를 지속할 필요성은 있다고 강조하며 2020년 2월 금융결제국 전자금융부 내부에 CBDC 연구 전담 조직인 '디지털화폐 연구팀'을 꾸렸다. 디지털화폐 연구팀은 디지털화폐 발행을 전제로 하지 않고 다양한 기반 기술들과 관련 역량을 확보하는 것을 목표로 연구를 중점적으로 진행할 계획이라고 밝혔다. 이후 2020년 4월 2일 한국은행 보도자료를 통해 CBDC 파일럿 테스트를 추진하겠다고 발표하였다. 한국은행에서CBDC 파일럿 테스트를 추진하게 된 배경에는 1) 국외 중앙은행들이 CBDC 발행 준비에 적극적으로 나서고 있을 뿐 아니라 CBDC 발행계획이 없다고 밝혔던 미국, 일본 등도 관련 연구를 강화하겠다는 입장으로 선회하는 국제적인 동향이 있었고, 2) 국내에서도 지급결제 분야의 기술 혁신이 빠르게 이루어지고 있어서 한국은행에서도 CBDC 발행 필요성과는 별도로 대내외 지급결제

환경 변화에 선제적으로 대응하기 위하여 CBDC 도입에 따른 기술적, 법률적 필요사항을 사전적으로 검토하는 목적이 크다. 2021년까지 CBDC 파일럿 시스템 구축 및 테스트를 그림 5과 같이 진행할 예정이다고 덧붙였다.

〈그림 6-5〉 CBDC 연구 추진 일정(안)

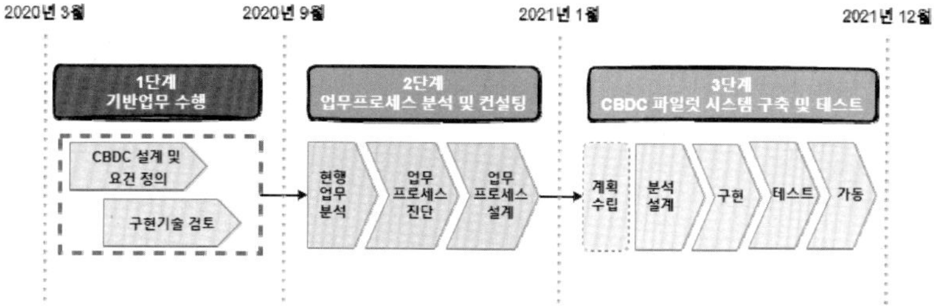

자료: 한국은행

2020년 7월 CBDC 연구 추진 계획의 1단계 목표인 'CBDC 기반업무'를 완료하였다. 1단계에서는 국내 지급결제 환경, 기술 수준 등을 고려하여 CBDC 시스템의 운영 방식(직접운영, 간접운영 등)과 제공 기능, 필수적 기술요건 등을 검토하고, 도출된 CBDC 설계, 기술요건 등을 충족하는 구현기술을 검토하고 블록체인 기술 등이 활용 가능성을 조사하였다. 2단계 외부 컨설팅 사업에서는 해당 연구결과를 기초로 CBDC 업무 프로세스 및 시스템 아키텍처[14]를 설계하고, 3단계 사업의 세부 실행계획을 마련하고자 하였다(그림 6.6 참고).

14) 전산시스템의 구조, 동작방식, 구성요소 간 관계 등을 애플리케이션, 데이터 관리, 구현기술, 보안 등의 관점에서 구조적으로 정리한 체계.

〈그림 6-6〉 CBDC 파일럿 시스템 컨설팅 사업 개요

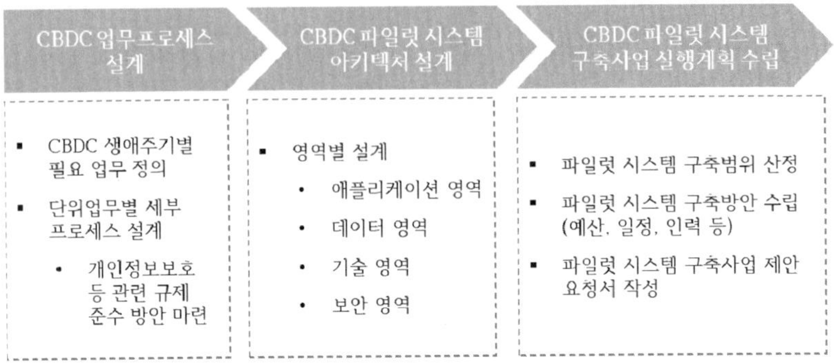

자료: 한국은행

2021년 5월 25일 한국은행 보도참고자료에 따르면 2단계 'CBDC 업무프로세스 분석 및 외부 컨설팅'을 3월 중 완료하였으며, 이를 바탕으로 3단계 'CBDC 모의실험 연구' 용역사업을 추진한다고 발표했다(한국은행, 2021). 모의실험 환경은 독자적인 CBDC 기술 연구를 위해 특정 IT 기업 또는 민간 디지털화폐 등에 종속되지 않도록 오픈소스 기반으로 CBDC 플랫폼을 조성할 계획이며, 동 환경에서 CBDC 기본 및 확장 기능에 대한 기술적 타당성을 검증하는 한편, 추가 기술실험이 필요한 사항도 도출하여 관련 테스트를 지속적으로 수행할 계획이라고 밝혔다. 주요 내용은 그림7과 같으며 한국은행이 CBDC 제조・발행・환수 업무를 담당하고, 민간이 이를 유통하는 2계층(two-tier) 운영방식을 가정하고 DLT 등을 활용하여 CBDC 모의실험 환경을 조성하기로 하였다.

〈그림 6-7〉 CBDC 실험환경 설계방안

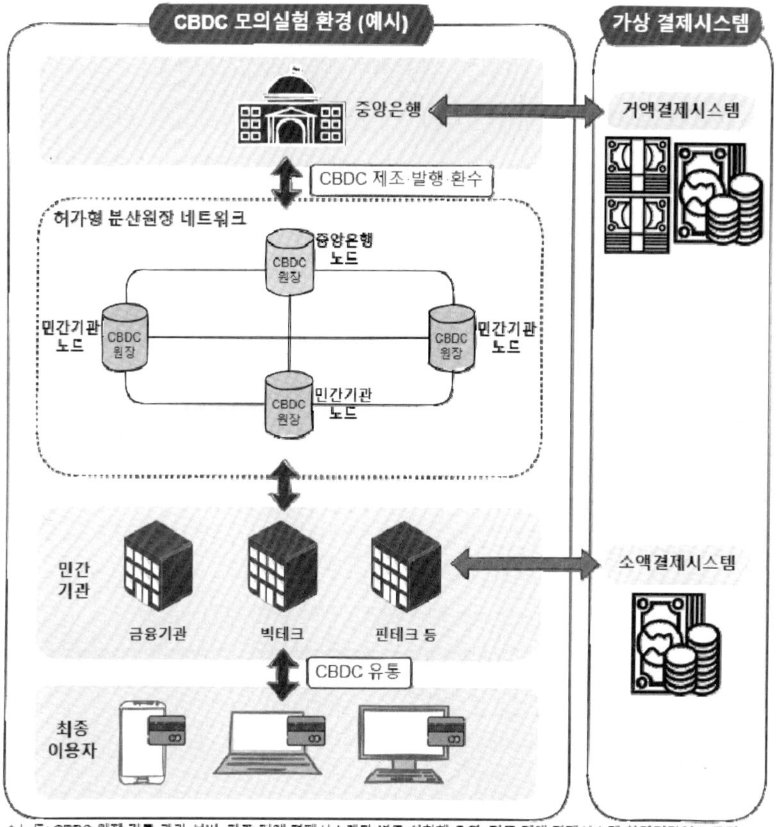

* 노드: CBDC 원장 기록·관리 서버, 기존 거액 결제시스템과 별도 설치해 운영. 기존 거액 결제시스템 참가기관이 노드가 되지 않는 경우도 있을 수 있음.
자료: 한국은행

2021년 7월 한국은행 CBDC 사업에 네이버, 카카오, LG CNS, 삼성 SDS, SK C&C 등 여러 민간기업이 모의실험 연구에 참여의사를 밝혔다. 이중 카카오의 블록체인 기술 계열사인 그라운드 X가 우선 협력사로 선정되어 8월 23일 CBDC 모의실험이 시작되었다. 이번 모의실험에는 삼성전자도 참여하여 CBDC가 갤럭시 스마트폰에서도 작동하는지 여부를 확인하고 삼성 SDS의 자회사도 CBDC 실험에 기술자문을 제공할 예정이다. 이번 모의실험은 한국은행의 사업 추진 일정과 동일하게 2021년 12월까지 DLT 기반의 CBDC 모의실험 환경 조성과 CBDC 발행, 유통, 환수 등 기본 기능에 대한 기술적 타당성을 검증하는 1단계 모의실험이 진행되고 내년 6월까지 예정된 2단계 실험에선 중앙은행 업무 확장, 오프라인 결제(통신 불능 등 장애 환경에서의 결제 기능), 디지털 자산 구매 등 CBDC 확장 기능과 개인정보보호 강화기술 등 신기술 적용 여부를 검토할 것으로 예상된다. 구체적인 모의실험 경과가 알려진 바는 없지만 한국은행에서 발표한 모의실험 사업에 따르면 현재 진행 중인 모의실험 사업 개요는 〈표 6.8〉과 같다(한국은행, 2021).

〈표 6-8〉 한국은행 CBDC 모의실험 사업 개요

<table>
<tr><th colspan="2">1단계 사업</th></tr>
<tr><td colspan="2">중앙은행이 CBDC를 발행하고 참가기관이 유통하는 협업 모델(public-private partnership)을 가정하여 가상공간(공공클라우드)에 CBDC 모의실험 수행환경을 DLT 기반으로 조성</td></tr>
<tr><td>분산원장 구축</td><td>중앙은행과 인가된 참가기관이 공동으로 거래 검증 및 원장 기록 권한을 보유하고 거래 기록의 신뢰성을 유지하는 허가형 분산원장을 구축</td></tr>
<tr><td>실험환경 조성</td><td>중앙은행 및 참가기관의 CBDC 관련 IT 시스템을 공공클라우드에 가상으로 조성</td></tr>
<tr><td colspan="2">CBDC 제조·발행·환수, 참가기관 전자지갑 관리 등의 중앙은행 업무를 지원하는 CBDC 발권시스템을 마련하고 관련 기능의 정상 작동 여부를 실험</td></tr>
<tr><td>제조</td><td>중앙은행은 물리적으로 네트워크가 단절된 안전한 컴퓨터 환경에서 CBDC를 제조하여 발행 전까지 하드웨어 전자지갑에 보관</td></tr>
</table>

발행	참가기관이 CBDC 발행을 요청하면 당좌예금 잔액을 차막하고 해당 기관의 전자지갑으로 제조된 CBDC를 전송하여 발행
환수	참가기관이 반환할 CBDC를 중앙은행 CBDC 전자지갑으로 전송하면 중앙은행은 해당 기관의 당좌예금 잔액을 조정
참가기관 전자지갑 업무	중앙은행은 참가기관에게 거액결제용 전자지갑을 발급
이용자 전자지갑 관리, 예금과의 교환, 송금 및 대금결제 등 민간 주도 CBDC 유통을 위한 기본 기능을 구현	
이용자 전자지갑 관리	참가기관은 이용자를 위한 소액결제용 전자지갑(스마트폰 앱 등)을 발급하고 전자지갑용 비밀키 보고나 등의 기능을 제공
예금과의 교환	이용자가 보유한 은행예금을 CBDC로 교화하거나 보유한 CBDC를 은행예금으로 전환하는 기능을 구현
송금 및 대금결제	송금인 전자지갑에서 수취인 전자지갑으로 CBDC를 전송하거나 이용자가 CBDC를 이용하여 상품 혹은 서비스를 구매할 수 있는 기능을 제공
2단계 사업	
국가간 송금, 디지털자산 구매, 오프라인 결제 등 CBDC 유통 업무를 확장하고 관련 규제 준수 방안을 마련	
국가간 송금	타 국가 시스템과의 연계를 통하여 별도 정산과정이 없는 국가간 송금 절차를 구현
디지털자산 구매	다른 분산원장 네트워크에서 유통되는 디지털예술품, 저작권 등을 CBDC로 구매하는 기능을 구현
오프라인 결제	인터넷 사용이 불가능한 환경에서 이용자가 보유한 오프라인 CBDC를 송금 및 대금결제에 활용할 수 있는 절차를 구현
규제준수 방안	CBDC 보유한도 관리, 전자지갑용 비밀키 보관, CBDC 이용시 규제준수(AML/CFT) 등의 기능을 마련
프라이버시 기술, 분산원장 확장성 기술 등 관련 신기술의 CBDC 적용 가능성을 확인	
프라이버시 기술	서비스 성능에는 영향을 주지 않으면서 권한이 없는 참가자가 이요자의 개인정보에 접근할 수 없도록 제한하는 개인정보보호 강화기술(PETs; Privacy Enhancing Technologies)을 테스트
분산원장 확장성 기술	CBDC 유통 네트워크와 타 디지털자산 유통 네트워크가 유기적으로 연계되어 동작하는지를 확인

<table>
<tr><td colspan="2">스마트계약 지원, 법 집행 지원 등 중앙은행 업무의 확장 가능성을 점검</td></tr>
<tr><td>스마트계약 지원</td><td>개발언어, 컴파일러 제공 등을 통해 스마트계약 개발 환경과 스마트계약의 배포, 실행 등을 위한 관리 기능을 마련하고 지원</td></tr>
<tr><td>법집행 지원</td><td>법원의 집행 결정에 의해 압류채무자의 CBDC를 동결하거나 압류채권자의 전자지갑으로 이전하는 기능을 구현</td></tr>
<tr><td colspan="2">CBDC 단위업무의 정상 처리 여부 및 관련 IT시스템의 성능, 안정성, 보안성 등을 확인하기 위한 테스트 시나리오를 설계하고 수행</td></tr>
<tr><td>단위업무</td><td>중앙은행 업무, 참가기관 유통 업무 등 전체 단위업무를 적절하게 처리하는지를 확인</td></tr>
<tr><td>성능 및 안정성</td><td>참가기관, 이용자 수 등의 증가 뿐만 아니라 부가 기능 수행에도 성능(CPU, 메모리 점유율, 처리속도 등)이 안정적으로 유지되는지를 확인</td></tr>
</table>

자료: 한국은행

한국은행 배준석 부총재보는 11월 18일 열린 '2021년 지급결제제도 컨퍼런스' 개막사에서 "CBDC의 기술적 구현 가능성을 검증하고 있다"며 내년 6월까지 예정된 CBDC 모의실험을 완료할 수 있을 것이라고 밝혔다. 또한, "CBDC의 발행이 통화정책, 금융안정, 발권 등 한국은행의 책무에 미칠 영향 등 제반 고려 사항에 대한 연구를 끝내고 내년 중 CBDC 종합보고서를 발간할 계획"이라면서 "이후에도 한국은행은 우리나라 상황에 적합한 CBDC 모델과 운영구조 설계, 추가 기술실험 등 후속 준비 업무를 이어갈 것"이라고 말했다. 더불어 이주열 한국은행 총재 역시 2022년 신년사를 통해서 "CBDC 도입과 관련된 기술적·제도적 연구를 한층 더 강화해야 하겠으며 지급결제 시스템의 안전성을 확보할 수 있도록 새로운 지급서비스를 제공하는 빅테크 기업 등을 효과적으로 감시할 수 있는 체계를 구축해 나가야 한다"고 언급하였다. 이와 같이 한국은 CBDC 모의실험을 원활하게 진행 중이며 2022년 한국형 CBDC 종합보고서를 발간하고 CBDC 도입을 본격화할 예정이다.

2) 미국

미국 연방준비제도(연준, Fed; Federal Reserve)은 그 동안 CBDC 관련 '연구'에 우선순위를 두고 '발행'에 대해서는 신중한 태도를 보였다. 2020년 2월 미 연준이사 라엘 브레이너드(Lael Brainard)는 지급결제 심포지엄에서 연준은 CBDC의 활용 사례, DLT 등을 연구 중이며 향후 CBDC 발행 및 감독주체, 금융안정성 등 관련 제반 연구를 선제적으로 수행할 예정이라고 밝혔으며, 미 연준의장 제롬 파월(Jerome H. Powell) 역시 연준이 CBDC 연구에서 주도적인 역할을 수행할 것이라는 입장을 보였다(김보영, 2020). 그 해8월 13일 연준은 2019년부터 진행한 DLT를 기반으로 한 소액결제 시스템에 대한 연구인 푸와이어(FooWire) 프로젝트 결과(표 9참고)와 더불어 CBDC에 관련해 기술적 연구를 위하여 MIT의 디지털화폐 이니셔티브(Digital Currency Initiative)와 협력하여 '프로젝트 해밀턴(Project Hamilton)'을 시작한다고 발표했다(표 6.10 참고). 프로젝트 해밀턴은 비공개로 진행되고 있어 어떤 연구를 진행하고 있는지 구체적으로 알려진 바는 없다.

〈표 6-9〉 푸와이어 프로젝트 목표 및 결과

푸와이어 프로젝트 (The FooWire Project)
하이퍼레저 패브릭(Hyperledger Fabric)[1] 환경에서 소액결제를 위한 DLT의 활용성을 평가하고 관련 지식을 구축하기 위한 소규모 실험을 진행하였다.
실험 결과
1. DLT는 특정 지불 용도를 위하여 실행 가능한 기술이다. 처리 속도와 용량에 상관없이 패브릭은 지불 엔진으로 사용될 수 있으며 지불 플랫폼의 형태에 따라 특정 시나리오에서 사용 가능함을 확인하였다. 2. DLT 네트워크는 비교적 빠르게 구현할 수 있다. 공개된 오라인 리소스를 사용하여 DLT 네트워크를 구축하는 것이 이전 소프트웨어 개발 프로젝트에 비해 예상보다 간단하였다. 이는 다양한 조직에서 간단한 DLT 기반 지불 시스템을 쉽게 구축할 수 있음을 나타낸다. 3. 패브릭 환경에서 스마트 계약 작성이 비교적 쉽다. 미리 작성된 스마트 계약에 대한 패브릭 체인코드를 사용하면 빠른 시제품화(prototyping)가 가능했다. 체인코드를 통해 (1) 계정이 소유하고 있는 금액을 초과하여 인출할 수 없으며 (2) 설정된 임계 금액을 초과하는 금액을 이전할 수 없음을 확인하였다. 또한, 체인코드 초기화, 계좌 잔액 확인 및 삭제 기능을 제공하는 것을 확인하였다. 4. 패브릭은 다양한 확장 가능성이 있으며 각각의 장단점이 존재한다. 패브릭에는 특정 목적을 위해 기능을 추가할 수 있도록 개발자가 플랫폼을 수정할 수 있는 모듈식 프레임워크가 존재함을 확인하였다. 또한, 패브릭 사용 시 개인 데이터 처리 옵션에 따라 장단점이 존재하였다. 예를 들어 강력한 개인정보 보호를 위해서는 더 많은 컴퓨팅 리소스가 필요하며 네트워크가 복잡해짐을 확인하였다.

[1]하이퍼레저 패브릭: 블록체인 솔루션과 응용 프로그램을 개발하기 위한 모듈형 아키텍처 플랫폼. 허가 받은 사용자만 참여할 수 있는 허가형 블록체인으로, 프라이빗 블록체인의 일종.

자료: Buttecali, Proom, and Wong (2020)

〈표 6-10〉 프로젝트 해밀턴 목표 및 계획(안)

프로젝트 해밀턴 (The Project Hamilton)
2020년 8월 13일 가상의 CBDC 개발을 위하여 보스턴 연준(the Federal Reserve Bank of Boston)과 MIT 디지털 화폐 이니셔티브(the Digital Currency Initiative)가 협력 연구를 시작하였다. 디지털 화폐 이니셔티브는 오픈소스 소프트웨어 개발 및 암호화폐 연구를 중점적으로 진행하며 2016년부터 자체적으로 CBDC를 안전하고 책임감 있게 발행하기 위한 연구를 진행해왔다. 이번 프로젝트는 특정 기술이나 접근 방식에 제한을 두지 않고 모든 가능성에 대해 연구를 진행하고자 한다. 연구 결과는 연준과 MIT에서 공동으로 발표할 예정이며 관련 코드는 오픈 소스 소프트웨어로 개방하여 누구나 활용할 수 있도록 할 예정이다. MIT 디지털 화폐 이니셔티브의 연구와 병행하여 보스턴 연준은 CBDC를 지원하는데 있어 잠재적 장단점을 이해하기 위해 다른 시스템들을 독립적으로 평가할 예정이다.
프로젝트 목표
가상의 디지털화폐 플랫폼을 구축하고 테스트하기 위하여 기존에 존재하는 기술과 새로운 기술의 사용 가능성을 확인하고자 한다. 프로젝트 해밀턴을 통해 CBDC 발행에 앞서 연준이 직면하고 있는 기술적인 질문에 대한 답을 찾는 것을 목적으로 한다. - 어떤 종류의 시스템을 활용해야 안전하고 탄력적이면서 소액결제 규모를 지원할 수 있는가? - 기반으로 하는 프로토콜이 무엇이며 누가 이를 관리할 수 있는가? - CBDC 사용자는 어떻게 인증받고 보호받는가? - 어떻게 개인 정보를 보호하면서 동시에 불법사용을 탐지할 수 있는가?
프로젝트 계획 - 2~3년 예상
(1단계) 광범위한 범용 사용을 위한 가상의 CBDC를 구축하고 테스트하는 단계 속도, 보안, 개인정보 보호 및 탄력성 등 가상의 CBDC가 요구하는 조건을 충족시킬 수 있는 확장 가능하며 접근이 용이한 암호화 플랫폼을 설계하는 방안을 결정하는 것을 목표로 한다. (2단계) CBDC에 활용될 수 있는 기술을 평가하는 단계 다양한 아키텍처를 테스트해가며 각각이 CBDC의 목표에 어떻게 영향을 미치는지 확인하는 과정을 통해 기술 절충안을 평가하는 것을 목표로 한다.

자료: Reynolds (2020); DCI 웹사이트[15]

그러나 최근 연준을 중심으로CBDC '발행'에 대해 지속적으로 언급하며 적극적인 태도로 선회하였다. 미 연준에서 이와 같이 CBDC에 대한 태도를 선회한 대에는 민간 가상화폐 시장의 성장, 팬데믹 상황 등 외부적인 요인이 큰 영향을 주었다(김보영, 2021). 국제적으로 민간 가상화폐의 유통량이 늘어나면서 민간 가상화폐로 인한 피해를 방지하기 위할 뿐 아니라 민간 스테이블 코인 개발에 박차를 가하고 있는 상황에서 민간 가상화폐의 상용화를 막고 중앙은행의 화폐에 대한 주도권과 미국 달러의 지위를 뺏기지 않기 위한 움직임으로 보인다. 특히, 페이스북의 '리브라' 발행 계획 발표가 미국 정부와 연준을 자극하였다. 페이스북이라는 거대한 유통 플랫폼을 통해 발행되고 유통될 뿐 아니라 미국달러 뿐 아니라 복수의 법정화폐를 아우를 수 있는 민간 디지털 화폐로 설계된 리브라는 현 미국 달러 중심의 통화체제를 흔들 수 있는 적으로 보여졌다. 그러자 2020년 1월 크리스토퍼 지안카를로(J. Christopher Giancarlo) 전 CFTC 회장을 주축으로 설립된 '디지털 달러 프로젝트(DDP)'가 리브라에 맞서는 미국의 CBDC 발행을 제안하며 주목받기 시작하였다. 더불어 가상화폐의 높은 가치 변동성으로부터 투자자를 보호하고 불법거래 악용을 막기 위하여 미국의 CBDC 도입을 지지하는 층이 많아진 것도 영향을 미친 것으로 보인다. 미 연준이사 라엘 브라이너드 역시 2021년 세계 최대 블록체인 행사 Consensus2021에서 민간 가상화폐의 변동성 및 소비자 보호 측면 등의 위험을 언급하고 중앙은행이 발행하는 디지털 달러

15) https://dci.mit.edu/building-a-hypothetical-cbdc (2021년 1월 5일)

의 효율성과 금융포용성을 강조하며 CBDC 발행에 대한 적극적인 입장을 밝혔다(De and DiCamillo, 2021).

또한, 코로나19 팬데믹으로 인한 비대면 결제 증가 현상과 공적자금 지급결제수단에 대한 논의도 미 연준의 CBDC 발행 계획을 앞당기는데 큰 영향을 미쳤다. 특히 2021년 2월 뉴욕타임즈가 주최한 2021 DealBook DC Policy Project에서 미재무장관 재닛 옐런(Jenet Yellen)이 연준의 디지털달러에 대해 "더 빠르고 안전하며 저렴한 지불 수단이 될 수 있을 것이다"고 언급한 것으로 보아, 비대면 지급결제 거래 시 안전하고 신뢰할 수 있는 지급수단의 디지털화에 대한 수요가 높아진 것을 반영한 듯하다. 2021년 6월 '강력한 금융 시스템 구축: CBDC의 기회'라는 주제로 열린 미상원 청문회에서 엘리자베스 워런(Elizabeth Warren) 미상원의원은 민간 가상화폐 시장 확대의 부작용과 이에 대한 대안으로 CBDC가 성공적으로 설계될 경우 금융시스템의 효율성과 안전성을 개선할 수 있다고 언급하였다. 뿐만 아니라 코로나19 공적자금을 지급하는 과정에서 지급이 누락되거나 지연되는 일이 발생하자 입법부를 중심으로 이 같은 문제를 해결하기 위한 공적자금 지급결제수단으로 CBDC를 언급하며 발행에 대한 긍징적인 의견을 내기 시작했다. CBDC에 대한 미 연준의 이런 적극적인 태도를 두고 일각에서는 미국이 중국 인민은행의 CBDC이 DCEP(Digital Currency Electronic Payment)를 견제하려는 목적도 있어 보인다는 의견도 있다. 하지만 미 연준은 미달러화의 국제적 위상 및 CBDC의 실용성 등 긍정적 측면에서 대중 및 다양한 전문가의 의견을 반영한 논의를 시작한 수준임을 강조하며 다른 국가와 관련된 것은 아님을 밝혔다(한국은행, 2021b).

2021년 2월 연준은 CBDC 발행 전제 조건(명확한 정책 목표, 광범위한 이해관계자 지원, 견고한 법적 프레임워크, 강건한 기술적 기반, 시장의 준비상태 등)을 담은 연구 결과를 발간하고 국민과 CBDC의 장담점에 관한 논의를 진행할 예정이라고 밝혔다. 또한 4월에는 미 연준의장 제롬 파월은 현재 CBDC를 다양한 측면에서 검토 중이며 `21년 여름 CBDC 발행 가능성을 전제한 토의 보고서를 발표할 계획이라고 발표했다. 하지만 연준 이사회 내부의 의견 차이로 인해 보고서 발간이 연기되었고 연준의장은 2021년 9월 22일 열린 청문회를 통해 “관련 비용과 위험보다 명확하고 가시적인 이익이 있을 때에만 CBDC 발행 결정을 내릴 것”이라며 “CBDC는 중요한 작업이기 때문에 진행을 위해 의회의 입법 과정이 필요할 것”이라고 밝히며 CBDC 발행에 관련해서 신중한 태도를 보였다(Marte, 2021a). 이후 9월 29일 보스톤 연준과 MIT가 함께하는 프로젝트 해밀턴의 첫 번째 단계가 완료되었다고 밝혔다. 자세한 연구 결과가 알려진 바는 없지만 보스턴 연준 수석 부대표 짐 쿠냐(Jim Cunha)에 따르면 이번 초기 연구는 CBDC 지불 방식에 초점을 맞춰 기술적 잠재 모형이 될 수 있는 오픈소스 코드 개발과 초당 수만 건의 거래를 처리할 수 있는 시스템 개발을 포함하는 것으로 알려졌다(Marte, 2021b). 이후에는 사용자의 개인정보 보호와 불법 활동 방지 사이의 균형을 유지하기 위한 기술적 연구가 진행될 것으로 예상된다. 연준 의장 제롬 파월은 2021년 11월

30일 청문회를 통해 수주 내 CBDC 관련 보고서를 공개할 예정이라고 밝혔다. 2021년 1월 1일 프로젝트 해밀턴의 제품 관리 총괄을 채용한다는 공고를 게시했다. 이번 채용에서 제품관리 총괄은 CBDC를 위한 소프트웨어 구축, 관리, 테스트를 추진하고 가상의 범용 CBDC 구축 작업을 맡아서 진행할 것으로 보여 아직은 CBDC 상용화에 오랜 시간이 걸릴 것으로 예상된다. 하지만 연준은 2021년 11월 결제 시스템 개선을 혁신 센터를 신설하고 '국제결제은행 이노베이션허브'와 협력하는 등 CBDC 연구를 강화하겠다는 의사를 나타내며 CBDC 발행에 속도를 내고 있다. 또한, 구체적인 계획이 발표된 바는 없지만 CBDC 관련 보고서 발간 후 국민들의 피드백과 프로젝트 해밀턴의 연구 결과를 바탕으로 CBDC 발행 계획을 구체화할 것으로 보인다.

3) 일본

일본은 다른 주요국에 비해 현금 의존도가 높은 국가로 CBDC 개발 및 발행을 적극적으로 진행하지는 않았지만 국제적인 흐름에 발맞춰 디지털 화폐 관련될 뿐 아니라 실제로 가상자산 거래에서 발생할 수 있는 위험을 줄이기 위한 거래 시스템에 대한 연구 개발도 앞장서서 진행하고 있었다. 일례로 2016년 12월 일본은행(BOJ; Bank of Japan)은 유럽중앙은행(ECB; European Central Bank)와 협력하여 금융시장인프라(FMI: Financial Market Infrastructure)와 지급 및 증권 결제 시스템을 위한 DLT의 활용성·타당성에 대한 공동 연구 '프로젝트 스텔라(Project Stella)'를 진행한다고 발표했다. 프로젝트 스텔라는 가상자산 거래에서 개인정보 보호와 거래 안전성을 강화하기 위한 시스템 구축에 관련된 연구에 초점을 맞추고 있으며, 2017년 9월부터 2020년 2월까지 DLT를 활용한 중앙은행 및 참가기관 간의 거액결제 자금 이체에 대한 연구를 4단계에 걸쳐 완료하였다(표 11참고).

〈표 6-11〉 프로젝트 스텔라 요약

프로젝트 스텔라 (Project Stella)	
일본은행과 유럽중앙은행이 함께하는 금융시장인프라(FMI: Financial Market Infrastructure)와 지급 및 증권 결제 시스템을 위한 DLT의 활용성·타당성에 대한 공동 연구	
[1단계]	Payment systems: liquidity saving mechanisms in a distributed ledger environment
연구기간	2016년 12월 ~ 2017년 9월
연구목표	기존 지불 시스템의 특정 기능, 특히 BOJ-NET[1]과 TARGET2[2]의 결제 유동성 절약 기능(LSM; Liquidity Saving Mechanism)[3]이 DLT를 통해서 안전하고 효율적으로 실행될 수 있는지 여부를 실제 실험을 통해 평가하기 위함.
연구결과	- DLT를 기반으로 한 솔루션은 실시간 총액 결제(RTGS; Real-Time Gross Settlement) 시스템의 실행 조건을 만족한다. - DLT의 수행능력은 네트워크 사이즈와 노드간의 거리에 의해 영향을 받는다. - DLT를 기반으로 한 솔루션은 탄력성과 신뢰도를 강화할 수 있는 잠재력이 있다.
[2단계]	Securities settlement systems: delivery-versus-payment in a distributed ledger environment
연구기간	2017년 10월 ~ 2018년 3월

연구 목표	증권대금 동시결제(DVP; Delivery-versus-Payment)[4]와 같이 연계된 두 의무의 결제가 DLT를 기반으로 한 환경에서 개념적으로 설계되어 작동될 수 있는 방안을 탐색하기 위함.
연구 결과	- 서로 다른 DLT 플랫폼의 특성에 따라 DLT 환경에서 DVP가 가능하다. - DLT는 원장 간의 어떠한 연결 없이도 원장 간의 DVP가 가능한 새로운 접근 방식을 제공한다. - 구체적인 설계 방식에 따라 DLT를 통한 원장 간 DVP 계약은 복잡성을 수반할 수 있으며 해결해야하는 추가적인 문제를 야기할 수 있다.

[3단계] Synchronised cross-border payments

연구 기간	2018년 4월 ~ 2019년 6월
연구 목표	국가간 결제 시 안전성 향상을 위한 DLT의 활용 방안을 탐색하기 위함.
연구 결과	- 집행 메커니즘이 있는 모든 원장 에스크로, 제3자 에스트로 및 조건부 지급 채널은 거래 절차에서 책임을 완전히 충족하는 각 거래 당사자가 이체하는 원금에 대한 손실이 발생할 위험에 노출되지 않도록 할 수 있다. - 이번 실험에서 고려한 5가지 결제 방법은 유동성 효율을 기준으로 1) 신탁, 2) 원장 에스크로 및 제 3자 에스크로, 3) 단순 및 조건부 지급 채널로 분류할 수 있다. - 기술적 측면에서 결제를 동기화하고 지불 체인을 따라 자금을 통제하는 결제 방식을 사용하면 국가간 결제의 안전성은 향상될 가능성이 있다.

[4단계] Balancing confidentiality and auditability in a distributed ledger environment

연구 기간	2019년 7월 ~ 2020년 2월
연구 목표	DLT 하에서 비밀 유지(confidentiality)와 감사 가능성(auditability) 간의 균형을 어떻게 잡아야 하는지 탐구하기 위함.

연구 결과	- 거래의 비밀 유지를 보증하기 위해 필수적인 특성을 서술하고, 비밀 유지가 보증되면서 효과적으로 거래를 감사할 수 있는지를 평가하였다. - PETs은 어떻게 제 3자에게 정보를 주지 않을지에 따라 1) Segregating PETs, 2) Hiding PETs, 3) Unlinking PETs 로 분류할 수 있다. - 거래 감사 가능성은 1) 필수 정보에 대한 접근성, 2) 획득한 정보에 대한 신뢰도, 3) 감사 절차의 효율성에 따라 평가되어야 한다.

[1]BOJ-NET: 일본은행에서 소유하여 관리하는 실시간 총액 결제 시스템
[2]TARGET2: 유럽 중앙은행에서 소유하여 관리하는 실시간 총액 결제 시스템
[3]결제 유동성 절약 기능: 총액결제 시스템에서 지급 요청 처리 시 잔액이 부족할 경우에 대비해 계좌가 충당될 때까지 대기할 수 있도록 하고 상계를 통해 효율적으로 처리하는 기능
[4]증권대금 동시결제: 중앙예탁기관의 증권결제 시스템을 대금결제은행의 자금결제시스템과 연계하여 증권거래시 증권의 실물과 대금을 동시에 결제하는 방식

자료: European Central Bank and Bank of Japan (2017, 2018, 2019, 2020)

한국과 미국에 비해 일본은 디지털 화폐 관련 전반적인 연구에 가장 적극적이며 프로젝트 스텔라 이후에도 지속적으로 CBDC관련 연구를 진행하고 있다. 2020년 1월에는 BIS, 유럽 중앙은행, 영국 중앙은행, 캐나다 중앙은행, 스웨덴 중앙은행, 스위스 중앙은행, 미국 연방준비제도와 공동으로 CBDC연구를 진행하겠다고 발표했다[16]. 일본은행은 결제기구 산하에 CBDC 전문 연구팀을 발족시켜 주요국 중앙은행 및 BIS와 연구를 공유하고 있으며, 2021년 9월 30일 BIS에서 발간한 보고서에 따르면 2020년 10월 9일 발표한 CBDC 관련 첫 공동보고서를 시작으로 2021년 9월 30일 범용CBDC가 충족해야 하는 사용자의 요구, 기술적 설계 조건과 안정성에 대한 다음과 같은 주요 결론을

16) https://www.boj.or.jp/en/announcements/release_2020/rel200121a.htm/ (2022.01.06)

도출했다고 밝혔다: 1) 효과적인 CBDC 시스템은 폭넓은 지불 시스템과의 상호 운용성(interoperability)와 공존(coexistence)를 보장하기 위해 공공 및 민간기관을 모두 포함해야 한다, 2)공공 및 민간기관을 모두 참여시키는 것이 미래 사용자의 요구를 예상하고 CBDC와 관련된 혁신을 수용하는데 도움이 될 수 있다, 3) 안전과 안정성을 유지하기 위하여 CBDC는 신중한 설계와 구현이 필요하며 CBDC에 맞춰 기존 금융시스템을 조정하고 안전장치를 사용할 수 있도록 하는 유연성이 필요하다(Group of Central Banks, 2021a, 2021b, 2021c).

2020년 7월 20일 그동안 소액결제 CBDC 발행 및 도입에 소극적이었던 일본은행에서 CBDC, 곧 디지털 엔을 전담하는 연구 조직을 출범시켰다고 발표했다. 이후 2020년 10월 9일 일본은행 발간한 CBDC 보고서를 통해서 "지급결제 시스템의 안정성과 효율성의 관점에서 구체적인 CBDC 발행 계획은 없으나 향후 시스템 변화 및 대중의 수요 등 환경 변화에 대비할 필요가 있다"고 밝히며 모든 개인과 기업을 포함하는 범용 CBDC에 관련된 방침을 발표하였다(Bank of Japan, 2020). 이는 같은 날 BIS에서 공개한 첫 CBDC 관련 공동보고서를 토대로 작성된 것으로 보이며 범용 CBDC가 충족시켜야 할 기술적·기능적 특징을 포함하여 2021년 3단계에 걸쳐 실시 예정인 실증실험 계획을 밝혔다. 이처럼 일본은행에서 CBDC 도입 관련 사업을 적극적이게 된 원인은 미국과 마찬가지로 민간 가상화폐의 성장과 중국의 CBDC 사업을 견제하기 위함으로 보인다. 일본의 CBDC 실증실험은 CBDC 발행 및 유통 등 기본기능 관련 검증 위한 1단계 PoC와 CBDC

응용 기능을 포함하여 실현 가능성을 확인하기 위한 2단계 PoC를 진행한 후 이를 기반으로 실제 파일럿 테스트를 진행할 것으로 알려졌다. 또한, 실증실험과 병행하여 민간사업자와 협조 및 역할분담, 관련 정보기술 표준화 방침 등에 대한 검토도 추진할 계획임을 밝혔다(표 12참고).

〈표 6-12〉 일본은행의 CBDC 관련 보고서 요약

The Bank of Japan's Approach to Central Bank Digital Currency (2020.10.09)
개인과 기업을 포함한 범용 CBDC에 대한 일본은행의 견해 및 방침
[1] CBDC의 기능과 역할
현금과 공존하는 지불 수단으로 도입되어야 함. 사적인 결제 서비스를 지원 가능해야 함. 디지털 사회에 적합한 지불 결제 시스템으로 발전되어야 함.
[2] CBDC가 충족해야 하는 핵심 요인
1) 범용적 접근성, 2) 보안, 3) 신뢰성, 4) 즉시 결제 능력, 5) 정보 처리 상호 운용성
[3] 고려 사항
통화 정책의 효과와 금융 안정성의 관점에서 CBDC를 어떻게 설계할 것인가 혁신 촉진의 관점에서 중앙은행과 민간 금융 기관 간의 역할 분담을 어떻게 할 것인가 사용자 정보를 어떻게 관리하며 개인 정보 보호를 어떻게 보증할 것인가 국가간 결제에서는 어떻게 활용될 수 있을 것인가
[4] 향후 진행 방향
CBDC 실증 실험 진행 1. 제 1단계 PoC: CBCD 시스템 실험 환경 구축. 지불 수단으로써 CBDC가 가져야할 기본적인 기능인 발행·유통·상환 기능에 대한 검증. 2. 제 2단계 PoC: CBDC 응용 기능 및 실현 가능성 검증. 3. 파일럿 테스트: 개인 및 금융기관을 상대로 파일럿 테스트 진행

제도적 배열 탐색
1. 중앙은행과 민간 금융기관 간의 협력 및 역할 분담
2. 발행량과 보유량 제한 기준 등 CBDC의 적정 설계
3. 개인 정보 보호 및 사용자 정보 관리
4. 디지털 화폐 관련 정보 기술의 표준화

국내외 이해당사자들의 협력 - 국외 중앙은행, 국내 민간 금융기관, IT 기업, 법률 전문가 등 관련 이해당사자들 과의 협업을 통해 CBDC의 주요 기능에 대한 지속적인 연구를 진행

자료: Bank of Japan (2020)

CBDC 발행과 관련해 재무성과 금융청 외에 은행과 증권, 자금결제업자 등 민간단체가 참여한 민관 연락협의회를 설립하는 등 기초 준비작업을 완료한 일본은행이 4월 5일 계획대로 제 1단계 실증실험에 시작하였다. 일본은행은 1단계 실험은 2022년 3월까지 1년간 진행될 예정이며 CBDC 발행, 유통 및 상환의 기술적 실현 가능성을 테스트하겠다고 발표했다(Bank of Japan, 2021). 2022년 4월부터는 현금 보유액 등에 조건을 설정하는 등 고도화된 실험을 하는 한편 보안대책에 대해서도 검증할 방침으로 보인다. 특히 3단계에서는 민간사업자 및 개인 소비자를 대상으로 실제 지불에 사용할 수 있는지를 시험할 예정으로 알려져 있다. 일본은행의 CBDC 실증실험 역시 비공개로 진행 중이며 아직까지도 일본은행은 실제 CBDC 발행 계획은 없다는 입장을 확고히 하며 신중한 태도를 유지하고 있다. 일본은행의 CBDC 실증실험과 별개로 2021년 11월 24일 디지털화폐 포럼에 따르면 미쓰비시 UFJ은행 등 일본 대형 은행과 대기업 70여 곳이 참여한 협의체가 디지털화폐를 실험 시작한다고 발표했다(Digital Currency Forum, 2021). 은행 예금을 기초로 한 가칭 'DCJPY'라는 디지털화폐를 발행

할 예정이며 2022년 후반 실용화를 목표로 기업 간 송금, 결제, 전력 거래 등 다양한 분야에서 실증실험을 진행할 예정이라고 밝혔다. 민간 기업들의 실증실험 결과가 일본은행의 CBDC 발행에 관련된 입장에 영향을 미칠 것으로 예상된다.

Ⅳ. 중앙은행 디지털 화폐의 미래 전망

중국과 미국을 중심으로 디지털화폐에 대한 주도권을 두고 경쟁하면서 주요국들의 디지털화폐 관련 기술 및 규제 체제가 발전하는 모습을 보이고 있다. 또한, 코로나19의 확산으로 인해 비대면 거래가 더욱 활성화되었고 이에 따라 현금 사용이 급격히 줄어든 것은 세계 각국의 중앙은행에서 CBDC도입에 가속도를 붙였다. 중앙은행 디지털화폐에 관한 연구를 추진하는 각 국의 입장을 종합하면 금융 포용성, 불법 자금문제 환화, 결제 효율화, 무역 원활화와 비용 절감의 측면에서 CBDC의 도입이 여러 방면에서 긍정적인 효과를 가져올 수 있다고 보고 있다(표 6.13참고). 다만, 디지털화폐로 인해 발생할 수 있는 문제점도 충분히 고려하는 자세가 필요하다. 기존에 은행 중심으로 이루어지던 금융 관련 서비스가 디지털로 옮겨간다면 은행과 같은 기존 금융기관의 역할이 약화되는 상황이 발생할 수 있으며 이는 구조적인 은행의 탈중개화(disintermediation)로 이어질 수 있다. 특히 국민 대부분이 중앙은행을 통해 CBDC를 보유한다면 시중은행의 자금 중개 기능이 위축되어 시중은행의 예금이 감소하고 자금조달비용이 상승하게 될 수 있다. 이로 인해 대출 금리 상승 등 시중은행이 제공하는 금융 서비스 자체에 부정적인 영향을 줄 수 있다. 또한, 디지털 화폐의 형태에 따라 익명성을 보장하는 대신 자금 분실 위험이나 불법적인 활동에 사용되는 등의 문제가 발생할 수 있다. 기존의 현금 시스템과 다른 새로운 유형의 통화를 유통하는 만큼 화폐를 발행하고 유통하는 과정에서 생각치 못한 위험요인이 존재할 수 있기 때문에 금융 시스템에 대한 충분한 논의가 필요할 것으로 보인다. 뿐만 아니라 디지털 화폐로의 전환에 있어서 디지털에 대한 접근성이 낮은 노년층과 같은 디지털 소외계층에 대한 디지털화폐 접근성을 어떻게 해결할지가 관건이다.

〈표 6-13〉 디지털화폐의 기회요인과 위험요인

기회요인	
금융 포용성	- 은행과 같은 금융기관에 대한 접근성이 낮은 서비스 취약 계층에도 금융 서비스 제공 가능 - 결제은행이 다름에 따른 신용리스크 경감
불법 자금문제 완화	실명 인증을 통한 디지털 화폐는 거래 추적이 용이하여 불법자금 및 지하경제 문제 완화
결제 효율화	블록체인 기술을 활용하여 저비용으로 빠르게 지급결제 가능
무역 원활화	- 블록체인 기술을 활용하여 투명성 제고 및 신뢰성 확보 - 중소기업의 국제무역 참여 확대
비용 절감	현금 발행 및 관리, 유통에 들어가는 비용 절감 가능
위험요인	
은행시스템 위기	- 기존 상업은행 역할 약화로 인한 은행의 탈중개화 가능성 존재 - 상업은행에서 예금 서비스를 대체할 채권, 주식 등의 자금조달 수단을 활용할 가능성 존재 - 은행의 자금조달 비용이 상승하고 불안정해져 은행시스템에 부정적인 영향을 줄 수 있음

익명성 문제	개인정보보호 차원에서 높은 수준의 익명성을 보장할 경우, 자금분실 위험과 자금세탁 및 불법적인 활동에 악용될 가능성 존재
정책상 문제	- 디지털 화폐를 통해 통화정책의 효과 제고가 기대되지만 통화정책에 따라 금융시장의 변동성이 커질 가능성 존재 - 디지털 화폐 도입 시 외화 자금 유출입 및 외환시장 가격 변수 변동성 확대 - 디지털 화폐는 국경간 지급결제를 촉진시켜 외화자금 흐름 파악이 어려워져 선제적으로 리스크를 관리에 제약 발생. 이에 따라 외환정책의 효과가 약화될 가능성 존재

출처: 김유리 외 (2020)

더불어 CBDC 도입이 정책에 미칠 영향도 고려해야 한다. 디지털 화폐 도입을 통해 중앙은행에서 화폐의 이동 및 사용 내역을 기반으로 직관적인 통화정책을 시행할 수 있다는 점에서 통화정책 효과 제고를 기대해 볼 수 있다. 다만 정부의 통화정책이 금융시장에 즉각적인 반응으로 이어질 수 있기 때문에 금융시장의 변동성이 커질 가능성이 있다. 또한, 글로벌 디지털 화폐가 활성화되면 국가간 거래 시 환전 절차가 사라져 외환시장에 영향을 미칠 수 있다. 글로벌 통화로서 디지털 화폐가 사용되면 국제 무역의 회계 단위가 글로벌 디지털 화폐가 되면서 환율의 역할이 약화될 수 있다. 이와 같이 디지털 화폐의 도입은 지금까지 발생하지 않았던 거래가 발생하도록 함으로써 새로운 형태의 금융시장을 형성하고, 그에 따른 정책을 필요로 할 것으로 보인다. 따라서, 각국에서는 CBDC의 먼저 발급하여 주도권을 잡는 것만 목표로 할 것이 아니라, CBDC로 인한 문제를 최소화하기 위해 충분한 기간을 두고 검토하여 할 것이다.

Bank of Japan, 2020, "The Release of "The Bank of Japan's Approach to Central Bank Digital Currency," 2020.10.09. https://www.boj.or.jp/en/announcements/release_2020/data/rel201009e1.pdf

______, 2021, "Commencement of Central Bank Digital Currency Experiments," 2021.04.05.
https://www.boj.or.jp/en/announcements/release_2021/rel210405b.pdf

Boar, Codruta and Andreas Wehrli, 2021, "Ready, steady, go? - Results of the third BIS survey on central bank digital currency," *BIS Papers*, No. 114, 2021.01.27. https://www.bis.org/publ/bppdf/bispap114.pdf

Buttecali, Jillian, Zachary Proom, and Paul Wong, 2020, " Observations from the FooWire Project: Experimenting with DLT for Payments Use," FEDS Notes, Washington: Board of Governors of the Federal Reserve System, August 13, 2020, https://doi.org/10.17016/2380-7172.2737.

CFTC, 2015, " CFTC Orders Bitcoin Options Trading Platform Operator and its CEO to Cease Illegally Offering Bitcoin Options and to Cease Operating a Facility for Trading or Processing of Swaps without Registering," *CFTC Press*, Release No. 7231-15, 2021.09.17.

______, 2017, "A CFTC Primer on Virtual Currencies," 2020.10.17.,
https://www.cftc.gov/sites/default/files/idc/groups/public/documents/file/labcftc_primercurrencies100417.pdf

De, Nikhilesh and Nate DiCamillo, 2021, "Fed's Brainard Breaks Down CBDC Policy Considerations, Sees Price Pressures Waning in the Future," *CoinDesk*, 2021.05.24.

Digital Currency Forum, 2021, "Digital Currency DCJPY (tentative name) White Paper," 2021.11.24.
https://about.decurret.com/.assets/forum_20211124wp_en.pdf

European Central Bank and Bank of Japan, 2017, "Project Stella - Payment systems: liquidity saving mechanisms in a distributed ledger environment," 2017.09.06.,
https://www.boj.or.jp/en/announcements/release_2017/data/rel170906a1.pdf

______, 2018, "Project Stella – Securities settlement systems: Delivery versus payment in a distributed ledger environment," 2018.03.27., https://www.boj.or.jp/en/announcements/release_2018/data/rel180327a1.pdf

______, 2019, "Project Stella – Synchronised cross-border payments," 2019.06.04., https://www.boj.or.jp/en/announcements/release_2019/data/rel190604a1.pdf

______, 2020, "Project Stella – Balancing confidentiality and auditability in a distributed ledger environment," 2020.02.12, https://www.boj.or.jp/en/announcements/release_2020/data/rel200212a1.pdf

FDIC, 2021, "Joint Statement on Crypto-Asset Policy Sprint Initiative and Next Steps," *FDIC News*, FIL-75-2021, 2021.11.23. https://www.fdic.gov/news/press-releases/2021/pr21096a.pdf

Group of Central Banks, 2021a, "Central bank digital currencies: system design and interoperability," 2021.09.30. https://www.bis.org/publ/othp42_system_design.pdf

______, 2021b, "Central bank digital currencies: user needs and adoption," 2021.09.30. https://www.bis.org/publ/othp42_user_needs.pdf

______, 2021c, "Central bank digital currencies: financial stability implications," 2021.09.30. https://www.bis.org/publ/othp42_fin_stab.pdf

Kruppa, Miles and Hannah Murphy, 2019, "'DeFi' movement promise high interest but high risk," *Financial Times*, 2019.12.30.

Marte, Jonnelle, 2021a, "Fed to release paper on central bank digital currency soon, Powell says," *Reuters*, 2021.09.23.

______, 2021b, "Boston Fed's first look at digital U.S. dollar nearly done, official says," Reuters, 2021.09.30.

Nakamoto, Satoshi, 2008, " Bitcoin: A peer-to-peer electronic cash system," *Decentralized Business Review*, 21260.

Reynolds, Treacy, 2020, "The Federal Reserve Bank of Boston announces collaboration with MIT to research digital currency," *Federal Reserve Bank of Boston*, 2020.08.13.

金融庁, 2017, "利用者向けリーフレット「平成29年４月から『仮想通貨』に関する新しい制度が開始されます」について," 2017.04.03. https://www.fsa.go.jp/common/about/20170403.pdf

______, 2018, "仮想通貨交換業等に関する研究会 報告書," 2018.12.21. https://www.fsa.go.jp/news/30/singi/20181221-1.pdf

공도윤, 2020, "암호화폐 기타소득세 부과한 일본, 개정안 만지작," *팍스넷뉴스*, 2020.01.31.

공병선, 2021, "가상화폐 제도화로 시장 키우기?..." 지금 일본을 봐라" [비트코인 비틀기]," *아시아경제*, 2021.05.09.

금융위원회, 2017, "가상통화 관계기관 합동 TF 개최 – 가상통화 현황 및 대응방향," *금융위원회 보도자료*, 2017.09.04.

기획재정부, 2020, "2020년 세법개정안 발표," *기획재정부 보도자료*, 2020.07.22.

김병철, 2020a, "리브라 목표, 세계통화 아닌 페이스북페이로 바뀌었다," *코인데스크 코리아*, 2020.07.08.

______, 2020b, "일본에서 암호화폐가 금융상품이 된 과정을 살펴보니," *코인데스크 코리아*, 2020.06.05.

김보영, 2020, "중국의 법정 디지털화폐(CBDC) 발행 추진과 주요국의 입장 변화," *자본시장연구원 자본시장포커스 ZOOM-IN*, 2020-12호.

______, 2021, "CBDC에 대한 미연준의 입장과 주요국 중앙은행의 준비 현황," 자본시장연구원 자본시장포커스 ZOOM-IN 2021-14호.

김상진, 2020, "지급결제에서 FinTech로 무현금화의 실현 가능성," *지급결제학회지*, 제 12권 2호 (2020.12), 225-251.

김세진. 2020. "[속보] 특금법, 국회 본회의 통과…암호화폐 제도화 첫발," *매일경제*, 2020.03.05.

김유리 · 강반디 · 조고운 · 김지현, 2020, "글로벌 기업과 주요국의 디지털 화폐 발행 현황과 시사점," *KIEP 기초자료*, 20-6.

김제이, 2021a, "'내부거래 · 거래소 코인 금지'…특금법 시행령 국무회의 통과." *뉴시스*, 2021.09.28.

______, 2021b, "코인거래소 실명거래 막 오른다," *뉴시스*, 2021.09.30.

김진솔, 2020, "[국감 2020] 손상화폐 규모 증가…디지털화폐 도입 시급," *매일경제*, 2020.10.23.

박상혁, 2020, "스테이블코인 1분기 거래량 신기록, 테더가 80% 점유," 중앙일보, 2020.03.30.

서양희, 2021, "페이스북도 곧 암호화폐 내놓는다. '디엠(Diem)'으로 글로벌 디지털 결제시장 연내 진출…비트코인, 이더리움 등 글로벌 결제시장 유통 중인 암호화폐 가격도 상승 기대," 이코노뉴스, 2021.10.11.

신상화 · 홍성희 · 정훈, 2018, "암호화폐 과세제도 및 과세인프라 연구," *한국조세재정연구원 세법연구*, 18-07.

윤상언, 2021, "중국, 모든 암호화폐 거래 불법화…"법정 화폐와 교환 금지"," *중앙일보*, 2021.09.24.

이봄. 2021. "특금법 본격 시행…29곳만 살아남은 거래소," *아주경제*, 2021.09.27.

이소연, 2021, "채굴금지, 실명제 도입…중앙은행 디지털 화폐는 속도," *이코노미 조선 커버스토리*, 398호, 2021.05.31.

이승철, 2019, "현금사용 급감" … "지난해 화폐 제조비용 역대 최소," *KBS뉴스*, 2019.02.04.

이승호, 2021, "중앙은행 디지털화폐(CBDC)의 의의, 영향 및 시사점," *자본시장포커스*, 2021-03호.

이정민, 2021, "미국의 가상화폐 과세 현황과 추진 방향," *Kotra 해외시장뉴스*, 2021.09.08.

임현우, 2021, "[취재수첩] 결국 1년 연기, '코인 과세 유예'의 씁쓸한 뒷맛," *한국경제*, 2021.12.05.

전지성, 2021, "미국 의회 "가상자산 280억달러 과세" 인프라 법안 가결," *코인데스크 코리아*, 2021.11.07.

조귀동, 2022, "[금융계 뉴트렌드](5) 한국서도 가상자산 상장 허용…금융서비스 봇물," *조선비즈*, 2022.01.07.

천창민 · 배승욱, 2018, "주요국의 가상통화 규제현황과 시사점," *자본시장연구원 이슈보고서*, 18-03.

코인니스, 2021a, "日 암호화폐 협회, 스테이블 코인 법제화 관련 보고서 공개," *매일경제*, 2021.11.16.

______, 2021b, "일본, 외환법 개정 통해 자본거래 규제 대상에 암호화폐 추가," *코인리더스*, 2021.11.17.

한국은행, 2018, "「가상통화 및 CBDC 공동연구 TF」 출범," *한국은행 공보*, 2018-1-6호, 2018.01.09.

______, 2019, "중앙은행 디지털화폐," 2019.01.25

______, 2021a, "한국은행, 「중앙은행 디지털화폐 모의실험 연구」 용역 사업자 선정을 위한 입찰 공고 안내," 한국은행 *보도참고자료*, 2021.05.25.

______, 2021b, "[현지정보] 최근 연준의 디지털화폐(CBDC) 추진 관련 움직임 및 시사

점,” *한국은행 워싱턴주재원*, 2021.05.24.
https://www.bok.or.kr/viewer/skin/doc.html?fn=202105251051125460.pdf&rs=/webview/result/P0002223/202105

황종모 · 한승우, 2017, “해외 주요국 디지털화폐 관련 제도 및 시장 현황,” *전자금융과 금융보안*, 제7호 2017-01.

7

중국의 디지털 통화(DCEP) 발행 배경과 정책적 함의

7장
중국의 디지털 통화(DCEP) 발행 배경과 정책적 함의

김익수

Ⅰ. 서론

전 세계에 CBDC (central bank digital currency) 도입 열풍이 거세게 불고 있다. 그 최선봉에는 중국이 있다. 중국은 자국의 CBDC를 DCEP(digital currency for electronic payment)라고 부르면서 인민은행(人民銀行)을 DCEP 연구・개발 및 발행・관리의 주관 기관으로 지정했다. 인민은행은 이 '법정통화(legal tender; 법화)'의 설계 및 사용에 관한 실험을 하면서 법제적・기술적 환경의 지속적 보완과 생태계 확충에 박차를 가하고 있다.

미 연방 준비이사회(이하 '연준'; FRB)는 2019년까지만 해도 CBDC인 디지털 달러화의 도입에 소극적이었다. 그러나 글로벌 사회관계망 서비스(SNS) 업체인 페이스북(Facebook; 현재의 상호는 'Meta')의 창업자 겸 CEO인 마크 저커버그(Mark Elliot Zuckerberg)가 2019년 10월의 미국 하원 청문회 석상에서 "중국이 수개월 내 CBDC 출시를 예고한 상황에서 리브라를 끝내 출시하지 못하면 인민은행의 CBDC가 그 역할을 대신할 것이고, 그 결과 미국은 전 세계 금융 선도국의 지위를 잃게 될 것"이라고 경고하자 태도가 조금씩 바뀌기 시작했다(Duffy, C. & Brian Fung 보도, CNN, 2019. 10. 23).

그러나 미 연준이 CBDC 발행을 적극적으로 검토하게 된 데에는 중국의 DCEP 발행 선언의 영향이 더 크다. 인민은행은 2020년 하반기에 오랫동안의 연구와 사용 실험을 끝내고 2022년말까지는 DCEP를 공식 발행하겠다는 선언을 하였다. 이때부터, 미 연준은 산하 연구센터를 중심으로 중국의 DECP 발행이 미 달러화의 글로벌 패권에 미칠 영향을 검토하는 한편, 디지털 달러화의 발행에 관한 연구를 개시하도록 조치하였다. 지금까지의 연구 결과로는, 미 달러화 발행량의 40% 가까이가 국제 결제시장에서 유통되고 있으므로 달러의 디지털화를 서두를 필요가 없으며 디지털화가 그리 간단한 문제가 아니라는 견해가 다수여서 그 귀추가 주목된다.

중국 정부가 DCEP 발행에 이처럼 적극적인 데는 여러 가지 대내외적 이유가 있다. 대내적으로는, 금융·통화 정책의 효과성을 높이고 화폐 발행·관리에 관한 비용을 줄이는 동시에 음성적 자금원을 양성화시키겠다는 동기가 강하다. 대외적으로도, 디지털 통화를 도입해 위안화 국제적 지위를 향상시키겠다는 정책적 의지가 강하다.

중국의 DCEP에 관한 학술적인 성격의 선행연구는 그리 많지 않다. 2018년부터 자본시장연구원, 금융연구원, 국제금융센터, 주요 상업은행의 부설 연구소들을 중심으로 DCEP에 관한 정책자료가 출간되기 시작했다. 2020년부터는 학술적 연구논문도 나오기 시작했는데, 김기홍 (2020), 왕윤종(2021), 오대원(2021), 한대훈 (2021), 신술위・최성락 (2021) 등이 대표적이다. 이들의 주요 관심은 중국의 디지털 통화의 등장 배경, 제도화의 현황과 주요 쟁점, 그리고 미국과의 디지털 화폐 전쟁 가능성 등이었다. 이외에도, Louie, B.L. & Wang, M.(2021a; 2021b)은 곧 출현할 중국의 디지털 통화가 진출 외자기업과 외국 금융기관에 미칠 영향을 연구했고, Dent, H.S.(2020)는 중국의 DCEP를 국가 차원의 '스테이블 코인'(sovereign-issued stable coin)으로 보고 그것이 국제무역의 안정성에 미치는 영향을 연구하였다.

이러한 배경에서, 본 장은 기존의 선행연구 성과에 기초해 중국의 DCEP 도입 배경, 대내외적 역할과 한계, 발행 준비 및 실험 상황, 관련국의 대응 등에 관한 내용을 종합적・체계적으로 업데이트하고 재정리한 다음, 한국 정부와 주요 경제주체들에 주는 정책적・전략적 시사점을 도출하고자 한다.

본 장은 다음과 같이 구성되었다. 제Ⅱ장은 중국의 DCEP 개념 및 대내외적 도입 배경을, 제Ⅲ장은 중국의 DCEP 도입 준비 및 실험 현황을, 제Ⅳ장은 DCEP 발행이 미 달러화 패권과 한국의 디지털 원화 발행에 미치는 영향을 각각 구체적으로 검토하였다. 그리고 마지막 장인 제Ⅴ장에서는 한국 정부와 한국은행, 시중은행, 기업에 주는 정책적 함의를 도출하고 이들의 대응 방안을 나름대로 제시해 보았다.

Ⅱ. 중국 DCEP 개념과 도입 배경

1. DCEP의 개념

(1) 개념과 다면적 특성

DCEP는 중국 중앙은행인 인민은행이 발행하는 디지털 통화(CBDC)이다. DECP라는 단어는 2018년 3월 양회(兩會)에서 저우샤오촨(周小川) 당시 인민은행 행장이 처음 사용하였다. 중국어로는 디지털 통화란 의미를 지닌 '수즈훠삐'(数字货币)로 불리며, 학술적 문헌에서는 e-CNY, 디지털 위안화(digital RMB) 등으로도 불린다.

DCEP는 한마디로 중국 중앙은행인 인민은행이 블록체인 암호화 기술을 이용해 발행하는 '법정 디지털 통화'라 할 수 있다. 다만, 그 속성과 특징이 무척 다양한데, 〈표 7-1〉은 DCEP의 다면적 속성을 현금, 비트코인, 리브라 등과 비교해 정리해 놓은 것이다. 우선, DCEP는 기초 자산이 없는 디지털 화폐라는 점에서 비트코인, 이더리움 등의 암호화폐(cryptocurrency)와 유사하다. 하지만, 국가신용을 바탕으로 발행되는 '법화'라는 점에서 민간부문의 가상화폐인 암호화폐와는 다르다. 또 비트코인은 반드시 인터넷이 연결된 곳에서만 거래가 되지만, DCEP는 전자지갑만 있으면 오프라인으로도 거래할 수 있다.

이외에도, DCEP의 경우, 중앙은행이 블록체인의 암호 기술을 이용해 고유암호를 부여하지만, 평상시에는 거래의 익명성이 보장된다는 특징을 지닌다. 그러나 부패·비리 자금, 탈세, 자금세탁의 의심이 들면 정부 유관부서와 인민은행이 언제든지 '공적 보안키(public key)'를 이용해 개별 거래까지도 추적할 수 있으므로 이용자의 익명성이 완전히 보장되지는 않는다. DCEP는 또한 법화인 점에서는 지폐와 같지만, 지폐의 경우 대규모 거래를 할 때만 일련번호를 통한 추적이 가능하지만, DCEP는 개개 거래 단위 모두에 대한 추적이 가능하다는 점에서 다르다.

DCEP의 다면적 특성에 관한 보다 상세한 설명은 다음과 같다.

첫째, DCEP는 중국 중앙정부의 대리인인 인민은행이 법규에 따라 발행・보관・결제 거래에 대한 책임을 지고 전 과정을 통제・관리하는 '법화'이다. 따라서 개인이 채굴해 민간거래소를 통해 매매하는 비트코인, 이더리움 등의 암호화폐와는 다르다. 또한 DCEP는 소셜미디어 네트워크 이용자를 대상으로 기초 자산(예: 미 달러화 가치)에 기반해 발행되는 페이스북의 리브라(Libra; Diem) 같은 민간 알고리즘 화폐와도 그 성격이 다르다. 인민은행 내 디지털 통화 연구소의 소장 야오치엔(姚前)은 "DCEP가 본질적 가치상으로는 믿을 수 있는 '신용통화'이고, 기술적 측면에서는 '암호화폐', 실용성 측면에서는 '알고리즘 통화', 그리고 응용 측면에서는 '스마트 통화'이다"라고 밝힌 바 있다.

DCEP는 인민은행이 그 가치를 금융통화 정책을 통해 안정적으로 관리하며, 은행・기업・개인은 DCEP 이용자의 결제 요구를 거부할 수 없다. 반면, 암호화폐는 변동성이 심하고 공신력이 없어서 국가통화로써 사용되기 어렵다. 엘살바도르와 같은 나라가 비트코인을 지급결제용으로 사용하고 있긴 하나, 불안정성과 신뢰성 문제 때문에 상당한 혼란을 겪고 있는 것으로 알려져 있다.

〈표 7-1〉 DCEP와 타 결제수단 비교

	DCEP	현금	제3자 지급결제 잔액	비트코인	리브라 (Libra/Diem)
발행기관	중앙은행	중앙은행	중앙은행	-	Libra연합
배포기관	상업은행 및 민영인터넷은행	상업은행	제3자 지급결제 기관	비트코인 네트워크	제3자
기반기술	스마트계약, 암호기술 정보의 비대칭성	해당없음	중앙집중식 전자결제 플랫폼	공개 블록체인	컨소시엄 블록체인
준비금 비율	1:1	1:1	1:1	없음	1:1
기초자산	없음	없음	은행준비금	없음	기축통화자산
신용기반	국가신용	국가신용	기업신용	알고리즘 신용	기업, 알고리즘 신용
신용리스크	없음	없음	낮음	높음	높음
익명성	통제가능한 익명성	완전한 익명성	통제 가능한 익명성	완전한 익명성	통제 가능한 익명성
거래 한도	DCEP지갑 등급에 따라 상이함	없음	상업은행이 설정한 한도에 따라 상이함	없음	-
중앙은행의 통제	O	O	O	X	O
디지털화	O	X	O	O	O
이자지급	X	X	X	X	X
오프라인 결제 가능	O	O	X	X	X

자료: Louie,B., Wang,M.(2021), 零壹财经.(2021)

둘째, DCEP는 송금·결제·이체·저축이 가능하다는 점에서 지폐나 동전으로 대표되는 아날로그 통화와 같다. 또한 결제 수단이라는 점에서 알리페이(支付宝; Alipay), 위챗페이(微信支付; WeChat Pay) 등 핀테크(FinTech) 업체들의 페이 기능과 유사한 역할을 수행한다. 그러나 페이 결제는 반드시 금융기관 예금 계좌가 있어야 하고,

인터넷이 연결돼 있지 않으면 사용할 수 없는 반면, DCEP는 전자지갑이 탑재된 스마트폰만 있으면 근거리이동통신(NFC; near field communication)을 이용해 오프라인 결제가 가능하다는 이점을 지니고 있다.

셋째, DCEP는 기술적으로 코인이 아니라 디지털 전환(digital transformation) 기술이 내재화된 일종의 'SW 프로그램 뭉치'라 할 수 있다. 지폐에 식별 가능한 홀로그램이 인쇄돼 있듯이, DCEP 하나하나에는 블록체인 암호화 기술로 고유의 암호번호가 부여되므로 보안성이 뛰어나다. 개인은 사적 용도의 '프라이빗 보안키'를 이용해 개인 정보를 관리하거나 이체를 할 수 있고, 인민은행은 금융통화정책, 자금 추적 등 공적인 목적을 위해 '퍼브릭 보안키'를 쓴다. 따라서 범용성이 뛰어나면서도, 특정성(specificities)에 기반한 추적 가능성이 강하다고 할 수 있다. 실제로 중국의 경우, 인민은행 디지털통화센터가 필요하다고 느끼면 언제든지 DCEP의 사용자, 이용액, 사용위치, 거래결제의 동선 등을 정밀 추적할 수 있다. 뿐만아니라 국가간에도 상호결제 협약만 체결돼 있으면 '금융게이트웨이공사'란 제3의 기관을 통해 청산결제가 가능하다. 다만 이 같은 보안성과 추적가능성을 확보하기 위해서는 디지털 기술이 필요하므로 관련 기술과 인프라가 취약한 후진국에서는 CBDC 도입은 어렵다고 할 수 있다.

다행히 중국의 경우, 2017년 이후 5G, 인공지능(AI), 빅데이터, 슈퍼컴퓨터, 인공위성 이동통신 등 디지털 전환 관련 인프라가 확충되고 있어서 DCEP 발행과 유통에는 문제가 없다(김익수, 2021 참조). 이는 중국이 2018년 기준 관련 특허출원 글로벌 건수의 48%를 차지하고 있는 것(UNCTAD, '디지털 경제 2019' 2020 공표자료)에 의해서도 입증된다. 관련 투자 건수도 세계 전체의 59%(266건), 투자 금액은 46%(2조 5,000억 원)로 각각 미국의 18%(80건), 42%(2조 3,000억 원)를 앞지르고 있다.

중국 당국은 2021년에 도시지역 국유 상업은행, 홍콩의 주민 사용자를 대상으로 DCEP 사용 실험을 마친 바 있다. 따라서 지금의 계획대로라면 2022년 2월 베이징 동계올림픽을 전후하여 공식 사용이 개시될 전망이다.

(2) '리브라' 개발 계획 발표 이후 중국의 반응

중국 중앙은행인 인민은행이 DCEP 발행을 준비한 것은 2010년대 초부터이다. 그러나 CBDC 출시 및 실험계획을 공식화한 것은 2019년 7월 초 페이스북(Facebook)이 리브라(Libra) 개발 계획을 발표하면서부터이다. 마크 저커버그(Mark Elliot Zuckerberg) 창업자 겸 CEO가 미 하원 청문회에 출석해 리브라 도입의 필요성을 강조하였고, 그 과정에서 "리브라 도입이 좌절될 경우 미 달러화 위상이 중국 DCEP에 의해 부정적 영향을 받을 것임"을 경고했기 때문이다. 중국 당국이 디지털 위안화의 도입과 실험 완료시기를 앞당기게 된 것도 미국 리브라의 갑작스런 도입이 초래할 부정적 파장을 우려하였기 때문이다.

실제로 리브라는 중국을 뺀 전 세계 디지털 플랫폼에서 사용할 수 있도록 설계된 민간 디지털 통화이다. 따라서 달러, 유로, 엔 등 글로벌 통화 바스켓에 연동돼 가치가 유지되며, 비트코인, 이더리움 등 다른 암호화폐보다 가격 변동성이 적은 '스테이블 코인(stable coin)'으로 분류된다. 더욱이 페이스북 플랫폼 이용자 24억 명을 기반으로 하고 있는데다가 모바일 및 인터넷 등 온라인 상거래에 사용될 수 있는 범용성도 강해 디지털 통화로서의 발전 잠재력이 크다. 저커버그는 자신의 제안이 미국 금융당국에 의해 수용되지 않자, '디엠(Diem)'이라는 새 이름으로 바꿔 스테이블 코인으로서의 성장 모멘텀을 유지하려고도 시도한 바 있다.

이런 상황에서, 중국 당・정 지도부와 인민은행은 혹시라도 리브라가 나중에 도입될 경우 위안화의 디지털화 계획에 차질을 초래할 것으로 보고, DCEP 발행 및 실험계획을 앞당기게 되었던 것이다. 실제로 왕신 인민은행 연구국 국장도 베이징대에서 열린 '디지털금융 시장개방' 관련 심포지엄(2019.7.9.)에서 "리브라가 도입되면 주요국의 금융・통화 정책, 통화가치, 국제 통화체계에 중대한 영향을 미칠 수도 있다" 라고 얘기한 바 있다(아주경제신문, 2019. 7. 10). 저우샤오촨(周小川) 전 중국 인민은행 총재도 "미국 등 주요국의 글로벌 디지털 통화 도입 움직임에 대비해야 한다"라고 강조한 바 있다(저우 前 총재, 7.9일 중국외환관리개혁발전 심포지엄에서의 발언, 財新網, 2019.7.10).

2. CBDC 도입 배경과 이유

(1) 대내적 이유

1) 민간 빅테크 기업의 모바일 페이 영향력 축소

DCEP 도입·상용화의 목적은 다양하다. 대내적 목적부터 살펴보면, 알리바바, 징둥 등 민간 빅테크 기업의 모바일 페이(Pay) 영향력을 축소하는 것이 그 첫 번째 동기이다. 중국의 경우, 2015년 이후 알리페이(支付宝·즈푸바오), 위챗페이(微信支付; WeChat Pay) 등의 제3자 전자결제(第三方支付) 시스템이 빠른 속도로 발달해 대상 영역을 확대하면서, 시중 현금통화량의 대부분이 민간 페이 업체의 시스템 내에서 유통되기 시작했다. 〈표 7-2〉는 2014~2020년 1분기 동안의 알리페이, 위챗페이의 결제 점유율 비중 변화를 보여주고 있다. 여기서 알 수 있는 바와 같이, 알리페이의 결제 점유율 비중은 2014년의 82%에서 2020년 1분기에는 54%로 낮아진 반면, 위챗페이의 비중은 11%에서 39%로 높아졌음을 알 수 있다. 그리고 이 두 대형 모바일 페이 결제 서비스 공급자의 합계 결제 점유율은 2014년의 93%, 2015년 95%, 2020년 1분기 94%로 큰 변동 없이 중국 간편 결제시장을 지배하고 있다. 중국의 디지털 통화 도입실험이 본격화될 당시인 2019년 3분기 때만 해도 알리페이의 모바일 결제 점유율이 47.05%, 위챗페이가 33.77%였다(新浪财经, 2020. 4. 22)는 점을 상기하면, 실로 놀랄만한 시장 지배력 증가라고 할 수 있다.

민간 모바일 페이 시스템에 대한 이 같은 높은 의존도는 중앙은행의 통제 권력과 금융통화정책의 효과성이 과거보다 현저히 떨어졌음을 의미한다. 더 심각한 것은 이들 모바일 페이 업체들이 '은행 거래계좌 선충전-후지급' 방식을 채택하고 있어 고객의 잉여결제 대금을 단기적으로 대출해 엄청난 수익을 창출하는 동시에, 계열사 간 상호융통을 유동성을 확보해 왔다는 점이다(매일경제신문, 2020.1.3). 알리페이를 예로 들면, 은행보다 낮은 수수료로 사용자들을 끌어들인 다음, 주문금액이 결제될 때까지의 잔액을 MMF로 운용해 운용 수익 일부를 고객에게 돌려주고 있다.

〈표 7-2〉 중국의 제3자 지급 결제 플랫폼 비중 추이

	2014	2015	2016	2017	2018	2019	2020 Q1
알리페이	82	74	52	55	54	54	55
위챗페이	11	16	38	40	39	39	39
기 타	7	10	10	5	7	7	6

자료: 원자료는 iResearch; 하나은행 하나금융경영연구소 (2021a), 10쪽.

더 중요한 것은, 인민은행이 이들 빅테크 업체들의 신용창출 및 신용할당 행위나 자금 운용에 관한 구체적 데이터를 갖고 있지 않다는 점이다(Eichengreen, B. 2021). 그 결과, 중앙은행은 통화량 관리능력이 취약해졌다고 느끼게 되었을 뿐만 아니라, 기존 국유 상업은행이나 지방은행들은 그들대로 사업 확대 잠재력이 잠식당하고 있다고 불만을 느끼게 되었다. 이 같은 상황에서 인민은행은 DCEP를 도입해 중앙은행의 통화 정책 수행상의 실효성을 확보하고, M1(현금과 요구불 예금) 통화량을 더욱 잘 관리함으로써 통화 정책의 효과성을 높이고 싶었을 것이다.

결국 2020년 하반기부터 중국 금융당국은 각종 규제와 징벌 조치를 도입, 빅테크 기업들의 과도한 영향력을 축소하기 시작했다. 2018년 6월부터는 민간 페이 업체도 반드시 인민은행 감독하에 있는 은행연합회의 '왕롄(網聯) 플랫폼'을 거쳐 결제하도록 조치하였다. 또한 이들의 자금 예치기관을 인민은행 혹은 유자격 상업은행으로 제한하고 2019년에는 지급준비금 예치 비율을 결제 예정 금액의 100%로 상향 조정했다(명기영, 2018).

2) 통화 정책 시행 및 화폐 제조·관리 비용의 축소

DCEP 도입의 두 번째 대내적 동기는 통화 정책 시행 및 화폐 제조·관리 비용의 절감과 관련이 있다. 사실 중국의 경우, 알리페이 등 모바일 결제의 보편화로 인해 현금 사용률은 일본과 비교할 때 매우 낮은 편이다. 시기별로 비교해봐도, 중국의 M_0 (중앙은행이 발행한 현금통화) 대 M_2(저축성예금을 포함한 넓은 의미의 통화)의 비율은 1998년의 11%에서 2020년 말에는 4%대로 현저히 감소했다.

그러나 디지털 통화가 보편화되면, 현금성 통화량이 더 줄어들어 '무현금 경제(cashless economy)'에 접근하게 된다. 이 같은 상황이 되면, 지폐·동전의 주조와 보관, 교환, 폐기 등에 드는 비용이 획기적으로 줄어들게 된다. 보다 구체적으로는, 위조 화폐 감시 시스템의 구축, 위폐 식별 기술의 개발, 불법적인 자금 거래의 추적 및 차단 등에 투입되는 인건비, 예산 등이 획기적으로 감소하는 것이다. 이외에도, 화폐 제조 및 유통 관리비용의 절감 이외에도, 정부는 빅데이터 분석 등을 통해 통화 유통경로 관리에 관해 통제력을 키울 수 있고, 냉정하게 돈의 흐름을 추적할 수 있는 능력을 갖게 된다.

3) 높은 보안성 및 금융시장 접근성

강력한 보안성과 접근 용이성도 DCEP를 도입하는 또 다른 이유다. 중국의 DCEP는 블록체인 암호화 기술을 사용하기 때문에 보안성이 뛰어나고 디지털 기술 반영비율이 높아 위조할 수 없다. 실제로 인민은행은 금융통화 정책과 자금흐름 모니터링을 위해 DCEP에 공익적 목적의 '공적 보안키(public key)'를 갖고, 기업과 개인에 대해서는 모바일 앱과 전자지갑을 이용할 수 있도록 '사적 보안키(private key)'를 부여한다.

중국 국민의 금융서비스 접근성을 높이는 것도 DCEP의 부수적 도입 목적이다. 알리페이, 위챗페이의 경우, 은행 계좌를 갖기 어려운 변경지역이나 농촌 벽지에서는 사용이 불가능하다. 그러나 DECP의 경우, 변경지역이나 농촌 벽지 주민도 스마트폰에 DCEP 앱만 장착하면, 은행 계좌 없이도 이용이 가능하다. 중국의 경우 베이더우(北斗)라는 중국식 GPS 인공위성의 커버 범위가 넓고, 근거리 통신(NFC: Near-field Communications) 기술의 이용이 가능하기 때문이다.

4) 표적 지원·대출의 편리성 및 이체 서비스 혜택의 확산

특정 기업·개인에 대한 표적 지원·대출의 편리성 및 이체 서비스 혜택의 확산 가능성도 DCEP 도입의 배경이라 할 수 있다. 2008년 글로벌 금융위기나 2021년 코로나19 직후 금융당국이 경기부양 정책을 시행했을 때, 상업은행들은 인민은행의 지급준비율 인하에도 불구하고, 지급준비율 인하로 확보한 자금을 기업들에 대출하지 않는 경우가 많았다.

또한 DCEP가 도입되면, 인민은행은 상업은행을 우회해 바로 표적기업이나 민간인에게 경기 부양용 대출, 재난지원금, 중소상공인 구제자금 혹은 취약계층에 대한 소득재분배 목적의 재난지원금을 효율적으로 배포할 수 있다. 스마트폰 번호와 계좌번호만 있으면 적자보전이 필요한 소상공인, 기본 생계자금이 부족한 빈곤계층 등 필요한 민간주체에게 긴급재난지원금이나 보조금, 대출의 즉시 이체 및 관리가 가능해진다. 실제로 2021년 3월 초 소집된 국가발전개혁 위원회 회의에서는 코로나19 상황에서의 디지털 통화의 이 같은 사용목적과 기대되는 역할에 관해 심도있게 논의한 바 있다(新浪财经, 2020.04.21.).

중국이 서방 선진국과 다른 점은, 진정한 의미에서의 신용카드의 비중이 매우 낮다는 점이다. 따라서 중앙 혹은 지방정부 관련 부서가 소외 계층 시민이나 보조금 수령 대상의 기업들에게 긴급 자금을 지원하려면 은행을 이용할 수 밖에 없다. 그러나 만일 해당 중국인이 전자지갑을 갖고 있다면 바로 수혜대상자에 대한 표적 지원이 가능하게 된다. 이는 코로나19 팬데믹이나 천재지변 등의 긴급 사태 발생 시 DCEP가 매우 유용하게 쓰일 수 있음을 의미한다. 일종의 이체 대상자의 명확화 및 '소외 계층에 대한 금융 서비스 제공'(financial inclusion) 기능이라 할 수 있다.

5) 비공식 거래자금 및 부패・비리 경로의 추적 용이성

비공식 거래자금 및 부패・비리 경로의 추적 용이성도 DCEP 도입의 부수적 목적이다. 디지털 통화에는 블록체인 암호화 기술에 의해 고유암호가 부여되므로 자금이동 경로와 소재 파악이 쉽고, 자금흐름의 투명성(transparency) 확보가 용이하다. 인민은행이나 부패 방지 기관(예: 중국국가감찰위원회, 당 중앙기율 검사위원회)이 필요하면 언제든지 디지털 통화의 사용자 신원을 추적・파악할 수 있기 때문이다. 여기에는 인공지능(AI), 블록체인, 빅데이터, 5G~6G 통신 기술 등의 디지털 전환 기술이 일조하고 있다. 또한 중국 통화 및 외환 관리 부문이 스마트화・디지털화되면 경제주체들의 탈세, 부패・비리, 외환 도피 등을 보다 용이하게 감시하고 조사・처벌할 수 있을 것이다.

(2) 대외적 이유

1) 해외 자본도피 추적 및 투기적 자본거래의 위험 관리

페이스북 CEO 마이클 저커버그가 리브라(Libra) 발행계획을 제안하자 중국 지도부가 디지털 통화 발행계획을 앞당겨 실행했음은 앞의 제2장 제2절에서 설명한 바와 같다. 중국 인민은행으로서는 '리브라'

란 스테이블 코인이 나오기 전에 DCEP를 발행함으로써 디지털 통화 시장을 선점할 필요가 있었다.

디지털 위안화의 도입은 또한 국제적 환투기 세력의 외환시장 교란 행위나 국내 기업 개인의 해외 자본도피(capital flight) 위험을 감소시킬 수 있다. DCEP에 기반한 외환관리 시스템이 도입・정착될 경우, 인민은행과 외환 당국은 언제든지 필요하면 개인과 기업 등 경제 주체들의 해외송금 및 계좌 이체 내용을 훤히 들여다볼 수 있기 때문이다. 또한 자금의 유출입 흐름을 추적함으로써 불법적 자본도피나 유출을 사전에 적발하거나 투기적 외국자본에 의한 중국 자본 및 외환 시장 교란 행위도 효과적으로 방지·관리할 수 있게 되었다.

2) 미 달러 패권 약화 및 위안화의 국제적 위상 강화

중국 정부의 DCEP 도입 배경에는 대외적 이유도 작용하고 있다. 주지하다시피, 중국은 90년대 이후 위안화의 국제화를 추구해왔지만, 아직도 막강한 미국 달러화의 영향력에서 벗어나지 못하고 있다. 세계 제1의 무역대국임에도 불구하고, 위안화 가치의 관리, 외환보유고의 운용, 자본 및 외환거래 계좌의 관리 등에 많은 거래비용을 지출하고 있다. 따라서 중국 당국은 미 달러화(2020년 말 현재 38%)에 비해 턱없이 낮은 인민폐 결제 비중을 디지털 위안화 도입을 통해 획기적으로 높이고자 하는 동기가 비교적 강하다고 할 수 있다.

주요국의 세계 GDP에서 점하는 비중과 글로벌 결제액에서 점하는 비중을 보여주는 〈표7-3〉에서 알 수 있듯이, 위안화의 결제액 비중은

2%대로 중국이 세계 GDP에서 점하는 비중(2020년 16%; 2021년 18.5% 예상)에 비해 턱없이 낮다.

위안화의 사용 국가·지역별 분포를 봐도(〈표 7-4〉 참조), 2020년 10월 현재의 분포가 5년 전에 비해 큰 변화가 없으며, 위안화 사용액의 74.5%가 홍콩(62%), 싱가포르 (8.6%), 대만(3.9%) 등 중화경제권에 집중되어 있음을 알 수 있다. 비(非)중국권 중에서는 영국이 15.5%로 가장 높으나, 미국과 프랑스의 위안화 사용 비중은 각각 5.0%, 1.6%로 매우 낮고, 한국은 0.7%로 거의 무시할 만한 수준이다.

〈표 7-3 〉 주요국의 세계 GDP 및 글로벌 결제통화 비중(2020년 말 현재)

	세계 GDP에서의 비중 (%)	글로벌 결제통화 비중 (%)
미국-미 달러화	24	39
중국-위안화	16	2
EU-유로화	16	36
일본-엔화	6	3
영국-파운드화	3	7

주: 2020년 말 현재의 통계 자료임.
자료: 원자료는 iResearch; 하나은행 하나금융경영연구소 (2021a), 7쪽. GDP 통계는 IMF, World Bank 데이터 베이스, 글로벌 결제통화 비중은 SWIFT.

〈표 7-4〉 위안화 사용 지역의 구성 현황

	홍콩	대만	싱가포르	한국	미국	영국	프랑스
2020.10	62.0	3.9	8.6	0.7	5.0	15.5	1.6
2015. 7	61.7	4.7	10.0	1.5	5.6	16.7	2.6

자료: 원자료는 Standard Chartered Global Research; 하나은행 하나금융경영연구소 (2021a), 7쪽.

중국 정부의 입장에서는 국제 이용에 거래비용이 필요 없는 디지털 위안화를 도입·발행해 그 사용을 쉽게 늘림으로써 국제결제 시스템 내 인민폐의 위상을 높일 유인이 강하다고 할 수 있다. 실제로 중국 정부는 글로벌 금융위기(2008) 이후의 미 달러화 남발, 코로나19 팬데믹 이후 지폐로 인한 감염확산 가능성(국민 보건에 대한 고려), 미국과의 경제 패권전쟁(G2 화폐전쟁 가능성) 이후 글로벌 국제 통화권력 제고 필요성을 절실히 느꼈을 것이다. 특히 팬데믹 위기 극복과정에서 미 달러화가 남발되면서 인민폐 평가절상의 압력이 커지자 인민은행은 위안화 가치를 유지하기 위해 많은 외환을 소비할 수밖에 없었다. 중국의 당정 지도부와 인민은행의 시각에서 보면, 인민폐가 보다 일찍 디지털화되었더라면 글로벌 외환시장에서의 위안화의 입지가 지금보다는 훨씬 더 강해져 있었을 것이라고 생각할 수 있었을 것이다.

Ⅲ. 중국의 DCEP 도입 준비 실험

1. 주요국 중앙은행의 CBDC 도입·준비 현황

앞에서 얘기했듯이, 중국은 디지털 통화 시대를 이끌어가는 선두주자이다. 실제로 인민은행 디지털 통화연구소는 다른 나라에 앞서서 중국 실정에 맞는 디지털 통화(DCEP)를 개발·연구하고 상용화 실험을 서둘러 왔다. 〈그림 7-1〉은 중국의 DCEP 개발·연구 과정을 미국, EU 등 세계 주요국의 CBDC 개발·연구 과정과 비교해 요약·정리한 것이다.

우선, 미국 정부의 경우, CBDC에 대해 비교적 보수적이고 신중한 태도를 보였었다. 그러나 중국이 DCEP의 선제적 도입 실험을 개시하고, 페이스북(지금의 회사명은 '메타' 플랫폼)이 가상자산(Libra/Diem) 개발 노력을 확대하자, 미 연준이사회(FRB)는 산하의 관련 연구 조직을 중심으로 CBDC 연구·개발에 착수했다. 미국 CBDC의 구체적인 형태나 기술적 내용에 관해서는 공개된 것이 없지만, 미 연준이 인공지능, 빅데이터와 블록체인 암호화 기술을 채택할 것은 거의 확실하다. 지금까지 알려진 바로는 연구팀이 '해밀턴(Hamilton) 프로젝트'라 불리는 관련 소액결제 프로세스와 운용시스템을 실험하고 있으며, 비공개로 시뮬레이션을 진행하고 있는 것으로 알려져 있다. 곧 잠정적 실험 결과가 공개되겠지만, 지금까지의 진행과정을 볼 때 달러의 디지털화에는 다소 소극적인 입장을 견지하고 있는 것으로 알려져 있다. 달러화 지위가 워낙 확고하므로 중국 등 다른 나라의 진행 과정과 내용을 더 지켜본 후 관련 프로젝트를 본격화해도 늦지 않다고 판단하고 있기 때문이다.

〈그림 7-1〉 세계 주요국의 CBDC 연구 개발 단계

일본의 경우, 현금사용 의존도가 높아 CBDC 개발의 필요성을 별로 느끼지 못했었다. 그동안 스이카(Suica), 파스모(Pasmo) 등 화폐가 폭넓게 사용되긴 했으나, 이들의 대부분은 소매점 소액결제용이어서 우리나라의 'T-머니'처럼 인출 자체가 불가능하였다. 그러나 CBDC 도입에 관한 세계적 관심이 높아지자, 일본 중앙은행은 2019년에 결제기구 산하에 전문 연구팀을 발족시켰다. 디지털 엔화가 도입될 경우, "업종 경계를 넘어 결제 기반이 구축되면 기업 간 송금, 대규모 결제 등의 속도가 빨라지고 송금 수수료도 내려간다" 는 점에 주목했기 때문이다(日本經濟新聞, 2021.11.24.).

2021년 1월부터는 CBDC의 경제적・기술적 속성에 관한 연구를 시작하였다. 우선, 관련 연구의 핵심주체인 일본 중앙은행은 국제결제기구(BIS), 유럽중앙은행(ECB), 영국 중앙은행, 캐나다 중앙은행, 스웨덴 중앙은행 등과 공동연구를 개시하였다. 동시에 대내적으로는, 2021년 연말까지 금융업계 주요 은행(미쓰비시 UFJ은행, 미쓰이스미토모 신탁은행, 우체국), NTT, JR동일본, 미쓰비시 상사 등 70여 개 사를 참여시켜, 은행 예금을 기초 자산으로 하는 '디지털 엔화'의 발행을 준비 중이다(전자신문, 2021.11.24). 만일 이 같은 디지털 엔화 도입실험이 성공적인 것으로 판명되면, 관련 결제 인프라를 구축한 다음, 2022년 4월부터는 디지털 엔화의 효율적인 이체와 결제를 촉진하는 비즈니스 환경과 결제 인프라를 확충할 계획으로 있다. 디지털 엔화의 사용처도 다방면으로 탐색하고 있는데, 태양광 발전을 통해 개인 가구가 생산한 전력을 일본전력에 판매할 때 판매 대금을 디지털 통화로 받을 계획이다. 문제는 일본의 이동통신 및 인터넷 인프라가 아직은 5G 속도에 완전히 적응화되어 있지 않고 기업들의 내부 회계·결제 시스템도 아날로그 방식이어서 디지털 엔화가 일본에서 효율적으로 작동할 수 있을 지는 좀 더 두고 봐야 할 것이다.

2. 중국의 DCEP 도입·준비 현황

(1) 관련 조직·법제적 환경의 재정비

앞에서도 언급했듯이, 중국 정부와 인민은행은 디지털 통화의 대내외적인 유용성을 간파하고 CBDC의 도입과 실험을 선도하고 있다. DCEP 도입에 관한 중국 정부의 준비는 법제적·정책적 환경의 정비로부터 시작되었다. 〈표 7-5〉는 2014년 이후 2022년 2월까지의 기간 동안 중국 정부 유관부서와 인민은행이 펼치고 있는 준비 현황을 시기별로 정리해 놓은 것이다. 인민은행이 가장 먼저 착수한 것은 행내에 CBDC 연구팀을 구성하는 것이었다(2014년). 이 연구팀은 2년 뒤인 2016년에 디지털 통화연구소로 승격되었고, 그 후 5년간에 걸쳐 디지털 위안화 발행에 관한 경제적·기술적 타당성 검토를 수행하였으며, 2019년부터는 DCEP 관련 실험 프로젝트를 주관하였다.

마침내 2020년 4월 인민은행은 DCEP 사용 실험 사업의 개시를 발표하였고, 8월에는 상무부가 DCEP 시범 시행 지역을 공개하였다. 그리고 10월부터는 광둥성 선전(深圳)시를 대상으로 세계 최초로 디지털 통화의 시범 사용을 대규모로 실험하였으며, 2021년 5월에는

DCEP 시범 사용 실험 지역을 장쑤성 쑤저우시, 베이징, 후난성 창사시 등의 지역으로 확대하는 동시에 상하이와 쑤저우시 간에 지역 간의 연계 사용 실험도 성공적으로 마무리 지었다.

이외에도, 디지털 통화연구소는 알리바바, 징동디지털, 디디추싱, 유니온페이(은행연합회) 등의 빅테크 기업, 기관·단체들과 주요 분야별 공동연구와 연계 실험에 관한 전략적 협력 관계를 맺는 한편, 인민은행 내 DCEP 관련 조직개편과 업무 재조정하는 것을 소홀히 하지 않았다.

조직개편을 마친 인민은행은 근거법인 〈인민은행법〉의 개정에 착수했다. 아무리 DCEP의 경제적 편익이 크고 기술적 난제가 해결되었다 할지라도 법제적 인프라를 제대로 구축·확충되지 않으면, DCEP의 유통 및 결제과정에서 그 기능이 제대로 발휘되기 어렵다고 보았기 때문이다. 이와 관련, 주무 부서인 인민은행은 DCEP의 법정 화폐 지위와 근거를 명확히 하기 위해 먼저 인민은행과 대학 전문가들의 의견을 들었다. 그 후 〈인민은행법〉 개정안은 전문 관료와 전문가의 검토를 거쳐 2020년 7월 중국 최고인민법원(한국의 '대법원'에 해당)과 국무원 국가발전개혁위원회(한국의 '기획재정부'에 해당)에 보내졌다(2020.7.22.).

〈표 7-5〉 중국 정부의 DCEP 도입에 관한 준비 과정

시기별	중국 정부 관련 부서와 기관의 DCEP 도입 관련 정책 조치
2014	- 인민은행 내 DCEP 전담 연구팀을 조직 - 연구논문, 특허 분석을 통해 DCEP 발행 유통형식에 관한 초보적 아이디어 발표
2016	- 인민은행 내 '디지털 통화연구소' 설립
2019	- 중국 국무원, DCEP에 관한 연구 개발 노력 방침 공표
2020. 4	- 중국 인민은행, DCEP에 관한 사용 실험계획 공개 - 농업은행 디지털 위안화 유통 실험 개시 - 선전, 쑤저우, 시안, 청두 등의 대도시에서 DCEP 실험적으로 출시
2020. 7	- '신시대 사회주의 시장경제 체제의 개선 및 가속화를 위한 사법 서비스의 제공과 보 호에 관한 의견'에서 '디지털 통화'를 처음으로 공식 언급 - 디디추싱, 디지털 위안화 사용의 전략적 협력자로 참여
2020. 8	- 중국 상무부 DCEP 시범지역을 발표
2020. 10	- 의견 수렴 후 DCEP 관련 근거법으로 〈인민은행 법〉 개정안 발표 - 광둥성 선전시 DCEP 시범적 사용 실험
2020. 12	- 장쑤성 쑤저우시, 베이징 직할시 등으로 실험 지역 확대
2021. 3	- DCEP 발행 언급된 〈인민은행 법 개정안〉, 중국 전인대(全人大)에서 통과
2021. 5	- 상하이 직할시와 쑤저우시 간의 연계 CBDC 사용 실험 - 후난성 창사시, 역대 최대 규모 DCEP 시범 사용
2022. 1	- 애플 아이폰 이용자를 중심으로 DCEP 앱 다운로드 개시
2022. 2	- 베이징 동계올림픽 전후로 DCEP를 정식 도입한다는 방침을 확정

자료: 张光君·吴雨涵(2018); 한국의 주요 인터넷 자료.

그 후 이들 두 기관은 '신시대 사회주의 시장경제 체제의 개선 및 가속화를 위한 사법 서비스의 제공과 보호에 관한 의견'을 공동으로 제정했다. 법 개정안 내용에는 "디지털 통화, 온라인 가상자산, 데이터 등의 신규 권익 보호를 강화한다" 라는 조항이 공식 삽입되었

다. '디지털 통화(数字货币; DCEP)'가 법규상에서 처음으로 공식 언급되기 시작한 것이다.

인민은행 내외 유관부서들도 2020년 10월 23일부터 한달간 진행된 〈인민은행법 개정안〉에 관한 공개의견 수렴 과정에서 수정 의견을 개진했다. 그리고 마침내 2021년 3월에 열린 전국인민대표대회(우리나라의 '국회'에 해당)에서 "위안화는 물리적 형태와 디지털 형태를 모두 포함한다"라는 조항이 포함된 DCEP 발행 관련 개정 법안이 정식으로 통과되었다.

DCEP 실험이 개시되고 법제적 환경이 어느 정도 정비되자, 중국 정부는 '법정통화'의 공식 유통에 방해가 되는 민간 핀테크 업체들의 영역을 축소하는 작업에 돌입했다. 우선 2017년에는 민간 전자화폐의 공식등록이라 할 수 있는 ICO(initial coin offering) 프로젝트를 무기 연기시켰다. 2020년 11월 초에는 앤트파이낸셜(Ant Financial; 蚂蚁金服)의 기업공개(IPO) 허가를 상장예정일 이틀 전인 11월 2일에 허가를 돌연 취소하고였다. 상하이 증시 '커촹반(科创板)'과 홍콩 증시에의 동시 상장을 통해 340억 달러 이상의 공모자금을 조달하려던 마윈(马云) 전 회장의 계획이 인민은행, 중국은행보험감독회, 중국증감회 등의 공동결정에 의해 좌절돼 버린 것이다. 2018년 9월 회장직에서의 사직(2018.9) 이후 두 번째의 큰 타격이었다.

그후에는 법화의 도입과 유통에 방해가 되는 민간 빅테크 업체들의 창업자 겸 최고경영자(CEO)들을 하나 둘씩 경영 일선에서 물러나게 했다. 2020년 7월에는 전자상거래업계 3위 업체인 핀둬둬(拼多多)의

황정(黃崢) 회장이 CEO직에서 물러난데 이어 다음해 3월에는 회장직과 자신의 지배주주 권리까지 모두 포기했다. 2021년 말에는 틱톡(TikTok・글로벌 버전) 혹은 더우인(斗音・중국 버전)으로 유명한 바이트댄스(字節跳動・ByteDance)의 창업자 겸 회장인 장이밍(張一鳴)이 2021년 말에 그 직을 그만두었다.

이들 민간 CEO들은 보유중인 지배주주 지분 전부 혹은 일부를 퇴진 과정에서 대(對)기업 지배구조 규제창구라 할 수 있는 '국유자산감독관리위원회'에 싸게 매각하거나 반강제로 무상 기부하였다. 또한 어떤 경우에는 단 1주만 갖고 있어도 주주총회의 주요 의결 사항에 대해 거부권을 행사할 수 있는 '황금주(golden share)' 주주 지위를 이 위원회에 부여하였다. 중국 관련 당국의 이 같은 조치들은 민간기업의 창업자 겸 CEO들의 최대주주 지위를 박탈함으로써 이들의 경영지배권을 약화시키는 동시에 인민은행의 통화권력을 강화시키는 실질적인 국유화 효과를 거두는데 1차적 목적이 있었나, 후임 CEO들에게는 당과 국가 방침에 순응하지 않으면 기업이 생존할 수 없다는 무언의 경고이기도 했다.

잠재적 저항세력을 없앤 다음에 손보기 시작한 것은 DCEP의 대안이 될 수 있는 암호화폐(加密货币)나 디지털 토큰이었다. 2020년 5월 인민은행은 공지문을 통해, 암호화폐의 채굴・생산・보관・유통・판매를 전면 금지하는 한편, 디지털 위안화의 공신력, 유용성을 저해할 수 있는 암호화폐 거래소를 폐지하기 시작했다. 이 같은 결정은 개정된 〈인민은행법〉에 근거한 것인데, 이 법에 의하면, "인민은행이 아닌 그 어떤 기관이나 조직도 디지털 위안화를 제작·유통하지 못하도록 되어 있다." 그런데 암호화폐는 일반인들에게 DCEP와 유사하게 인식되고 유통과정에서 혼란을 초래할 수 있기 때문에 그 거래와 채굴을 금지시킨 것이다.

같은 해 9월에 발표된 공지문은 그 내용이 더 강력했다. 인민은행은 "암호화폐는 법정 화폐와 지위가 동등하지 않으며, 시장에서 유통되거나 사용되어서는 안된다"는 내용과 함께 "암호화폐끼리의 교환행위도 형사처벌 대상이 된다"는 규정을 공표했다. 그리고 "모든 암호화폐 업무 활동은 불법적 금융활동에 속한다"고 못을 박았다(인민은행, 홈페이지 공지문, 2021. 9. 24). 공식적인 제재의 사유는 "암호화폐가 경제 및 금융 질서를 문란하게 하고 불법 모집, 시세 조작, 탈세, 자본도피, 사기 등의 범죄 활동을 조장해 사회적 문제를 일으키고 인민의 재산 안전을 심각하게 해친다"는 것이었다. 그러나 중국 내 관련 보도(世界经济论坛官网, 2021.9.7)에 따르면, 전체 암호화폐 거래액중 이 같은 문제를 일으키는 불법 거래는 전체의 0.35%에 불과한 것으로 알려졌다. 이는 암호화폐 거래에 대한 제재의 감춰진 동기가 사회질서 문란의 방지보다도 법정화폐인 DCEP 유통 영역의 확장에 있음을 알 수 있게 해주는 보도라 할 수 있다.

한편 눈치가 빠른 암호화폐 거래소와 채굴센터들은 당국의 제재가 본격화되기 시작한 2020년 5월을 전후해 미국, 유럽, 카자흐스탄 등지로 채굴장소를 옮기기 시작했다. 이 같은 채굴센터와 거래소의 해외도피 움직임을 알게 된 인민은행은 해외법인을 둔 거래소에 대한 제재조치를 9월에 도입·시행했다. 공지문에 따르면, "해외법인을 둔 암호화폐 거래소가 중국인을 대상으로 거래 서비스를 제공할 경우, 중국에 머무는 해외국적의 거래소 직원은 조사대상이 된다" 고 규정되어 있다.

(2) 중국의 DCEP 도입 관련 중점 연구분야

CBDC 관련 연구는 전 세계 66개 중앙은행의 80%가 진행하고 있다. 그 중에서도 선두주자인 인민은행 디지털 통화 연구소는 2014년부터 CBDC 연구를 시작했는데, 연구소의 중점 연구 분야는 DCEP의 목적과 관련이 깊었다.

연구 트렉(research track)은 대내 및 대외의 두 가지로 구성돼 있었는데, 대외적으로는 디지털 위안화의 국제적 활동성을 높이고, 통화주권을 강화하면서도 자본유출을 방지하는데 도움이 되는 금융·외환 인프라를 구축하는데 연구의 중점이 있었다. 대내적으로는, 예측 가능하고 믿을 만한 디지털 위안화 결제 시스템의 구축이 주요 연구과업이었는데, 이는 거래 운영시스템의 효율성과 접근성, 편리성, 보안성 강화와 관련이 깊었다. 실제로 중국 시민들은, 비자, 마스터 등 신용카드 결제에 익숙한 미국인들과는 달리, 모바일 페이의 사용에 길들여져 있었다. 그런데, 이들 이용자의 관점에서 보면, 중국의 모바일 페이 시스템이 항상 편리한 것만은 아니었다. 농촌 벽지 주민처럼 은행계좌가 없거나 인터넷이 연결되어 있지 않는 상황에서는 사용 자체가 불가능했다.

또한 중국 내 모든 매장이 알리페이(AlliPay; 支付宝), 위챗페이(WeChat Pay; 微信支付)라는 두 가지 방식의 결제가 가능한 POS 단말기 시스템을 갖추고 있지는 않았다. 때문에 고객들은 어떤 매장을 방문했을 때 자신이 쓰는 페이 앱(Pay app)에 맞는 POS 단말기가 없으면 다른 매장을 물색하거나 ATM기를 찾아 현금을 인출해서 결제해야만 했다. 인민은행은 DCEP 운영시스템을 설계하는데 있어 이 같은 페이 기반형 간편결제 방식의 불편함을 제거하는데 최우선 순위를 두었다. 우선, 이용자 모바일 앱, 전자지갑, 결제 시스템간의 효율적 연동 여부와 사용자 인터페이스(user interface)의 편리성을 점검한 후 고객들의 금융 서비스 접근성이 높아지도록 시스템을 설계·구축했다. 그 다음으로는, 중간자 역할을 하는 상업은행과 최종 결제자인 인민은행간의 기술적 연계성을 높이는 한편, 'm-CBDC 브릿지' 시스템에 주도적으로 가입함으로써 '국제금융게이트웨이 공사'를 통한 해외은행 및 금융기관들과의 초(超)국경 결제상의 효율성을 높이고자 노력하였다.

두 번째의 연구 중점은, 사용자 추적이 가능하고 보안성이 뛰어난 DCEP의 이점을 극대화시키는데 두었다. 우선, 블록체인 기술을 이용해 현금과 같은 익명성을 보장하면서도, '대체 불가능한 법화(non-fungible legal-tender)'의 속성이 저해되지 않고 개인정보 보안이 유지되도록 설계하였다. 이와 관련, 분산원장 기술과 집중적 통제의 조화를 추구했는데, DCEP 거래의 기록은 중개자 역할을 하는 상업은행은 물론, 최종 결제자인 인민은행, 그리고 국내외 제3자 지급결제기구 원장에 남아 있도록 하였다. 하지만, 인민은행 등록관리 사무소나 전산센터가 필요하다고 생각하면 언제든지 DCEP의 유통거래의 형태와 사용자의 전 과정을 추적해 유통단계별 거래내용을 확인할 수 있게 시스템을 설계하였다.

DCEP 거래의 안전성과 대외적 공신력을 높이기 위해 중국 인민은행은 요구되는 보안수준에 따라 전자지갑을 개설시 신용인증 방법을 달리하였다. 보안등급은 1등급이 가장 높고 5등급으로 내려 갈수록 낮게 차등화되었는데, 보안등급이 높을 수록 전자지갑의 거래한도도 컸다. 예컨대, 스마트폰이나 이메일 주소만으로 인증을 받은 전자지갑의 경우, 5등급의 보안 판정을 받게 돼 사용할 수 있는 계좌 잔액 상한이 1,000위안으로 제한된다. 반면, 안면인식을 통해 인증을 받고 신분증까지 등록한 경우에는 사용한도(잔액 상한 기준)가 2만 위안으로 올라가게 된다.

(3) '점-선-면' 형태의 단계적 시범사업 전개

중국 정부는 DECP 사용 시범사업을 전개하는 데 있어 '점(点)・선(線)・면(面)'의 접근 방식을 채택했다. 이 단계적 접근 방식은 중국 정부가 개혁・개방의 심화·확산을 위해 채택한 방식으로 위험을 최소화하면서 정책변화의 효과성을 극대화하는데 목적이 있었다.

지금까지의 공개된 성과로만 보면 인민은행의 이 같은 '점(点)・선(線)・면(面)' 접근 방식은 비교적 성공적인 것으로 평가된다. 공개 사용 실험은 2010년 초부터 광둥성 선전(深圳), 쓰촨성 청두(成都),

장쑤성 쑤저우(蘇州), 슝안신구(雄安新区)의 네 곳의 특정 도시에서 시작되었다. 선전시의 사용 실험을 자세히 살펴보면, 시 정부와 인민은행 선전시 지점(分行)이 주도적인 역할을 했다는 것을 알 수 있다. 은행 당국은 추첨을 통해 4만 5천 명의 주민들을 뽑았고 이들에게 200위안을 준 다음 내려받은 DCEP 모바일 앱을 통해 이를 사용하도록 하였다. 쑤저우, 청두, 슝안시 등 다른 시 정부도 이와 유사한 방식을 채택했는데, 이들 시 정부는 시민의 참여를 독려하기 위해 증정품을 제공하거나 이벤트 행사를 개최하기도 하였다.

이들 4개 도시(点)에서 시작된 공개적 실험은 2020년 하반기부터는 도시 밖의 광역지역이나 시범지역 간의 협력지대로 그 전선이 확장되었다(線). 그 과정에서 인민은행은 지방정부 유관부서와 협조하여 몇몇 대규모 기업 및 국가급 상업은행 직원을 대상으로 하는 사용 실험을 전개하였다. 모바일 앱을 이용한 DCEP 소액결제 시범사업에 참여한 기업으로는 차량공유 플랫폼 디디추싱(滴滴出行), 배달사이트 메이투안덴핑(美团点评), 동영상 스트리밍 플랫폼인 비리비리(哔哩哔哩), 전자상거래 업체인 징둥(京東) 등이 있다.

2020 하반기부터는 상하이(上海), 랴오닝성 다롄(大连), 하이난성 싼야(三亚), 산시성 시안(西安), 후난성 창사(长沙), 산둥성 칭다오(青岛) 등 여섯 곳이 새로운 DCEP 시범도시로 추가되었다. 도시별 실험 내용을 보면, 랴오닝성 다롄시의 경우, 중국 최초로 DCEP의 B2B 거래를 테스트하였고, 대규모 면세점 클러스터를 가진 하이난시는 면세용품 구매시 DCEP를 이용한 결제를 점검하였다. 베이징 직할시

의 경우, 2021년 초부터 DCEP 지급 결제를 실험해왔는데, 2022년 2월에 열리는 베이징(北京) 동계올림픽에 참가한 선수단, 참관자, 베이징 주민 등을 대상으로 DECP 앱을 배포해 그 안전성과 효율성을 재점검할 예정이다. 이와 관련, 직할시 내 5개 구의 지역 상권을 상호 연계하였고, 주요 소비 분야별로 우리나라의 세뱃돈, 격려금에 해당하는 '홍바오(红包)'의 배포, 가격인하와 할인 이벤트 등을 개최함으로써 DCEP를 널리 보급할 계획으로 있다.

2021년 5월부터는 '점'을 '선'으로 연결기키는 대도시 지역 간 시범사업이 전개되었다. 지역간 DCEP 사용실험은 '쑤저우(蘇州)-상하이', '창사(長沙)-타 시범지역' 에서 먼저 시작되었는데, 쑤저우-상하이 시범지역의 경우 쑤저우에서 열린 '5 · 5 쇼핑 페스티벌'에서 상품 · 서비스를 구매한 상하이 시민들에게 DCEP 모바일 앱을 사용하도록 하였다. 또다른 실험대상 지역인 후난성 창사시-타 시범 지역간 연계사용의 경우, 금융 당국은 타 시범지역 주민이 창사에서 받은 DCEP를 모바일 앱을 통해 계속 사용할 수 있는지를 성공적으로 점검하였다.

이 같은 도시별 혹은 지역간 사용 실험이 어느 정도 끝나자 인민은행은 중앙 및 지방정부 유관부서와 함께 알리페이, 위챗페이 등의 빅테크 기업과의 DCEP 도입실험에 관한 민-관 협력 프로젝트에 착수했다. 2022년 1월 부터는 애플 아이폰 사용자도 DCEP 앱을 내려받아 전자지갑을 이용할 수 있도록 하였으며, 알리페이, 위챗페이 등의 빅테크 업체들로 하여금 DCEP 사용 관련 소프트웨어와 시스템을 바

꾸도록 지시하였다.

한편, '홍콩-선전', '중국-홍콩' 간의 '국가급(面)' DCEP 사용 실험은 홍콩 특별행정구(SAR)를 중심으로 이루어졌다. 인민은행은 실험에 앞서 주민들을 대상 도시 방문 빈도(즉 선전주민은 홍콩 방문 빈도; 홍콩 주민들은 선전 방문 빈도)에 따라 전자지갑 보안등급을 차등화한 다음, DCEP 앱을 사용하게 하였다. '광둥(广东)-호주' 간에도 공개적 테스트가 계획되어 있었으나, 2020년 하반기 이후 중국과 호주 간의 관계가 악화되면서 보류되었다.

홍콩은 국제금융 시장이 발달해 DECP의 국제 결제 시험대(test bed)로도 이용되고 있었다. 그 중심 역할은 홍콩통화청(HKMA: Hong Kong Monetary Authority)이 수행하였는데, HKMA는 국경 간 결제기술을 테스트하기 위해 BIS 등의 국제결제기관, 국외 중앙은행과의 협력 계약을 체결한 상태였다. 이외에도, 인민은행과 외환관리총국은 국제선물시장 거래 등에서 DCEP의 채택을 검토하고 있으며, 세무를 관장하는 국가세무총국(國家稅務總局)은 위안화로 표시된 내국세를 DCEP로 납부하는 것을 실험할 계획으로 있다.

지금까지의 전반적 성과와 원활한 시범사업 진행을 볼 때, 중국 인민은행의 지역별·지역 간 DCEP 시범적 실험사업은 일부 변경지역, 군사보호 지역을 제외하면 2022년 말경에는 대부분 끝나고 전국 단위의 실험으로 확산될 것으로 보인다. 분명한 것은, 지금의 속도대로라면 중국이 전 세계에서 가장 먼저 디지털 통화를 상용화하는 나라가 될 것이라는 점이다.

3. DCEP의 구조, 운영체계 및 사용 메커니즘

(1) DCEP의 구조와 운영체계

그러면 중국의 DCEP는 어떤 구조로 돼 있으며 어떻게 운영·관리되고 있을까?

우선, DCEP의 설계 구조와 운영체계를 살펴보면, 중국의 디지털 위안화 운영시스템은 ① 기본 아키텍처(architecture), ② 블록체인 등 관련 인프라, ③ 사용자 접근(access) 방식, ④ 대내외 연계(inter-linkage) 메커니즘의 4개 구조로 구성되어 있다.

기본 아키텍처는 DCEP의 법제적 성격 및 운영주체 간의 연계가능을 포함하는 '2단계(two-tier)' 운영구조로 돼 있다. '2단계 구조'의 첫 단계는 '중앙은행(인민은행)-상업은행-고객' 간 다층적 관리체계 속에서의 인민은행과 상업은행(한국의 '시중은행'에 해당)간의 관계를 말한다. 상업은행은 중개 기관(intermediaries)으로서 역할을 하고 있는데, 디지털 통화의 효율적인 관리와 예상치 못한 장애나 혼란의 사전 방지에 주력하고 있다(〈그림 7-2〉 참조).

당연히 가장 중요한 주체는 다층적 구조의 최상단에 있는 중앙은행인 인민은행이다. DCEP는 인민은행 대차대조표상의 직접적 부채로 기록되며, 인민은행은 이 법정통화에 대해 최종적이고 직접적인 청구권(claims)을 갖는다. 인민은행은 상업은행이나 제3자 결제 플랫폼의 계좌를 갖고 있으며, 이들이 예치한 지급준비금에 기초해 DCEP를 이들 중개 기관에 배포·공급한다. 상업은행과 비은행 금융기관들은 거래 당사자가 파산하거나 기술적 장애가 발생할 때 해당 고객의 계좌를 다른 중개 기관으로 옮겨 줄 수 있다.

두 번째로 중요한 것은 DCEP의 기술인프라이다. DCEP의 접근 편리성, 보안성(security), 추적 가능성, 공신력이 블록체인(block-chain; 砌块链), 인공지능, 빅데이터 기술인프라에 의해 담보되기 때문이다. 특히 블록체인 인프라가 중요한데, 데이터 보관·관리시스템 유형에는 ① 블록체인상의 무수한 복수의 참여자에게 데이터를 분산보관·관리하는 분산원장 기술(DLT: distributed ledger technology) 시스템, ② 중앙은행이 모든 것을 통제 관리하는 중앙집중식 통제시스템, 그리고 ③ 이 두 가지를 적절히 혼합하는 하이브리드(hybrid) 시스템의 세 가지가 있다. 중국은 전통적인 중앙통제식 시스템을 채택하면서도 유통 단계에서 DLT의 적용 가능성을 열어둠으로써 중앙통제 및 추적의 신속성과 실거래 상의 효율성 간의 조화를 꾀하고 있다. DCEP 결제 처리 속도 면에서는 중앙통제식 시스템이 DLT 기반형 기장보다 빠른 반면, 분산원장 식의 경우, 데이터가 업데이트될 때마다 모든 노드(nodes) 간의 상호확인이 필요해 5G·6G 이동통신이 제대로 구현되지 않으면 거래나 결제 속도의 지연이 발생하기 때문이다.

세 번째로 사용자 접근 및 거래 방식에는 '계좌 기반' 방식과 '토큰 기반' 방식의 두 가지가 있다. 계좌 기반 방식은 청구권자가 상업은행 계좌에서 신원 인증을 거쳐 거래하는 방식이며, 토큰 기반 방식은 단말기 소유 사실 자체만으로도 별다른 추가 인증 없이 DCEP 전자지갑 간의 이체를 통해 허용하는 방식이다. 중국의 경우, 토큰 방식과 계좌 기반 방식을 병행 사용하고 있다. DCEP 전자지갑 자체는 토큰 기반이지만, 전자지갑을 은행 계좌에 연동시켜 사용할 수 있기 때문에 계좌 기반 방식으로도 사용할 수 있다. 다만, 최근 들어서는 계좌 기반 접근 방식이 선호되고 있는데, 개인 신분 보장 기능이 강한데다가, 토큰 방식의 경우, 돈세탁 및 해외 자금 유출 수단으로 오·남용될 소지가 크기 때문이다.

마지막으로, 대내외 연계성(connectivity)은 국내 결제 시스템 간의 연결은 물론, 중앙은행 최종결제 시스템과 해외 청산결제 시스템 간의 대외 연결성을 포함하는 개념이다. 대내 연계성은 중국의 DCEP 실험 사업에서 이미 설명하였고, 대외 연결성은 후술하는 DCEP의 국제화 관련 부분에서 보다 상세히 설명하기로 한다.

〈그림 7-2〉 중국 DCEP의 3단계 운영체계

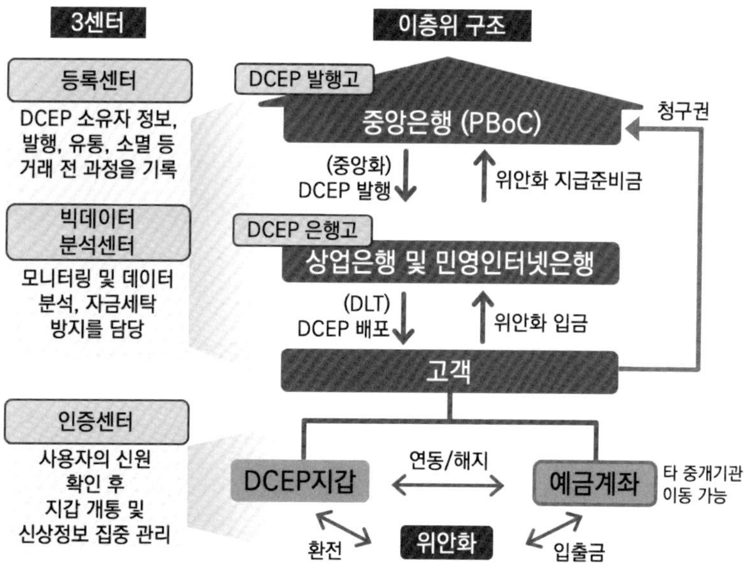

자료: 张光君,吴雨涵 (2018) p.129 외 인터넷 자료 참고하여 저자가 구성

(2) DCEP 발행 및 배포의 3단계

앞 장의 DCEP의 개념과 속성 부분에서 이미 설명한 바와 같이, DCEP는 중앙은행이 발행하는 '법정통화'로 기존의 아날로그 위안화와 1:1의 고정비율로 교환된다. DCEP의 발행·배포 및 이용은 아래의 세 단계로 진행된다.

제1단계는 인민은행과 금융기관 간의 관계인데, 가장 중요한 연결고리는 시중 상업은행과 비은행 금융기관들이 인민은행에 지급준비금(현금 + DCEP)을 예치하고, 그에 기초해 인민은행으로부터 DCEP를 공급받는 관계이다.

제2단계는 중국에서 중개자 역할을 하는 중국은행, 건설은행, 공상은행, 농업은행, 교통은행 등의 5개 국유 상업은행과 정책성 은행, 지방은행, 그리고 알리바바, 징둥, 유니언 페이 같은 비(非)은행 금융기관이 인민은행으로 받은 DCEP를 기업, 개인 등 최종 사용자에게 DCEP를 배포하는 것을 말한다. 물론 비상시의 대출, 긴급구제 지원, 보조금 등은 이 단계를 거치지 않고 인민은행이 직접 최종 수혜자 전자지갑에 직접 이체할 수도 있다.

마지막 제3단계는 기업과 개인 등의 경제주체가 시장에서 DCEP 앱을 이용해 재화, 서비스를 소비・투자하는 단계로, 사용액은 각자의 전자지갑(QR코드, NFC 근거리 무선 통신 등)을 통해 결제된다. 역외 은행이나 비은행 해외 금융기관의 경우, 인민은행 혹은 지정된 정산기관에 DCEP 전자지갑만 만들면 이를 통해 국내 거주자(중국기업, 중국인 개인)에게 송금 및 이체거래를 할 수 있다. 국가 간 혹은 은행 간의 잦은 대단위 초(超)국경 거래도 상호 CBDC 이용 협약만 있으면 별다른 거래비용 없이 신속히 이루어질 수 있다. 홍콩특별행정구의 경우, 주권은 2047년 6월 말에 본토에 공식 반환될 예정이지만, 홍콩의 통화 주권 및 금융·외환 관리 시스템은 그 전이라도 본토에 흡수 통합될 수 있다. 이 경우, 본토와 홍콩 간의 디지털 위안화 결제는 인민은행과 홍콩통화청 간의 협약만 발효되면 바로 개시되게 된다.

(3) 인민은행 통화 정책 시행에 미치는 영향

DCEP가 발행될 경우, 중앙은행 통화 정책의 프로세스도 적지 않은 영향을 받게 된다. DCEP 발행과정은 두 단계로 구성돼 있는데, 제1단계에서 인민은행장은 금융통화위원들과 상의 후 필요시 DCEP를 발행해 통화 유동성을 공급할 수 있다. 제2단계는 중앙은행이 공급한 본원통화에 기초해 시중은행이 2차로 유동성을 창출하는 것을 말하는데, '통화승수(money multiplier)'가 1보다 클 때에만 신용이 창출된다. 문제는, DCEP가 도입되기 전인 아날로그 위안화 시대에는 천재지변이나 정치·경제·사회 상황이 나빠질 때, 통화승수가 오히려 1 미만으로 하락하는 경우가 많았다는 점이다. 2020년 상반기 코로나19 사태 직후가 그 좋은 예이다. 중국 상업은행들은, 인민은행이 지급준비율을 인하하였음(즉 인민은행에 예치해야 하는 지급준비금의 축소)에도 불구하고, 차입기업의 원리금 상환 연체나 파산 위험이 두려워 혹은 대출채권 부실관리에 대한 책임을 피하기 위해 민간 중소기업이나 개인에게 계획된 규모의 대출을 하지 않는 경우가 많았다. 그러나 DCEP를 발행할 경우, 이 같은 통화승수의 하락은 발생하지 않는다. 인민은행이 직접 필요한 양만큼의 본원통화를 상업은행을 통하거나 아니면 직접 표적 기업이나 개인에게 지급할 수 있기 때문이다.

(4) 고객의 DCEP 이용 방법

위에서 DCEP 배포의 3단계를 설명하면서, 제3 단계가 고객의 DCEP 이용단계라는 것을 얘기했다. 실제로 중국에는 2020년 중에 1.4억 개 이상의 개인 CBDC 지갑이 개설되었고, 2021년 들어서서는 베이징과 특급 대도시를 중심으로 'DCEP(혹은 e-CNY)' 스마트폰 앱이 출시되면서 시민들은 관련 앱을 내려받을 수 있었다(국제금융센터 글로벌은행부, 2022.1.10).

이용 방법은 의외로 간단하다. 반드시 예금 계좌가 있어야 하는 알리페이, 위챗페이와는 달리, DCEP의 경우, 앱을 장착한 스마트폰이나 단말기만 있으면 된다. 또한 NFC 기능을 사용할 수 있어 인터넷 연결이 안 되는 지역에서도 언제든지 거래가 가능하다. 또한 DCEP 앱을 장착한 스마트폰 소유자가 가까이 있으면, 서로 QR코드를 인식하거나 휴대폰을 서로 부딪히는 '펑이펑(碰一碰; NFC)' 기능을 사용해 결제할 수 있다.

국내 사용자 간의 전자지갑을 통한 DCEP 거래는 인민은행을 통해 최종 정산 결제된다. 이와 관련된 인민은행 내 조직으로는, ▲ 등록센터, ▲ 빅데이터 분석센터, ▲ 인증센터 등이 있다. 등록센터는 DCEP

소유자 정보와 디지털 통화 발행에서 소멸까지의 거래 전 과정과 내용을 기록·보관한다. 빅데이터 분석센터는 결제 데이터를 분석하는 한편, 자금세탁 행위를 방지하고 감독한다. 마지막으로, 인증센터는 고객의 전자지갑 개설 사용 전의 신분 정보를 인증해주고 개인 보안키(private key)를 암호화해 개인 정보를 보호해 준다.

사실 DCEP 설계 및 기획 단계에서 인민은행 디지털 통화연구소와 유관부서는 알리페이와 위챗페이 등의 민간 핀테크 플랫폼을 완전히 없앨지를 놓고 고민했다. 그러나 금융당국은 결국 이들 플랫폼의 결제 효율성을 역이용하는 것이 오히려 이용자 통제와 결제 서비스의 안정성 확보에 도움이 된다고 보고, 일단은 존속시키되 그 영역을 점차 축소해가기로 했다. 실제로 인민은행은 DCEP 발행 이후에도 상당 기간 이들 페이 앱을 통한 간편결제의 병행사용을 허용할 예정으로 있다.

이 같은 결정을 내린 것은 2019년이다. 우선, 당시 상황에 비추어 이들 핀테크 플랫폼을 대체할 만큼 마땅한 대안이 존재하지 않았다. 또 시민들의 의존도가 높은 이들 페이 결제 기제를 갑자기 없앨 경우, 상당한 기간 동안 거래상의 혼란과 비효율이 야기될 것을 우려했다. 다만, 중장기적으로는 DCEP 사용이 보편화되면 이들 페이 사업자들의 영역이 점차 줄어들고 고객 데이터도 점차 인민은행으로 이전될 것이므로, 이들의 데이터 권력은 점차 약화될 것으로 보인다. 2019년 이후 '공동부유' 및 '반독점', 공정경쟁'의 원칙을 민간 플랫폼 업체에 먼저 적용한 것도 페이 사업자의 데이터 독점과 신용 창출 여력을 축소하기 위한 지도부의 계산된 움직임이었을 가능성이 크다.

Ⅳ. DCEP 국제화가 미 달러화 패권에 미치는 영향

1. 중국의 DCEP 국제화 행보

국내 사용 실험을 끝낸 인민은행과 정부 관련 당국은 DCEP의 역외 사용 실험을 홍콩에서 실시하였다. 우선, DCEP 이용자 그룹을 선전을 자주 왕래하는 홍콩 주민, 선전 방문 빈도가 낮은 홍콩 주민의 두 그룹으로 나눈 다음, 왕래 증명서를 통해 실명 인증을 받게 했다. 이용자들의 소비는 스마트폰에 탑재된 DCEP 앱을 통해서 이루어졌는데, 소액 이용자에 대해서는 실명 인증 절차를 면제해 주었다. 홍콩에서의 역외 DCEP 사용 테스트를 마치자 중국 정부는 홍콩 밖의 국가와의 초(超)국경 거래 쪽으로 눈을 돌리기 시작했다.

이와 관련, 중국이 가장 먼저 착수한 것은 미국의 영향력에서 비교적 자유로운 독자적인 '글로벌 디지털 통화 결제망'을 구축하는 일이었다. 2020년까지만 해도 중국 인민은행과 시중은행들은 미 달러화 영향력 하에 있는 글로벌 결제망인 '국제은행간통신협회(SWIFT: Society for Worldwide Interbank Financial Telecommunications)'을 이용하고 있었는데, SWIFT는 벨기에에 본부를 두고 전 세계 200여개국 1만1,000여 개 금융사 간 국제 결제를 중개하는 기관이다(아주경제, 2021.4.4). 초국경 DCEP 거래를 위해 중국 인민은행은 2021년 1월 16일 은행 내에 클리어링 센터를 설립하고, 3월에는 'SWIFT'와 합작해 '금융게이트웨이공사'란 법인을 베이징에 설립하였다.

SWIFT의 중국 측 주요 합작 파트너는 디지털 통화연구소이지만, CIPS(China's Cross-border Interbank Payment System), 중국결제·클리어링 협회(Payment and Clearing Association of China) 등 인민은행 영향력 아래에 있는 기관·단체들도 공동출자자로 참여하였다.

이 '금융 게이트웨이'가 설립됨에 따라 중국 은행들은 미국 영향력에서 비켜나 DCEP의 국제 결제거래를 수행할 수 있게 되었다. 각국 은행 간 DCEP 청산결제는 공사 내에 개설된 각국의 DCEP 지갑을 통해 이루어지는데, 오프라인의 상황에서도 거래 당사자 간의 전화 터치만으로도 결제가 가능하게 되었다.

〈그림 7-3〉 'm-CBDC(Multiple Central Bank Digital Currency) 브릿지'의 개념도

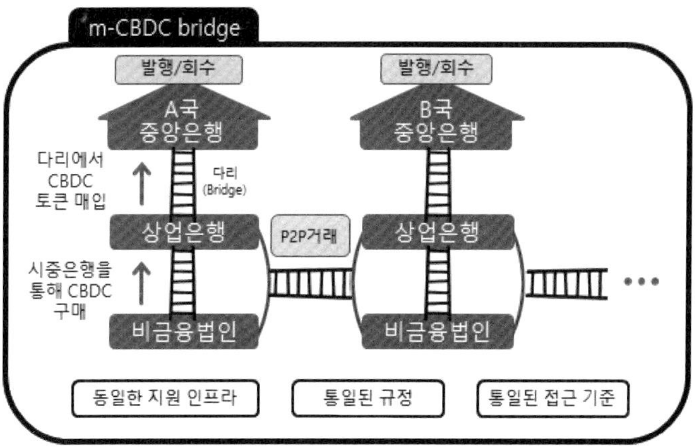

자료: KIEP, 조고운 (2021) 외 인터넷 자료 참고하여 저자가 구성

국제결제망 문제가 해결되자, 중국 정부는 DCEP의 초국경 거래의 모듈을 선택하는 작업에 착수했다. 이명활(2021a; 2021b)에 의하면, 국경을 넘어선 은행 간 거래의 방법에는 ① 상대국과의 협약을 통한 해당 국가에서의 직접 사용, ② 국경 간·통화 간 상호 운용성이 보장되는 다국가 통화 중앙은행 디지털 화폐 방식인 소위 'm-CBDC (multiple CBDC) 브릿지'에 부합되는 관련 시스템의 구축, ③ 전 세계적 유통이 가능한 w-CBDC의 도입 등의 세 가지가 있는데, 어떤 방식을 택하든 간에 국가 간의 사전협의가 필요하다.

주목할 만한 중요한 사실은 중국 인민은행 디지털 통화연구소가 UAE 중앙은행과 함께 'm-CBDC 브릿지' 국제은행 간 거래 실험 프로젝트에 참여하였다는 점이다(자세한 것은, BIS 2021; Auer,R. et.al. 2021 참조). 'm-CBDC 브릿지'는 국제결제은행인 BIS Innovation Hub가 홍콩통화 당국(H.K. Monetary Authority), 태국 중앙은행과 공동으로 설립한 분산 기장 기술 기반의 국가 간 청산결제 기관으로 국경 간 결제거래에 수반되는 비효율적이고 복잡한 규제나 거래비용을 줄이는데 기여하고 있다. 〈그림 7-4〉는 'm-CBDC 브릿지'의 개념도인데, 여기서 '다리(Bridge)'는 A국의 중앙은행-상업은행-비은행 법인이 B국의 유사 금융기관과 국경 간 거래를 할 수 있는 '연결고리(link)'를 의미하며, 토큰 매입·교환으로 이뤄진다. 이 링크는 '국가 간'은 물론 특정 국가 내 중앙은행, 혹은 상업은행, 비금융 법인의 거래 당사자 간의 P2P 거래도 가능하다. 이체 및 결제거래는 'BIS'에 계정을 가진 각국 중앙은행, 시중은행, 거래 당사자가 서로의 전자지갑 메뉴를 클릭하거나 토큰을 보냄으로써 이루어진다.

'm-CBDC 브릿지' 시스템이란 DCEP 국제 거래 통로를 개척한 중국의 사례는 디지털 원화 발행 실험을 하고 있는 한국의 중앙은행과 시중 은행들에도 중요한 시사점을 준다. 즉 중국과 디지털 통화 거래를 하려 할 경우, 보다 나은 대안이 없는 한, 한국은 중국의 영향력 아래에 있는 'm-CBDC 브릿지' 시스템에 가입해 거래할 수밖에 없는 처지에 놓이게 되었다는 사실이다.

2. 미 달러화의 글로벌 패권은 지속

중국 DCEP의 국제적 사용과 관련해 우리가 제기할 수 있는 질문 중의 하나는 "과연 중국 DCEP의 국제화가 미 달러화의 글로벌 패권을 위협할 수 있는가"일 것이다.

이 질문에 대해 긍정적인 답변을 한 학자로는 Hasenstab(2021)가 대표적이다. 그는 "DCEP가 국제적으로 사용되기 시작하면 미 달러화의 국제적 위상이 약해질 것"이라고 주장한다. 그러나 대부분의 학자들은 이 같은 견해에 동조하지 않으며, 디지털 위안화가 국제적으로 사용되더라도 미 달러화 위상이 크게 약해지지 않을 것으로 보고 있다.

가장 큰 이유는 미 달러화의 위상이 확고한 반면, 위안화의 국제 결제 사용 비율이 미미하다는 것이다. 실제로 미 달러화는 국제 결제액의 28%가량을 점하고 있고, 국제 채무증권과 대출의 절반가량이 달러화로 거래되고 있다. 또한 전 세계 외환보유액의 약 60%, 글로벌 외환거래의 약 85%가 미 달러화이다(BIS 자료). 반면, SWIFT가 매년 2월에 발표하는 RMB Tracker 자료(아래 〈표 7-6〉 참조)에 의하면, 2021년 1월 말 현재 글로벌 결제액에서 점하는 위안화 비중은 미 달러화의 (28.26%), 유로화(36.6%)에 비해 현저히 낮은 2.42%에 불과하다. 다만 그 비중의 증가 속도는 영국 파운드화(6.80%), 일본 엔화(3.49%)와 비교해 비교적 빠른 편인데, 위안화의 국제 결제액 순위는 RRB Tracker가 관련 통계를 공표하기 시작한 2010년 10월의 세계 35위에서 2014년에는 6위, 2018년 1월에는 세계 5위로 지속적으로 높아지고 있다. 중국 무역 규모의 확대, DCEP의 국제화, 금융・외환 시장 개방 추이가 앞으로도 지속된다면, 향후 5~10년 내에 국제결제액에서 점하는 일본 엔화(3.5%)이나 영국 파운드화(6.8%) 지위를 추월할 것으로 전망된다.

그렇다고 위안화의 지위가 향후 5년 내에 미 달러화나 유로화를 위협하는 수준으로 높아지기는 힘들 것으로 보인다. 위안화가 기축통화가 되려면, ▲ 중국의 경제 및 무역 규모의 지속 확대, ▲ 충분한 외환보유고, ▲ 위안화의 거래 비중의 획기적 상승, ▲ 위안화 국제화 의지에 대한 강한 의지 등의 필요조건이 충족되어야 할 뿐만 아니라, 조재성(2011)이 제시한 기축 통화가 되기 위한 나머지 조건 (〈표 7-7〉 참조)들 즉 ▲ 호환성, ▲ 통화가치의 안정성, ▲ 통화 발행국의 선진성이란 충분조건도 만족되어야 하기 때문이다.

〈표 7-6〉 세계 5위 결제통화인 위안화의 결제 비중 변화

	주요국 통화	2021.1	2020.12	2020.1	2018.1
1위	미국 달러화 (USD)	38.26%	38.73	40.81	38.53
2위	유로존 유로화 (EUR)	36.60%	36.70	33.58	32.75
3위	영국 파운드화 (GBP)	6.80%	6.50	7.05	7.22
4위	일본 엔화 (JPY)	3.49%	3.59	3.32	2.80
5위	중국 위안화 (CNY)	2.42%	1.88	1.65	1.66

주: 위 통계는 유로존 내의 역내 유로화 결제액을 포함한 비중이다.
자료: SWIFT(www.swift.com) 발표 자료(Feb. 2020); Barton, S. (2021), p.3

중국 위안화의 경우, 경제 및 무역 규모, 외환보유고, 위안화 국제화 의지 측면에서는 아무런 문제가 없다. 중국은 이미 세계 제1위의 무역대국이며, 2020년 기준으로 14.7억 달러의 GDP(국내 총생산액)로 미국의 70% 수준에 도달한 세계 제2위 경제대국이다. 외환보유고도 2021년 12월 말 현재 3조 2,500억 달러로 에세계 제1위이다.

문제는, 위안화가 ▲ 호환성, ▲ 통화가치의 안정성, ▲ 통화 발행국의 선진성 등 세 가지 요건에서 결격사유가 있다는 것이다. 우선, 위안화의 경우, 앞에서도 언급했듯이, 무역, 투자, 자본거래 등의 국제 거래에서 사용되는 비율이 2.4%대에서 점차 높아지고는 있지만, 중국 밖에서는 호환성이 없다는 점이 치명적인 약점이다. 통화가치의 안정성 면에서도 부족한 점이 많다. 2015년 이후 중국 경제의 성장동력은 매년 약해지고 있으며, 2021년 9월에 발생한 중국 2위의 부동산 개발 그룹 헝다(恒大) 그룹의 디폴트 사례에서도 알 수 있듯이, 중국 거시경제는 과도한 부채의존, 부동산 버블 등의 구조적 난제에 시달리고 있기 때문이다. 지방정부 재정 또한 매우 취약해 허난성(河南省)

정부는 재정 악화로 교사들의 급여와 사회보장비를 지급하지 못하고 있고, 후난성(湖南省)은 2021년에 국제통화기금(IMF)에 구제금융을 신청했을 정도로 재정건전성이 취약하다.

선진적 금융시장 요건은 달성이 더 요원하다. 중국 금융시장의 대외 개방 폭 확대 추이는 긍정적이나, 미국, EU 등 선진국들은 인민은행이 편협한 자국 이익 우선주의적 시각을 벗어나 글로벌 관점에서 위안화를 공정하게 잘 관리할 수 있는 능력과 의지가 있는 지를 의심하고 있다. 여기에 더해, 중국의 은행경영은 후진적이고, 숨겨진 부실대출채권도 많으며, 환율 결정 메커니즘의 시장화, 금융계좌의 자율화 등에 관한 개혁의 진전 속도도 느리다(중국사회과학원 세계경제·정치연구소 徐奇渊 연구원, 아주경제, 2021.4.4.).

이외에도, 저자는 위안화가 기축통화가 되려면, '긍정적 국가 이미지 및 글로벌 리더십'이란 조건이 필요하다고 보고, 이 조건을 조재성(2011)의 네 가지 조건에 추가했다(〈표 7-7〉 참조). 위안화의 기축통화 지위는 중국이 선언한다고 되는 것이 아니라, 미국, G7, G10 국가들과 IMF의 폭넓은 지지와 신뢰를 받아야 하기 때문이다.

그러나 중국의 현실은 이 같은 조건과는 거리가 멀다. '늑대(戰狼)외교'와 중화 제일주의 사상을 내세우고 있고, 시진핑 리더십 하의 중국 국가 이미지는 좋지 않으며, 베트남, 필리핀, 인도네시아 등 주변국과 관계는 악화 일로를 걷고 있다. 물론 중국은 자국을 "패권을 추구하지 않는 '다자주의(multilateralism)의 수호자'라고 외부세계에 주장하고 있다. 하지만, 이 같은 중국의 주장을 믿는 국가들은 거의 없다. 시진핑 정부가 치적으로 내세우는 '일대일로'(一帶一路) 사업에 대해서도 비(非)중화경제권인 국가들과 서방 선진국들의 평가는 그리 우호적이지 않다. 동·서남아 개발도상국이나 아프리카 빈곤국들은 중국의 접근전략을 21세기의 새로운 '채무 제국주의'라고 비난하고 있으며, 몰디브와 아프리카 주요국들은 탈 중국 행렬에 동참하고 있다. 심지어 친중국 성향이던 파키스탄에서조차 일대일로 사업을 반대하는 반중 시위가 빈발하고 있는데, 2021년 8월에는 일대일로 사업의 일부인 '중국-파키스탄 회랑'의 요충지이자 주요 항구도시인 과다르 지역에서 테러 사태마저 발생했다.

〈표 7-7〉 기축통화의 조건과 중국의 평가항목별 여건

평가항목	기축통화의 조건	중국의 조건 충족 여부 및 사유
① 경제력	- 세계 경제를 선도할 수 있는 경제력	(충족) - 세계 제2위 경제대국, 세계 제1위의 무역대국
② 교환성	- 무역, 투자 등 모든 국제 거래에서 폭 넓게 사용되어야 함.	(미충족) - 글로벌 결제에서 점하는 비중 2~3%에 불과
③ 통화가치의 안정성	- 통화가치의 급속한 하락 위험이 없어야함	(미충족) - 시장요인의 반영도가 불투명하며 정부 개입이 빈번하고 인위적으로 가치가 조정됨
④ 선진적·개방적 금융시장	- 금융시장의 선진화와 금융의 국제화가 성숙기에 진입해 있어야 함	(미충족) - 금융 시장은 점진적 개방 단계이나 아직 선진적이지 못하며 금융 국제화도 초기 단계
⑤ 긍정적 국가 이미지와 글로벌 리더십	- 긍정적 국가 이미지와 글로벌 리더십으로 다른 나라로부터 지지를 받을 수 있어야 함.	(미충족) - 자국 이익만 추구하는 '일대일로' 전략, 코로나19, 남중국해 동중국해에서의 영토 분쟁으로 중국의 국가 이미지 최악

자료: 조재성(2011)이 제시한 네 가지 조건에 '긍정적 국가이미지와 글로벌 리더십' 조건을 저자가 추가 하였음.

더 중요한 것은, 시진핑 정부 집권 3기(2023~2028)에도 중국의 이 같은 강성 국가(hard state) 이미지와 자국 이익 우선주의 성향이 바뀔 가능성이 거의 없다는 점이다. 시 주석은 2022년 10월의 제20차 당 대표대회, 2023년 3월의 전인대만 무사히 넘기면 당서기와 국가주석직의 3연임에 들어간다. 이변이 없는 한, 집권 3기에도 '공동부유(共同富裕)' 사상과 시 주석 개인 숭배 분위기는 쉽게 가라앉지 않을 것이고, 마오쩌둥(毛澤東) 시대의 권위주의 독재도 형태만 달리해 중국의 체제 내에 자리잡을 것이 거의 확실하다. 실제로 Lanier, Jaron (2006)가 말하는 소위 '디지털 마오이즘'(Digital Maoism)은 시진핑 정부에서 현실화되고 있는데, '샤오펀홍(小粉紅)'이라 불리는 디지털 홍위병이 사회관계망 내 여론을 조작하고 있고, 당은 인공지능, 빅데이터 기술을 국민을 감시·통제하고 있는 상황이다.

이상을 종합해 보면, 설령 중국이 '디지털 위안화'인 DCEP를 국제적으로 유통시킨다고 할지라도 시간이 많이 소요될 것이고, 위안화가 미 달러화나 유로화를 완전 대체할 가능성은 희박해 보인다. 유로화의 경우 유로존 회원국 간의 이해 상충 문제가 있긴 하나, 유럽중앙은행(ECB)이 이해 갈등을 잘 조율해 나간다면, 미 달러화에 이은 제2의 기축통화 지위를 지켜나갈 수 있을 것이다. 다만, 엔화의 경우, 일본의 국가부채의 대GDP 비중이 250%선을 넘어 계속 높아지고 있는데다가, 30여 년간의 투자·소비의 침체, 디지털 전환의 어려움, 저출산·고령화 등의 문제로 성장 모멘텀이 약화되고 있어 위안화에 의해 밀려날 가능성이 크다고 본다.

그러나 위의 결론은 어디까지나 지금까지 전개된 상황에 기초해 내린 잠정적이라는 것이다. 만일 앞으로 국제 지급거래에서 점하는 위안화의 비중이 2~5%대 수준이 아닌 미국・EU 수준(30%대)으로 높아진다면 얘기는 달라질 수 있을 것이다. 왜냐하면, 그렇게 될 때까지 중국의 금융・외환 부문과 자본시장도 지금보다 훨씬 더 시장화・자율화・개방화・국제화되어 있을 것이기 때문이다.

3. DCEP 실험적 이용과 디지털 원화 발행의 필요성

(1) DCEP의 실험적 이용

앞에서 우리는 중국 정부가 2022년부터 디지털 위안화(DCEP 혹은 e-CNY)의 발행을 확대하더라도 미국의 기축통화국 위상이나 달러 패권이 단기적으로 크게 약해지지 않을 것임을 설명하였다.

그렇다면 한국은 이 같은 상황에서 미 달러화의 지배적 지위에 의존하면서 디지털 위안화의 출현을 관망해도 되는 것일까?

대답은 '노(No)'이다. 왜냐하면, 2020년 기준으로 한국은 전체 수출의 약 28%(홍콩 및 대만 포함 시 30% 이상), 직접투자의 약 32%를 중국에 의존하고 있기 때문이다. 이에 더해, 주력 산업의 부품 및 반제품의 약 31%를 중국으로부터 수입한다. 우리 성장동력 산업 중의 하나인 2차 전지 소재(양극재, 음극재, 분리막 전해질)를 예로 들면, 1차 소재(흑연, 니켈, 알루미늄 등), 가공원료(코발트, 니켈 산화물 등)의 80%~99%, 그리고 희토류의 60%가량이 중국산이다. 그런데 이들 업종에 종사하는 중국 기업은 대부분이 국유기업 내지는 집체기업(collectively-owned enterprises)이어서 중국 정부의 DCEP 국제화 방침에 따르지 않을 수 없다. 만일 이들이 DCEP 결제를 고집한다면, 한국 기업이나 은행은 그 요구를 계속 거절하기는 어려울 것이다.

이 같은 상황에서 한국의 대응은 다음 두 가지 측면에서 이루어져야 할 것이다.

첫째, 중국의 DCEP를 보유 한도와 기준을 정해 실험적으로 보유하고 이용해보는 것이다. DCEP를 사용해보지 않고서는 디지털 위안화의 국제 결제 메커니즘을 제대로 이해할 수 없을 뿐만 아니라, DCEP의 국가 간 이동 경로를 추적하기도 어렵기 때문이다. 더 중요한 것은 DCEP를 대외 무역 결제에 실험적으로 사용해보는 과정에서 향후 디지털 원화의 설계에 도움이 되는 아이디어나 정책적 교훈을 얻을 수도 있기 때문이다.

그렇다고 DCEP를 단순히 사용하는 데 그치면 안 될 것이다. 앞으로 전개될 ▲ 대중 무역·투자 규모의 확대, ▲ 시진핑 정부의 공격적 통상외교 자세, ▲ 한국경제의 선진화 추이 등을 종합적으로 감안할 때, 우리도 디지털 원화를 발행한 다음, 이를 대중국 무역 결제시에 사용해 볼 필요가 있다. 사실 자메이카 같은 저소득 국가들조차 이미 CBDC에 관한 단계적 상용화 계획을 수립하고 2022년 1분기 중 디지털 통화를 발행해 전국적으로 사용할 예정으로 있다. 멕시코 정부 역시 2024년까지 자체 CBDC의 발행과 유통을 계획하고 있다(국제금융센터 글로벌 은행부, 2022).

물론 디지털 원화는 해외 외환시장에서 통용되는 화폐가 아니어서 국제적 유통에는 제약이 따를 것이다. 한 가지 아이디어는 무역 교류가 많은 중국과 디지털 통화의 상호사용에 관한 협약을 맺은 다음, 이를 지렛대 삼아, 앞으로 미국, EU 등과도 CBDC의 상호 이용에 관한 협약 체결을 준비하는 것이다. 물론 미국의 경우, 아직 디지털 달러화 발행에 관한 연준의 입장이 정해진 것은 아니다. 하지만 1단계 연구・검토가 끝난 상황이서 필요하면 언제든지 디지털화 작업에 속도가 붙을 수 있다. 실제로 전 연준 의장이자 바이든 행정부의 초대 재무장관인 재닛 엘렌(Janet Ellen)은 2021년 2월 "MIT의 학자들과 미 연준 은행 보스턴의 공동연구를 시행한 결과, 향후 디지털 달러의 발행을 긍정적으로 검토할 가치가 있다"라고 강조하였다. 브레이나드(Brainard) 이사도 파월 의장의 입장을 지지해 주었으며, 미국 청문회에서 선 제롬 파월(Jerome Powell) 연준 의장 역시 "디지털 달러는 검토 대상 우선순위 상위에 있는 프로젝트"임을 강조하였다. 물론 퀄스(Quarles) 연준 부의장이나 월러(Waller) 연준 이사는 디지털 달러화의 발행에 유보적 입장을 취하고 있다.

결론적으로, 아직은 미 달러화의 국제적 지위가 워낙 확고해 가까운 장래에 디지털 달러화가 바로 출시되지는 않을 것이다. 하지만, 우리의 입장에서는 미국의 디지털 달러화가 나올 때까지 중국 DCEP에 대한 이용경험을 쌓으면서 한국의 CBDC인 디지털 원화 발행에 관한 준비를 주도면밀하게 하는 전략이 필요하다고 본다.

(2) 디지털 원화 발행을 위한 한국의 준비

그러면 한국의 경우, 디지털 원화 발행 준비는 어떻게 진행되고 있을까?

주관 기관인 한국은행은 중국 정부가 CBDC 발행 준비를 적극화하기 시작한 2019년에 은행 내에 CBDC 연구팀을 만들었다. 그리고 2020년 8월에는 디지털 원화의 기술적 설계와 사용 실험에 관한 사업 입찰 공고를 냈다. 이 입찰에는 네이버, 카카오, SK C&C 등의 빅테크 업체가 각각 다른 기업 은행과 컨소시엄을 구성해 참여하였다. 한국은행은 이들 기업 컨소시엄의 경제적・법제적・기술적 타당성, 제안 가격 등을 심사한 다음, 최종 우선 협상대상자를 선정한다. 심사는 두 단계에 걸쳐 진행되는데, 제1단계에서는 CBDC 발행부터 현장 결제, 유통, 환수까지의 기술적 타당성을 검토한다. 그리고 두 번째 단계에서는 디지털 통화 유통을 국경 간 결제와 오프라인 결제까지 확대한 후, 기술의 적합성과 효과성까지 검토한다.

보도에 의하면(조선경제, 2022. 1.24), 한국은행은 2021년말에 CBDC의 제조·발행·유통 등에 관한 모의실험 연구사업의 1단계를 마친 것으로 알려지고 있다. 2022년 6월까지 6개월간은 갤럭시 스마트폰에 CBDC 기능을 탑재해 오프라인 사용이 잘 되는 지를 기업과 시민 이용자를 대상으로 실험할 예정이고, 국가간 송금, 디지털 자산의 구매등에 관한 기능 실험도 추진할 계획으로 있다(위 신문, 2022. 1.24). 이 같은 디지털 통화 실험이 2022년 상반기에 마무리되면, 우리나라 거시경제 상황, 법제적・기술적 환경을 종합적으로 판단해

2022년 말이나 2023년 초쯤 한국의 CBDC를 발행하게 된다.

다만, 한국은행에는 중국 인민은행이 갖고 있지 않은 중요한 사안이 하나 가려져 있다. 그것은 디지털 원화 발행 시 '리디노미네이션(re-denomination)'의 화폐개혁을 같이 단행할 것인가의 여부와 신구화폐 간의 교환 비율에 관한 문제이다. 2021년 12월 30 현재 원화의 대미 달러 환율은 1달러=1,188원에 달해, 한국의 선진 경제 위상에 맞지 않을 정도로 교환 비율이 지나치게 높다. 정부 입장에서는 디지털 원화를 도입하면서 지금의 1원을 100:1 혹은 1000:1로 변경해 새 화폐단위로 바꾸고 싶은 유인이 있을 것이다. 그러나 화폐개혁은 실패 가능성이 크다. 만일 화폐 단위 변경 이후 신화폐의 가치가 빠른 속도로 하락할 경우, 경제가 혼란에 빠져 정권의 기반이 흔들릴 수도 있다.

화폐개혁을 차치하고라도, 디지털 원화 발행 이후 한국 금융시장의 판도 변화에 대한 불확실성도 문제다. 가장 우려되는 부분은, CBDC 발행 이후 한국은행이 이용자를 대상으로 직접 본원 통화량을 조절할 경우, 신용을 창출하던 일반 시중은행의 예금기반(deposit base)이 축소·약화될 수 있으며, 예금기반이 약해지면 상업은행의 금융중개 기능도 덩달아 약해질 것이라는 점이다. 이 같은 부작용에 대비해 한국은행은 ▲ 디지털 원화의 보유 한도를 설정하거나, ▲ 구간별 차등 금리를 통해 유통량을 조절하고, ▲ 한국은행의 시중은행에 대한 대출을 하는 등의 방안을 검토해 시중은행과의 유동성 수급 관계를 적절히 조율해야 한다.

〈그림 7-4〉 CBDC 도입 전·후의 한국은행 대차대조표 비교

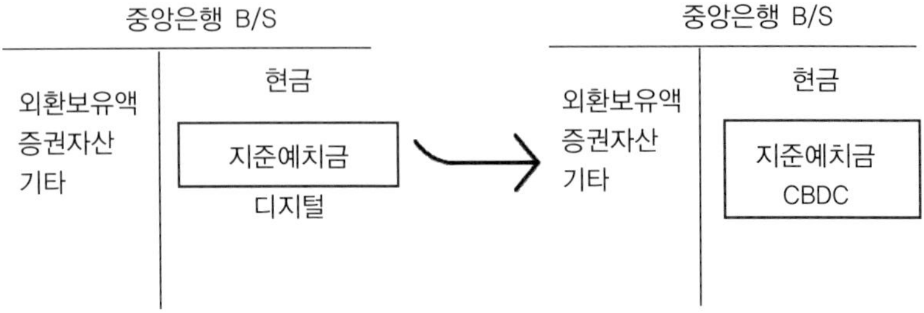

자료: BIS, 국제금융센터의 자료에 기초해 작성

더 상세히 설명하자면, 디지털 원화 보유 한도의 설정은 은행별로 CBDC 쿼터를 부여하는 것이고, 금리를 통한 유통량 조절은 일반 예금보다 낮은 수준의 금리를 지급하는 것이다. 금리의 구간별 차등화 제도는 Bindseil(2020)이 제안한 방안으로 그 실효성이 입증되었다. 실제로 유럽중앙은행(ECB)은 1인당 현금 보유액(예: 3천 유로)을 미리 설정한 다음, 금리 변곡점 한도를 초과할 경우 낮은 금리를 지급한 바 있다.

마지막 방법은 예금가입자가 은행 예금을 디지털 원화로 전환할 경우, 중앙은행이 이에 상응하는 금액을 시중은행에 자동으로 즉시 이체·대출해주는 것이다. 중앙은행의 자동이체 대출(pass-through funding) 방식은 Brunnermeier & Niepelt(2019)가 제안한 것으로, 시장 불안이 증폭되는 금융위기 발생 시 긴급유동성 공급을 통해 금융시장을 안정시키는 데 매우 효과적이다. 예금자가 현금 예금을 대규모로 찾아서 디지털 원화로 전환하더라도 시중은행이 중앙은행으로부터 긴급유동성을 바로 공급받을 수 있으므로 '뱅크 런(bank-run)'

사태를 예방할 수 있기 때문이다.

그러나 이 방법은 안전자산이 부족한 신흥 시장에서는 쓸 수 없다. 그래서 변형된 모델을 사용하는 경우가 많은데, 중앙은행이 시중은행에 대해 조건 없이 대출해주는 것이 아니라, 예치된 CBDC 예금액의 담보 가치 범위 내에서 한도를 정해 유동성을 공급해주는 것이다. 현재로서는 한국은행이 위 두 가지 방식 중 어떤 것을 채택할지는 불분명하다. 다만, 분명한 것은, 경제 상황별로 정책 믹스(policy mix) 시나리오를 미리 구성해 놓고 거시 상황에 따라 방식을 전환해가면서 시중 유동성을 적절히 조절하는 것이 비교적 안전하는 것이다.

어떤 방식을 택하든 디지털 원화가 발행된 이후 한국은행의 대차대조표는 〈그림 7-4〉에서 보는 것처럼 달라질 것이다. CBDC를 도입하기 전과 다른 점은, 한국은행의 시중은행 지급준비금 계정이 '일반지급준비금'과 '디지털 원화 지급준비금'으로 구분 기장된다는 것이다. 따라서, 디지털 원화가 도입된다고 해서 한국은행의 금융·통화정책 운용 방식 자체에 근본적인 변화가 발생하는 것은 아니며, 단지 한국은행-시중은행 간에 예치 혹은 대출되는 본원적 통화량(M0)의 형태와 속성만 바뀌게 되는 것이다.

V. 한국 정부와 금융기관, 기업에 주는 정책적 함의

1. 한국 정부와 한국은행의 정책 대응 필요성

앞에서 우리는 중국 정부의 DCEP 발행 배경, 인민은행의 실험 현황, DECP의 운용체계와 작동 메커니즘, DCEP 국제화가 미 달러화 패권에 미치는 영향 등을 두루 살펴보았다. 실제로, 중국 정부는 2022년 2월 베이징 동계 올림픽 개최 전에 일반 이용자들에게 DCEP 앱을 내려받도록 하는 한편, 2023년 3월에 열릴 전국인민대표대회(全人大)에서 관련 조례를 통과시킬 것으로 보인다.

이로써 중국은 전 세계에서 최초로 CBDC를 상용화하는 국가가 될 것으로 보인다. 중국의 DCEP 발행과 국제화는 한국에게도 적지 않은 영향을 미칠 것이다. 한국의 경우, 2020년을 기준으로 중국에 수출의 약 28%, 해외직접투자의 약 32%, 전체 소재 및 반제품 수입액의 약 31%를 의존하고 있어 중국 DCEP의 국제적 유통이 초래할 여러 가지 영향에서 벗어나기 힘들므로 정부, 한국은행, 시중은행, 기업 등은 철저히 준비할 필요가 있다고 본다.

우선, 외교부, 기획재정부, 산업통상자원부 등의 정부 유관 부처는 부서별로 중국 디지털 위안화의 국제 유통이 개시된 이후 중국발 인플레나 부동산 버블 등의 금융위기가 국내에 전염될 가능성에 대비해야 한다. 또한 한-중 간의 무역・투자 규모가 점증하는 추이에 비추어 외환보유고 중의 일부를 DCEP로 보유하는 동시에 원화-위안화 환율의 변동성, 위안화-달러 비율의 변동성에 효과적으로 대처할 수 있도록 기존의 환리스크 헤지 시스템을 보완해야 할 것이다.

둘째, 2022년이 한-중수교 30주년의 해인 점을 감안, 정부 유관 부처는 한-중 양국 간에 디지털 통화의 상호이용과 관한 지식·경험 교류 기회를 확대할 필요가 있다고 본다. 동시에, 한-중간 자유무역 협정(FTA)의 후속 협상 시 양국 간에 디지털 통화 국제 이동 장애요인의 제거·완화에 관한 논의를 해야 할 필요도 있을 것이다. 이를 위해서는 주관기관인 한국은행 연구부서의 조직을 재정비하고 "디지털 통화 국제협력'에 관한 심포지엄이나 세미나를 정기적으로 개최해 선두주자인 중국은 물론 미국, 유럽, 일본의 디지털 통화 정책에 관해서 담당 공무원이나 전문가들과 토론할 수 있는 기회를 확대해야 할 것이다.

국제적 논의 및 토론의 의제로는 ▲ 디지털 통화 도입 이후 지급결제 시스템의 효율성과 안정성 증진 방안, ▲ DCEP의 국제 이동이 주요국 무역, 통화 및 외환 정책, 미 달러화 기축통화 지위에 미치는 영향의 분석, ▲ 인터넷 플랫폼과 모바일 앱 개설을 통한 디지털 통화 운용실험의 결과 분석·공유, ▲ 개인 정보 유출 등 보안 관련 법규 위반 행위, 불법 자금의 국제 거래와 자금세탁 방지에 관한 공조 방안, ▲ 지역별·계층별·나이별 디지털 불평등(digital divide)의 축소 대책, ▲ 디지털 경로를 통한 경제 금융위기의 국가 간 전이(contagion effect) 방지 대책 등을 생각할 수 있을 것이다.

셋째, 주관기관인 한국은행의 경우, 그동안의 조사 및 연구 결과에 기초해 양국의 디지털 화폐 도입실험에 관한 결과와 법제적·기술적 환경을 비교・검토해 본 다음, 관련 법규의 미비점을 보완하는 동시에 관련 예산・인력・기술 인프라를 보강·확충해 나가야 할 것이다. 그리고 2020년부터 진행돼온 디지털 원화의 도입에 관한 연구 및 기술적 실험 결과에 기초해 2023년부터는 계획대로 디지털 원화의 파일럿 테스트 결과를 분석해 관련 법・제도를 보완해야 할 것이다.

넷째, 디지털 원화가 발행되면, 2015년에 체결한 중국과의 통화스와프 협약의 내용도 DCEP가 포함되도록 개정할 필요가 있다. 다만 DCEP의 편입 규모 및 비중 등에 관해서는 한국은행, 기획재정부, 산업통상자원부 간의 사전 내부 조율이 필요하며, 중국 측과도 구체적인 내용과 절차에 관해 협의를 진행해야 할 것이다. 중국과의 디지털 통화의 쌍무적 청산결제 시스템 구축에 관한 논의도 필요한데, 중국(홍콩 포함), 태국, UAE 등이 함께 가입해 있고 BIS Innovation Hub와 제휴 관계에 있는 CBDC 청산결제망인 'm-CBDC 브릿지' 시스템에 한국은행이 시중은행과 함께 가입하는 것을 진지하게 검토해야 한다. 그리고 한-중 양국이 모두가 가입해 있는 RCEP(Regional Comprehensive Economic Partnership Agreement) 고위 실무급 회담에서 양국 디지털 통화의 인프라의 확충, 경제적・기술적・법제적 운용 메커니즘의 조화, 블록체인 보안 프로토콜 정보의 교환 등에 관해 폭넓은 의견교환 기회를 가져야 할 것이다.

마지막으로, DCEP의 국제적 이동 및 거래 확산의 과정에서 발생할지도 모를 부작용에 대한 대비책도 필요하다. DECP가 한국의 디지털 원화를 대체하는 소위 '통화 크라우딩 아웃(currency crowding out)'

현상이 출현할 수 있고, 자금세탁 및 중국 내 불법 자금의 국내 유입, 차이나 리스크의 국내 전이 등의 부작용이 발생할 수 있다. 또한 중국의 DCEP는 '프로그램 덩어리'인 점을 감안, '숨겨진 백도어(a hidden backdoor)를 통해 한국의 금융 데이터를 수집할 가능성도 상존한다(Eichengreen, Barry, 2021). 이 같은 위험을 줄이기 위해서는 내부적으로는 DCEP의 사용 용도, 사용 규모에 관한 기준을 정하고, DCEP 거래와 관련된 보안 시스템을 강화할 필요가 있다고 본다. 또한 중국의 DCEP 국제화 추이를 지속적으로 추적·관찰하는 동시에 미국, 일본 등과 공조 체제를 구축에도 힘써야 할 것이다.

2. 한국 시중은행, 보험사 및 기업에 주는 전략적 시사점

동북아 디지털 통화 시대의 도래에 대비한 한국 금융기관이나 보험사, 기업들의 대응도 필요하다.

우선, 국내 시중은행과 보험사의 경우, 중국의 DECP 전면적 상용화와 한국의 디지털 원화 도입에 대비해 인공지능(AI), 빅데이터, 블록체인 등의 디지털 전환 기술의 도입·적용과 국제적 호환성 증대에 관한 노력을 확대해야 한다. 또한 전산, 자금 운용 및 재무·회계 등 경영관리 시스템 전반에 걸친 설명서를 재점검하고 디지털 통화의 유통·사용에 관한 전문 전산 기술자를 확보해야 할 것이다.

둘째, 한국의 자산운용사나 증권사, 사모펀드(PEF)도 선강퉁(深港通), 후강퉁(滬港通)을 통한 중국 및 홍콩 자본시장 투자 시 디지털 위안화로 거래가 가능한 새로운 결제 시스템의 도입을 준비할 필요가 있다. 중국에 진출해 있는 한국계 시중은행이나 보험 증권사도 DCEP에 기반한 새로운 '전사적 자원관리(ERP)' 시스템과 재무회계 기준을 마련해야 할 것이다. 대중 투자 중개 업무를 하지 않는 시중은행도 위안화 기반의 금융 서비스를 개발하는 한편, 국제 결제 시스템(CIPS) 네트워크에의 직접 참여해 거래비용을 절감할 필요도 있다고 본다.

셋째, 시중은행이나 비은행 금융기관의 금융중개 기능은 앞으로 한국은행의 CBDC가 도입되면 많이 축소될 수밖에 없으므로 새로운 이익을 창출할 수 있는 자산운용 상품이나 투자상품의 개발에 힘써야 할 것이다. 특히 중국 DCEP의 국경 간 거래에 대비해 중국계 금융기관과 전략적 제휴 관계를 확대하는 한편, 한국 내 중국 기업의 위안화 표시 채권 발행을 촉진하고 디지털 위안화를 매개로 한 파생 금융상품을 개발할 필요가 있다. 이를 위해서는 위안화 채권을 발행하려는 중국 기업에 대한 신용평가가 중요한데, 중국 재무제표에 대한 낮은 신뢰도를 감안, 평가기준, 전문인력, 내부통제 시스템을 재정비하는 동시에 평가자의 지식함양 및 태도 변화를 위한 교육·훈련의 강화도 필요하다고 본다. 특히 신용등급별·연도별·기업별로 최대 발행 한도를 차등적으로 관리해 채권 자산운용·관리상의 안전성을 담보할 필요도 있을 것이다.

넷째, 삼성전자, 현대기아차 그룹, 포스코 등의 대기업 그룹이나 대중 무역거래가 많은 대형 중견 업체의 경우, 동북아 디지털 통화시의 도래에 대비해 기업 내부에 스터디 그룹이나 연구 TFT를 만들어

CBDC 결제의 장·단점과 활용 방안을 검토할 필요가 있다고 본다. 수출입 분야를 예로 들면, 중국과의 DCEP 거래가 늘어나면 중국 바이어로부터의 수출대금 미수령·지연 리스크는 줄어들겠지만, 미 달러화 결제 비중이 매우 높은 기업의 경우, 오히려 환리스크가 커질 가능성이 있음을 유의해야 한다. 따라서 단기간에 무리하게 디지털 위안화 결제 비중을 급속히 늘리기보다는 세계 경제와 외환시장의 상황을 봐가면서 미 달러화와 DCEP의 비중을 유연하게 조절하는 편이 안전하다고 하겠다.

마지막으로, 대중국 수입의존도가 높은 기업들의 경우, DCEP의 대중 수출-수입 규모를 맞추거나 위안화 부채와 위안화 자산 규모를 비슷하게 유지하는 '중립 포지션(square position)'을 구축해 위험을 줄일 필요가 있다. 또한 재무·회계·무역 등에 걸쳐 디지털 위안화 결제가 가능하도록 기업 내 관련 시스템과 절차를 대폭 혁신할 필요도 있을 것이다. 요소수처럼 기술 수준은 높지는 않지만, 공장 및 물류 운수 업종에 범용성이 크고 필수 불가결한 소재·부품 및 반제품이나 희토류의 경우, 한국을 길들이려는 중국의 자원 무기화 시도가 재발할 수 있으므로 수입국을 다변화하기 위해 노력해야 할 것이다.

| 참고문헌 |

〈국문 자료〉

국제금융센터 글로벌 은행부 (2022), 글로벌 은행산업 트렌드(Banking Weekly), 2022.1.10.

김기홍 (2020), "Why is China going to issue CBDC (Central Bank Digital Currency)?, 인터넷 전자상거래연구, 20(4), pp.161-177, 2020. 8.

김보영 (2020), "중국의 법정 디지털 화폐(CBDC) 발행 추진과 주요국의 입장 변화", 자본시장연구원, KCMI Zoom-In, 자본시장 포커스, 2020-12호.

_____ (2021), "CBDC에 대한 미 연준의 입장과 주요국 중앙은행의 준비 현황", 자본시장연구원, KCMI Zoom-In, 자본시장 포커스, 2021-14호, 2021.6.29-7.12.

김익수 (2021), "중국의 AI 굴기와 디지털 전환: 정부정책과 기업전략," 김익수 · 곽도원 공동편저 (2021), 제4장, 121-245쪽,

김익수 · 곽도원 공동편저 (2021), 『동북아 주요국의 디지털 전환: 전략경쟁과 협력구도』, 고려대 아세아문제연구원 출판부, 아연 협동연구 시리즈 제1호, 2021.2.26.

김학빈 (2020), "중국 광저우 무역관, 중국의 디지털 화폐 동향", KOTRA 해외시장뉴스, 2020.4.10. "디지털 위안화 이제 해외로 뻗는다. 위안화 국제화 '속도'" 아주경제신문, 2021. 4. 4. https://www.ajunews.com/view/20210404080336427

명기영 (2018), "2018.2분기 중국의 자금 결제 동향", 금융감독원, 2018.9.27, 7쪽.

박동욱 (2021), "CBDC 설계 고려사항 및 최근 동향. 정보통신정책연구원", 2021-10호.

배옥진 (2021), "한은 CBDC 모의실험 사업, 네이버 · 카카오 · SK 진영 '3파전' 압축", 전자신문. 2021.7.12, https://m.etnews.com/20210712000165.

신술위 · 최성락 (2021), "주요국의 CBDC 도입 추진 현황 및 관련 쟁점", 국제금융센터 세미나 자료.

오대원 (2021), "디지털 위안화 제도화와 민간 가상자산 시장의 역할 및 전망", 성균관 차이나 브리프. 제9권 제3호 (통권 60호), 2021. 7. 1, pp. 84-92.

오정근 (2015), "위안화의 국제화 및 기축통화 가능성과 한국의 대응 전략, 상장협연구 제71호.

왕윤종 (2021), "디지털 위안화 추진의 세 가지 쟁점", 성균관 차이나 브리프. 제9권 제3호 (통권 60호), 2021. 7. 1, pp.76-83

이명활 (2021a), "중앙은행 디지털 화폐(CBDC)와 국경 간 거래", 한국금융연구원 주간금융브리프, 제30권 제13호, pp. 9-14.

_____ (2021b), "중앙은행 디지털화폐와 국경 간 거래", 신간안내, 한국금융연구원 금융브리 프, 제31 제1호, pp.44-45.

이용욱(2017), "위안화 국제화와 한국의 금융외교, 삼립 불가능성과 전략적 선택," EAI 국가안보패널 연구보고서

"日, 연내 '디지털 통화' 시험 발행, NTT 등 70개사 참여", 전자신문, 2021.11.24. https://www.etnews.com/20211124000138?mc=nl_001_00012&mi=284544

"위챗페이론 부족하다: 중국, 자체 디지털 화폐 발행하는 속내는", 2020.01.03., https://www.mk.co.kr/news/economy/view/2020/01/7881/8-30.

조고운(2021), "중국 디지털 위안화 추진 현황과 전망", KIEP 기초자료 21-10.

"페북 리브라, 위안화 국제화에 도전" 중국 前인민은행 총재, 아주경제신문, 2019.7.10, 13면; https://www.ajunews.com/view/20190710101451454

하나은행 하나금융경영연구소 (2021a). "중국 디지털 위안화 굴기로 글로벌 기술표준 선도하나?", 하나CEO 경영이슈, 2021. 3. 19, 1-15쪽

_____ (2021b). "주요국의 중앙은행 디지털 통화(CBDC) 추진 동향", 글로벌 금융이슈 29권 12호, pp. 32-34.

_____ (2021c). "중국 중앙은행 디지털 통화 시범사업 시행", 글로벌 금융이슈 29권 13호, pp.2

한대훈(2021), "미국과 중국의 디지털 화폐전쟁", 성균관 차이나 브리프. 제9권 제3호 (통권 60호), 2021. 7. 1, pp. 84-92.

〈영문 자료〉

Auer, R., Philipp Haene & Henry Holden (2021), "Multi-CBDC arrangements and the future of cross-border payments", BIS Paper No 115, Monetary and Economic Department, March 2021.

Auer, R., Boar, Codruta., Cornelli, Giulio., Forst, Jon., Holden, Henry., Wehrli, Andreas. (2021), "CBDCs beyond borders: results from a survey of central banks", Bank for International Settlements (BIS), BIS Paper No.116.

Barton, Susanne (2021). "Yuan's Popularity for Global Payments Hits Five-Year High", Feb. 18, 2921, Bloomberg. https://www.bloomberg.com/news/articles/2021-02-18

Bindseil, U.(2020), "Tiered CBDC and the Financial System", ECB Working Paper Series No.2351.

BIS (2021), "Central banks of China and UAEs join digital currency project for cross-border payments", Press Release, February 23 2021,

Brunnermeier, M.K. & Niepelt, D.(2019) "On the Equivalnce of Private and Public Money", *Journal of Monetary Economics*, No.106.

Dent, H.S. (2020). International trade law concerns with China's digital currency: How sovereign-issued stable coin can destabilize international trade. Georgetown
Journal of International Law, Vol.51, Issue 4(Summer 2020), pp.919-950.

Duffy,C. & Brian Fung (2019), "Mark Zuckerberg grilled by Congress over Libra and political ads policy", CNN Business, Updated 2026 GMT (0426 HKT) Oct. 23, 2019.
https://edition.cnn.com/2019/10/23/tech/mark-zuckerberg-facebook-libra-hearing/

Eichengreen, Barry (2021), "Who Needs a Digital Dollar?", March 18, 2021.
https://www.diplomaticourier.com/posts/who-needs-a-digital-dollar

Hasenstab, Michael (2021), "China's digital currency is a threat to dollar dominance", *The Financial Times*, April 14 2021

Klein, A. (2021), "China's Payments U-Turn: Government over Technology", *The Brookings Brief*, November 29, 2021.

Lanier, Jaron (2006) "Digital Maoism: The Hazards of the New Online Collectivism", *Edge* (https://www.edge.org/), May 29 2007.

Louie, B.L. & Wang, M. (2021a), "China's forthcoming digital currency: implications for foreign companies and financial institutions in China", *Journal of Investment Compliance*, 2021, Vol. 22, Issue 2, pp.195-200.

_____ (2021b), "China's digital currency and what this could mean for foreign companies and financial institutions in China", February 10, 2021.
https://www.jdsupra.com/legalnews/china-s-digital-currency-and-what-this-7987963/

Shen, Wei; Hou, Liyang (2021). China's central bank digital currency and its impacts on monetary policy and payment competition: Game changer or regulatory toolkit?, *Computer Law & Security Review: The International Journal of Technology Law and Practice*, July 2021, No. 41.

SWIFT (2021), “RMB Tracker Monthly Reporting and Statistics on RMB Progress towards Becoming and International Currency”, February 2020, pp.1-9.
UNDP (2020), Digital Economy Report 2019: Value Creation and Capture: Implications for Developing Countries.

〈중문 자료〉

“能干掉美元吗？中国法定数字货币让人民币脱胎换骨”, 新浪财经 2020.4.21. https://finance.sina.com.cn/blockchain/roll/2020-04-22/doc-iirczymi7616171.shtml
“第三方支付行业专题报告：告别野蛮增长 走向精耕细作”, 新浪财经, 2020.4.22. https://finance.sina.com.cn/stock/stockzmt/2020-04-22/doc-iircuyvh9271224.shtml
丁弋弋(2021), “数字人民币重塑金融支付产业格局”, 产业聚焦(ESTATE FOCUS), 2021.4.10.
“非法加密活动仅占所有加密货币交易的0.34%”, 世界经济论坛官网, 2021.9.7. http://www.tongji114.com/article-25729-1.html
任麟祥, 石丽娜 (2021), “法定数字货币的影响分析与发展建议”, 时代金融(Times Finance) 2021.4.10.
林春 (2019). “法定数字货币与发行和中国货币政策有效性” . 深圳大学学报, Vol.63 No.5. pp.77-85.
张光君・吴雨涵 (2018). “中国法定数字货币的运行模式与监管体系前瞻.” 한중관계연구, 4:3, pp.123-143,
赵燕萍 (2021), “央行数字货币发展现状和前景分析”, 改革探索 2021年第4期总第389期, 2021.

〈인터넷 주소〉

바이두닷컴 (www.baidu.com/cn)
위키피디아(https://ko.wikipedia.org/wiki/)
중국국가통계국 (http://www.stats.gov.cn/tjsj/ndsj/)
중국인민은행 (https://www.boc.cn/)
BIS (Bank for International Settlements; https://www.bis.org)
SWIFT (www.swift.com)
Trading Economics https://tradingeconomics.com/china/indicators)

8

결론

8장
결론

본 고에서는 코로나19 팬데믹 이후 동아시아 주요국을 중심으로 급변한 대내외 경제 환경 변화를 금융 부분에 초첨을 두고 살펴보았다. 첫째, 2020년 코로나 19 확산에 따른 급격한 경기 침체로 동아시아 주요국 모두에서 공공 부문의 지출은 급격히 성장하였으며 이로 인해 정부 부문에서 부채가 크게 증가하였다. 동아시아 3개국은 매우 이질적인 경제적 여건과 국가채무 수준을 갖고 있지만, 무역과 금융의 매개로 관련이 깊기 때문에, 일단 한 국가의 위기가 시작되면 지리적인 인접국가로 위기가 전이될 가능성이 높은 것으로 나타났다. 중국과 일본은 2010년대 중반까지도 국가채무 위험의 가능성을 염두에 두지 않던 경제대국이었으나, 본 장에서 분석한 바와 같이 향후 점점 더 큰 위험에 노출 될 가능성이 있으므로 관계 당국은 예의 주시할 필요가 있다. 둘째, 코로나 19 이후 불확실성의 확대와 대외채무의 증가로 외환시장의 위험도의 증가가 기업에 미치는 영향을 살펴보았다. 동북아 3국의 기업 연구들을 통해 자국 통화 절상에도 무역 흑자가 크게 줄지 않을 수 있음을 확인하였다. 글로벌 가치사슬(GVC)이 복잡하게 얽힌 현재의 무역구조에서 환율 변화는 최종 소비재와 중간재의 무역에 다각적으로 영향을 미치기 때문에 환율 변화의 기업 매출에 영향은 글로벌 시장 노출도와 같은 기업의 특성에 따라 상이하게 나타났다. 따라서, 정책 입안 시 자국 기업의 글로벌 시장 노출도 및 노출 구조에 대한 이해가 선행되어야 할 것이다. 또한 생산성이 높은 기업이 외환시장 위험에 상대적으로 영향을 덜 받는 것으로 나타나, 기업은 생산성 증가 및 혁신 노력을 통해 글로벌 시장에서의 가격 변동에 대한 영향을 축소할 수 있는 것으로 나타났다. 따라서 글로벌 시장에서 경쟁력을 갖는 기업이 될 수 있도록 돕는 정부는 기업의 실질적인 생산성 향상을 뒷받침하는 정책 및 제도적 지원에 힘을 집중하여야 한다.

셋째, 최근의 미중 무역전쟁 및 코로나 19을 필두로 세계 무역의 추이는 새로운 국면으로 접어들었다. 특히, 최근에는 한・중・일과 미국 간 비관세조치 현안이 지속적으로 증가하는 추세를 보이고 있다. 비관세 조치는 과거 유치산업보호와 같은 자국 산업 보호보다는 노동・인권・환경 현안을 중심으로 사용되고 있다. 또한, 미국과 중국 간의 패권 경쟁은 글로벌 가치 사슬 재편에서 자국에 유리한 위치 선점하기 위한 형태로 나타나고 있다. 특히, 최근의 미국은 양자 간 협의를 중시하는 전임 트럼프 정부와는 달리 바이든 정부는 동맹국을 중심으로 다자간 협력체계를 구축하는 것을 중시하고 있어 복수 국가 간의 국제규제협력(IRC: International Regulatory Cooperation) 활동이 더 활발해질 것으로 전망된다. 바이든 행정부는 동맹국과의 협력을 통해 공통적 규범을 우선 정립하고 이를 점차 확산하여 WTO 개혁을 주도하고 중국의 패권 부상에 맞서려는 전략을 추구하고 있는 것으로 보인다. 넷째, 코로나 19 팬데믹 이후 2021년 말 달성한 역사상 최대치의 상품 교역과 주식시장과 채권시장을 중심으로한 금융부문에서의 국가 간 교역의 증가는 금융 위기 확산 가능성과 경기변동 동조성을 심화시킨 것으로 보인다. 다만, 최근의 디지털 교역의 확대와 글로벌 가치사슬 참여국의 다양화로 상품과 금융부문의 교역 확대가 위험 분산 요인도 함께 가진 것으로 나타났다. 특히, 교역 국가의 다변화 및 교역 상품의 다각화 노력에도 불구하고 최근 상품과 금융부문의 교역에 있어 중국의 영향은 전혀 줄지 않은 것으로 나타났다. 따라서, 여전히 중국의 국내 경제 상황이 동북아 주요국에 큰 영향을 미칠 잠재성이 있는 것으로 나타나 중국을 비롯한 대외부문 상황을 예의 주시하여 대응하여야 할 상황이다.

끝으로, 최근 금융 부문에서 금융 관련 정보기술(핀테크, Fintech)의 발전에 따라 새로운 형태의 화폐인 '디지털 화폐'가 주목받고 있는데 이와 관련하여 전 세계에 중앙은행이 발행하는 법정 통화인 디지털 통화(digital currency)을 발전 현황 한중일의 동북아 주요국과 기술 선두주자인 미국을 중심으로 살펴보았다. 현 시점은 중국과 미국을 중심으로 디지털화폐에 대한 주도권을 두고 경쟁하고 있는 상황이며 최근에는 디지털화폐 관련 기술 및 규제 체제가 발전하는 모습을 보이고 있다. 특히, 코로나19의 확산으로 인해 비대면 거래가 더욱 활성화되었고 이에 따라 현금 사용이 급격히 줄어들면서 세계 각국의 중앙정부는 디지털화폐 도입에 가속도를 붙였다. 중앙은행 디지털화폐에 관한 연구를 추진하는 각 국의 입장을 종합하면 디지털 화폐 도입은 금융 포용성, 불법 자금문제 완화, 결제 효율화, 무역 원활화와 비용절감의 측면 등 여러 방면에서 긍정적인 효과를 가져올 수 있다고 보고 있으나 디지털화폐 도입은 은행과 같은 기존 금융기관의 역할이 약화와 이에 따른 구조적인 은행의 탈중개화(disintermediation), 시중은행의 자금 중개 기능이 위축에 따른 자금조달비용이 상승, 자금 분실 위험과 불법적인 활동 상승 등의 문제가 발생할 수 있다. 따라서, 기존의 현금 시스템과 다른 새로운 유형의 통화를 유통하는 만큼 화폐를 발행하고 유통하는 과정에서 생각치 못한 위험요인이 존재할 수 있기 때문에 금융 시스템에 대한 충분한 논의가 필요할 것으로 보이며디지털에 대한 접근성이 낮은 노년층과 같은 디지털 소외계층에 대한 디지털화폐 접근성을 어떻게 해결할지의 문제도 있는 것으로 나타났다.

저자소개 About Contributors

김익수 명예교수는 1995년 3월 이후 고려대학교 경영대학 국제경영 분야 교수로 재직하면서 26년 넘게 중국 시장의 구조적 특성, 시장진입 전략, 지적재산권 보호, 철수 및 구조조정 전략 등을 연구해온 중국경제・경영 분야의 전문가이다. 2019년 9월부터 2021년 8월말까지는 아세아문제연구원 원장으로 일하면서 학교 본부의 지원을 받아 인문과학・사회과학을 아우르는 복수 저자들간의 공동연구인 '아연 협동연구 시리즈'의 출간을 런칭하고 주관하였다. 영국 옥스퍼드 대학원(University of Oxford)에서 경제학 박사 학위를 취득한 이후, 1991년 5월부터 3년 9개월 동안 대외경제정책연구원(KIEP)에서 연구위원으로 근무하면서 한・중교류 및 동북아경제협력, 두만강개발사업 등에 관한 많은 연구를 수행하기도 하였다. 다수의 논문을 국내외 저명 학술지에 게재하였으며, 주요 저서(편저서 포함)로는 『동북아 주요국의 디지털 전환: 전략경쟁과 협력구도』, 『중국의 부패관성과 反부패 정책대응: 동학, 성과 및 한계』, 『중국 내 지적재산권: 침해 실태, 원인・배경 및 대응전략』, 『중국투자론: 이론과 실제』, 『중국시장 마케팅: 전략과 사례』 등이 있다.

곽도원 교수는 고려대학교 국제대학원에 부교수 재직 중이며 노동경제학과 국제경제학 분야의 주제로 실증분석 연구를 하고 있다. 미국 미시간 주립대(Michigan State University)에서 패널데이터 분석 방법론과 이의 교육 경제학 분야의 응용을 주제로 2011년에 박사학위를 받았고 이후 호주 University of Queensland 대학의 경제학과에서 2017년까지 근무하였다. 주요연구는 신기술, 교육, 무역 정책 도입 효과의 분석을 주제로 하고 Journal of Development Economics, Labour Economics, Empirical Economics, and Journal of Marketing Research에 출간하였다.

편주현 교수는 고려대학교 경영대학 국제경영 부교수로 재직중이며 국제거시금융 및 국제무역 관련 연구를 진행중이다. 미국 캘리포니아 주립대학 데이비스(University of California, Davis)에서 2012년 경제학 박사학위를 받았고 이후 대외경제정책연구원(KIEP)에서 연구위원으로 재직후 2013년 9월에 고려대학교 교수로 부임하였다. 주요연구는 국제금융시장의 퍼즐과 국제경기변동 및 한국 경제의 다양한 이슈등을 주제로 하고, Journal of Banking & Finance, Journal of Comparative Economics, Journal of International Money & Finance, Regional

Science and Urban Economics 등의 저널에 연구 논문을 출간하였다.

선종인은 고려대학교 경영대학 국제경영 박사과정에 재학 중이다. 다국적기업의 FDI가 지식이전과 생산성에 미치는 영향에 대한 연구를 진행하고 있으며, 관심 연구 주제는 개발협력에서 민간기업의 역할 등이다. 현재 KDI(한국개발연구원) 전문연구원으로 재직 중이며, 개발도상국의 공무원 등을 대상으로 한국의 경제발전사를 공유하는 사업을 진행했다. 주요 논문으로는 "Study on Factors Affecting the Purchase of Handmade Products of Premium Prices Imported through Fair Trade (2021)"가 있다.

이동은 교수는 고려대학교 국제학부 부교수로 재직중이며, 거시경제학과 국제금융 분야를 중심으로 연구하고 있다. 2009년 미국 인디아나대 (Indiana University-Bloomington)에서 경제학 박사 학위를 취득한 후, 2014년까지 대외경제정책연구원(KIEP) 국제거시팀 연구위원과 국제거시팀장으로 정책연구를 수행하다가, 2015년 고려대 교수로 부임하였다. 통화정책과 재정정책의 효과 분석, 국제 자본 이동 분석 등의 거시・금융 분야에 대한 연구 뿐만 아니라, 개발도상국의 교육 문제, 환경 문제, 소득불평등 등 다양한 사회・경제적 문제 해결에 대한 논문을 학술지에 게재하고 있다.

장용준 교수는 현재 경희대학교 무역학과 부교수로 재직 중이고 국제경제학 분야의 이론과 실증분석 연구를 주로 하고 있다. 2009년 6월 미국 인디애나대학교(Indiana University)에서 경제학 박사 학위를 받았고, 2009년 7월부터 2012년 2월까지 대외경제정책연구원 FTA팀에서 부연구위원으로 근무하였다. 주요 연구로는 「Hyun, H. and Jang, Y. (2022), "Technical Regulation and Trade: Export Quality Matters", *The World Economy*, forthcoming」, 「Jang, Y. (2018), "How Do Mutual Recognition Agreements Influence Trade?", *Review of Development Economics*, 22(3): e95-e114」 등이 있다.

이솔은 한국과학기술원(KAIST) 경영대학에서 계량 마케팅 박사과정에 재학 중이다. 신기술 도입이 인간의 행동 변화에 미치는 영향을 중심으로 연구하고 있으며, 주요 논문으로는 "Home-Tutoring Services Assisted with Technology: Investigating the Role of Artificial Intelligence Using a Randomized Field Experiment," Journal of Marketing Research (2021)이 있다.

아연 협동연구 시리즈 4

동북아 주요국의 디지털 통화 정책과 경제·금융 협력 방향

1판1쇄 | 2022년 2월 17일

지은이 | 김익수·곽도원 편저
펴낸이 | 이진한
펴낸 곳 | 아연출판부
등록 | 2000년 5월 24일 제6-376호
주소 | 02841 서울특별시 성북구 안암로 145 고려대학교 아세아문제연구원
전화 | 02-3290-1600
팩스 | 02-923-4661
홈페이지 | www.asiaticresearch.org

값 18,000원

ISBN 979-11-89273-27-9 04300
ISBN 979-11-89273-17-0 (세트)